"十四五"时期国家重点出版物出版专项规划项目

★ 转型时代的中国财经战略论丛 ◢

本书获得财政部部省联合共建课题"政府债务与现金管理账户研究"（SBGJ202201）；
山东省软科学研究计划项目"反洗钱制度对山东省金融从业人员道德决策行为的影响
机制及效果研究"（2022RKY07012）的资助。

中国上市公司债务风险积聚与溢出效应研究

A Research on Debt Risk Accumulation and Spillover Effect of Chinese Listed Companies

景辛辛 著

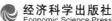

中国财经出版传媒集团
经济科学出版社
Economic Science Press

图书在版编目（CIP）数据

中国上市公司债务风险积聚与溢出效应研究/景辛
辛著．－－北京：经济科学出版社，2022.11
（转型时代的中国财经战略论丛）
ISBN 978－7－5218－4309－5

Ⅰ．①中…　Ⅱ．①景…　Ⅲ．①上市公司－债务管理－
风险管理－研究－中国　Ⅳ．①F279.246

中国版本图书馆 CIP 数据核字（2022）第 218040 号

责任编辑：于　源　陈　晨
责任校对：李　建
责任印制：范　艳

中国上市公司债务风险积聚与溢出效应研究
景辛辛　著
经济科学出版社出版、发行　新华书店经销
社址：北京市海淀区阜成路甲 28 号　邮编：100142
总编部电话：010－88191217　发行部电话：010－88191522
网址：www.esp.com.cn
电子邮箱：esp@esp.com.cn
天猫网店：经济科学出版社旗舰店
网址：http://jjkxcbs.tmall.com
北京季蜂印刷有限公司印装
710×1000　16 开　15.5 印张　270000 字
2022 年 11 月第 1 版　2022 年 11 月第 1 次印刷
ISBN 978－7－5218－4309－5　定价：68.00 元
（图书出现印装问题，本社负责调换。电话：010－88191510）
（版权所有　侵权必究　打击盗版　举报热线：010－88191661
QQ：2242791300　营销中心电话：010－88191537
电子邮箱：dbts@esp.com.cn）

总　序

"转型时代的中国财经战略论丛"是山东财经大学与经济科学出版社在"十三五"系列学术著作的基础上，在"十四五"期间继续合作推出的系列学术著作，属于"'十四五'时期国家重点出版物出版专项规划项目"。

自2016年起，山东财经大学就开始资助该系列学术著作的出版，至今已走过6个春秋，期间共资助出版了122部学术著作。这些著作的选题绝大部分隶属于经济学和管理学范畴，同时也涉及法学、艺术学、文学、教育学和理学等领域，有力地推动了我校经济学、管理学和其他学科门类的发展，促进了我校科学研究事业的进一步繁荣发展。

山东财经大学是财政部、教育部和山东省人民政府共同建设的高校，2011年由原山东经济学院和原山东财政学院合并筹建，2012年正式揭牌成立。学校现有专任教师1690人，其中教授261人、副教授625人。专任教师中具有博士学位的982人，其中入选青年长江学者3人、国家"万人计划"等国家级人才11人、全国五一劳动奖章获得者1人、"泰山学者"工程等省级人才28人，入选教育部教学指导委员会委员8人、全国优秀教师16人、省级教学名师20人。近年来，学校紧紧围绕建设全国一流财经特色名校的战略目标，以稳规模、优结构、提质量、强特色为主线，不断深化改革创新，整体学科实力跻身全国财经高校前列，经管类学科竞争力居省属高校首位。学校现拥有一级学科博士点4个，一级学科硕士点11个，硕士专业学位类别20个，博士后科研流动站1个。在全国第四轮学科评估中，应用经济学、工商管理获B＋，管理科学与工程、公共管理获B－，B＋以上学科数位居省属高校前三甲，学科实力进入全国财经高校前十。2016年以来，学校聚焦内涵式发展，全面实施了科研强校战略，取得了可喜成绩。获批国家级课题项目 241 项，教育部及其他省部级课题项目 390 项，承担各级各类横向课题 445 项；教师共发表高水平学术论文 3700 余篇，出版著作 323 部。同时，新增了山东省重点实验室、山东省重点新型智库、山东省社科理论重点研究基地、山东省协同创新中心、山东省工程技术研究中心、山东省两化融合促进中心等科研平台。学校的发展为教师从事科学研究提供了广阔的平台，创造了更加良好的学术生态。

"十四五"时期是我国由全面建成小康社会向基本实现社会主义现代化迈进的关键时期，也是我校合校以来第二个十年的跃升发展期。今年党的二十大的胜利召开为学校高质量发展指明了新的方向，建校 70 周年暨合并建校 10 周年校庆也为学校内涵式发展注入了新的活力。作为"十四五"时期国家重点出版物出版专项规划项目，"转型时代的中国财经战略论丛"将继续坚持以马克思列宁主义、毛泽东思想、邓小平理论、"三个代表"重要思想、科学发展观、习近平新时代中国特色社会主义思想为指导，结合《中共中央关于制定国民经济和社会发展第十四个五年规划和二〇三五年远景目标的建议》以及党的二十大精神，将国家"十四五"期间重大财经战略作为重点选题，积极开展基础研究和应用研究。

"十四五"时期的"转型时代的中国财经战略论丛"将进一步体现鲜明的时代特征、问题导向和创新意识，着力推出反映我校学术前沿水平、体现相关领域高水准的创新性成果，更好地服务我校一流学科和高水平大学建设，展现我校财经特色名校工程建设成效。通过向广大教师提供进一步的出版资助，鼓励我校广大教师潜心治学，扎实研究，在基础研究上密切跟踪国内外学术发展和学科建设的前沿与动态，着力推进学科体系、学术体系和话语体系建设与创新；在应用研究上立足党和国家事业发展需要，聚焦经济社会发展中的全局性、战略性和前瞻性的重大理论与实践问题，力求提出一些具有现实性、针对性和较强参考价值的思路和对策。

山东财经大学校长

2022 年 10 月 28 日

前　言

　　随着中国供给侧结构性改革①任务的提出以及"去杠杆"的实施，我国上市公司的债务问题逐渐浮出水面。"高杠杆"的存在使得企业在长期发展过程中容易陷入债务危机的陷阱，成为阻碍经济平稳快速发展的重要因素。企业债务风险积聚的背后会导致社会融资规模以及货币流动量 M1、M2 的增速与实体经济、宏观经济增速产生不对称性。在经济新常态下，全球经济将致力于偿还债务、修复资产负债表以及降低企业债务风险。在中国，降低上市公司债务风险积聚，提高企业治理水平的任务也尤其迫切。

　　为了使我国上市公司更加健康稳健发展，降低企业债务风险积聚，切实完成企业"去杠杆"的重任，有必要先回答哪些因素导致企业的债务风险积聚不断增加。在微观、中观、宏观不同的层面以及内部、外部找到企业债务风险不断积聚的影响因素以及作用路径，才能对症下药，找到企业"去杠杆"、降低企业债务风险积聚的最佳途径。通过降低上市公司债务风险积聚的过程提升企业的治理水平，促进企业的健康发展。而通过研究企业债务风险溢出效应，可以发现降低企业债务风险积聚有助于整体上市公司的债务风险水平降低，有助于上市公司更有效地制定治理制度。

　　本书在梳理国内外已有研究文献的基础之上，分析总结了引起上市公司债务风险积聚的影响因素以及债务风险的溢出效应。首先本书结合

---

　　① "供给侧结构性改革"是指从提高供给质量出发，用改革的办法推进结构调整，矫正要素配置扭曲，提高供给水平，增强供给结构对需求变化的适应性和灵活性，提高全要素生产率，更好满足广大人民群众的需要，促进经济社会持续健康发展。

上市公司债务风险的相关理论，对中国上市公司债务风险积聚现状总体情况以及分行业、分地区的积聚情况以及问题进行分析，并进一步力图通过数理推导进一步研究上市公司债务风险确实对其他上市公司存在溢出效应，为上市公司债务风险溢出提供理论依据。其次本书运用上市公司相关数据对影响上市公司债务风险积聚的微观、中观、宏观主要因素进行实证分析，并进一步分析不同影响因素对上市公司债务风险积聚产生影响的作用路径。由于上市公司债务风险积聚情况与其公司治理情况密切相关，企业产权性质与股权结构直接影响上市公司治理，所以，本书在分析上市公司债务风险积聚影响因素及其作用路径的基础上进一步研究企业产权性质与股权结构对影响因素的调节作用，以期根据公司治理的不同特点，为降低上市公司债务风险积聚水平提供更有针对性的建议。再次为了研究上市公司债务风险溢出效应，本书通过空间计量模型，建立经济上的空间性联系，研究每家上市公司债务风险对其他上市公司的溢出效应。为了研究每个行业的溢出效应的不同特点，进一步分行业研究上市公司债务风险溢出效应。最后本书根据研究结论提出针对性的政策建议。

除第 1 章绪论和第 8 章研究结论与政策建议外，主体内容共分为三个部分。第一部分为理论分析部分，含第 2 章、第 3 章。具体内容如下：

第 2 章为上市公司债务风险积聚与溢出效应理论基础及作用机制。本章主要介绍了上市公司债务风险积聚及溢出效应相关概念以及理论，影响上市公司债务风险积聚的主要因素以及作用机制，上市公司债务风险溢出的作用机制。为后续研究提供理论支撑。

第 3 章为上市公司债务风险发展及样本分类风险积聚。本章主要通过描述性统计以及分行业、分地区对上市公司债务风险积聚现状及问题进行了分析，通过数据描述统计了解中国上市公司整体的债务发展、债务融资规模以及债务风险积聚情况。进一步将上市公司进行分行业研究每个行业的债务发展、债务融资规模以及债务风险积聚情况，并针对不同的行业特点分析不同债务风险积聚状况的原因；分地区研究每个地区的债务发展、债务融资规模以及债务风险积聚情况，针对不同地区发展情况分析不同地区之间债务风险积聚存在差异原因。

第二部分为上市公司债务风险积聚影响因素，包含本书第 4 章至第

6章内容。具体内容如下：

第4章企业特征对上市公司债务风险积聚的影响研究，为微观分析部分，研究了上市公司自身财务特点、企业生命周期、管理层风险偏好与企业债务风险积聚的关系。本书主要是从企业盈利能力、营运能力、综合负债率、企业是否处于衰退期以及管理层是否存在风险偏好等几个方面研究了企业自身特点与上市公司债务风险积聚之间的关系。企业生命周期对上市公司债务风险积聚影响的作用路径是通过实施不同的竞争战略。管理层是否持股会直接影响管理层的风险偏好进而影响上市公司债务风险积聚。并进一步根据上市公司产权性质以及股权结构进行分类，研究不同公司治理结构对微观影响因素的调节作用。

第5章行业发展对上市公司债务风险积聚的影响研究，为中观分析部分，研究了行业发展状况、产品市场竞争与上市公司债务风险积聚的关系。本书主要从产品市场竞争程度、行业景气度等几个方面研究了行业发展与上市公司债务风险积聚之间的关系。并进一步根据上市公司产权性质以及股权结构进行分类，研究不同公司治理结构对中观影响因素的调节作用。

第6章宏观经济波动对企业债务风险积聚的影响研究，为宏观分析部分，研究了宏观经济波动、经济政策不确定性与上市公司债务风险积聚的关系，本书主要从宏观经济产出缺口、经济政策不确定性指数等几个方面研究了宏观经济发展与上市公司债务风险积聚之间的关系，分析经济政策不确定性通过影响上市公司外部面临的融资约束与内部经营不确定性对上市公司债务风险积聚产生影响，并进一步根据上市公司产权性质以及股权结构进行分类，研究不同公司治理结构对宏观影响因素的调节作用。

第三部分为第7章中国上市公司债务风险溢出效应研究。主要研究了上市公司债务风险溢出效应。通过建立空间计量模型，研究上市公司债务风险的经济空间溢出效应具体为竞争效应还是溢出效应。进一步分行业根据行业不同特点研究每个行业内的企业债务风险溢出效应不同特征。

本书得出以下几点主要结论：

第一，上市公司债务风险积聚整体呈上升趋势。分行业研究发现，制造业、建筑行业、房地产业、交通运输业、农林牧渔业五个行业债务

3

风险呈不断积聚趋势；分地区研究发现，东北地区的债务风险呈不断积聚趋势。

第二，上市公司的财务特征、企业所处的生命周期以及管理层风险偏好对上市公司债务风险积聚有显著影响。上市公司盈利能力、营运能力与其债务风险积聚显著负相关，综合负债率与其债务风险积聚显著正相关；企业在衰退期的债务风险积聚程度最高，不同生命周期企业的竞争战略不同，从成长期到衰退期，企业债务风险积聚程度呈不断上升趋势；管理层对风险越喜好与上市公司债务风险积聚正相关。

第三，产品市场竞争程度、行业景气程度对上市公司债务风险积聚有显著影响。产品市场竞争越激烈，上市公司债务风险积聚程度越低；行业景气度对上市公司债务风险积聚负相关。股权集中度高、企业为民营性质，产品市场竞争的负相关性越强。企业为民营性质，行业景气度对债务风险积聚影响越强。

第四，经济政策不确定性、宏观经济波动对上市公司债务风险积聚有显著影响。经济政策不确定性越强烈，上市公司债务风险积聚越大。经济政策不确定性通过影响企业面临外部融资约束与企业内部经营不确定性影响上市公司债务风险积聚程度。上市公司债务风险积聚存在逆经济周期性。民营企业中，宏观经济波动对上市公司债务风险积聚的影响更明显。

第五，上市公司债务风险存在明显的正外部性，即上市公司债务风险溢出效应表现为明显的传染效应。在五个风险积聚行业中，只有在制造业中存在负外部性，即竞争效应。在其他四个行业中均表现为正外部性，即传染效应。

本书的创新点主要包括：

研究内容上，主要的创新点包括：第一，国内外对企业债务风险积聚与溢出效应的研究较少，主要的研究集中在对企业最优资本结构的研究以及资本结构动态调整过程。有少部分研究关注到对上市公司债务融资的影响因素，但是并没有更细致地研究企业债务风险积聚的影响因素以及没有将每个因素对企业债务风险具体的积聚影响路径用实证模型表示出来。之前大多数学者表示企业债务风险时，选择用资产负债率来表示，该指标虽然与企业债务风险有显著相关性，但是并非完全的线性关系。本书选取了更准确的企业债务风险综合指标来表示企业债务风险积聚。第二，在研究企业自身特征对企业债务风险积聚的影响因素时，克服了之前研究对企业特征考虑不全面的缺陷，通过因子分析法，将企业各方面特征考虑进去计算出一个综合指标。在以往学者的研究中，只有极少数学者对企业债务风险的微观影响因素有关注。第三，以往学者没有对行业发展状况以及宏观经济波动对企业债务风险、企业债务风险积聚的影响进行研究，本书首次关注到了中观层面以及宏观层面对上市公司债务风险的影响因素。第四，本书首次考察了上市公司债务风险对其他上市公司的溢出效应，并研究了每个行业内企业是否存在债务风险溢出效应以及溢出效应的具体表现。

研究方法上，本书采用 GMM 模型考察上市公司债务风险积聚的影响因素，并通过引入滞后项，在一定程度上克服了内生性问题。在考察因果关系后，并进一步通过 PSM 方法以及工具变量法，在一定程度上克服了内生性问题，使得研究结果可信度更高。在研究上市公司债务风险溢出效应时，将每个上市公司作为一个经济单元，建立空间计量模型，研究上市公司经济空间性的债务风险溢出情况。

目　录

第1章 绪 论

　　企业的债务融资指其利用商业信用、发行债券、银行借贷等途径来获取企业资金的行为。作为企业融资环节的一种重要方式，债务融资对企业发展本身就存在着正反两方面的影响。其中的有利影响包括：第一，企业债务融资的成本比企业权益融资的成本低，即企业债务融资支付的利息比企业向投资者发放的股利低，可以使企业整体的加权成本降低。第二，债务融资方式存在财务杠杆效应，如果企业整体的资产收益率大于企业的负债成本时，企业总收益率的增加会带来投资者收益率的加倍增大。第三，企业债务融资的速度快，当企业急需资金时，企业通过债务融资获得资金的速度更快，而且办理程序较为简洁，可以以较快的速度获得资金，使企业面临的资金短缺得到缓解。第四，企业进行债务融资不会涉及企业股权，不会降低股东对企业的控制力，有利于保证股东对企业的控制。而且企业债权人只按期收取利息和到期收回本金，不干预企业的发展经营，对企业的股东不构成威胁，有利于企业的稳健发展。当然，也存在不利的影响：第一，企业进行债务融资就需要到期进行偿还，这就增加了企业的到期无法偿还的风险，当企业的债务成本高于企业的收益率时，企业就没有足够的资金支付企业的债务，会导致企业发生亏损甚至破产。第二，企业进行债务融资还需要定期支付债权人利息，利息支付属于企业经营的一项成本支出，这使得企业在经营上还面临一项大额成本支出，增加企业破产的风险。第三，当企业本身的负债率较高时，企业再融资时面临的困境增加。当企业的融资能力较低时，企业内部缺乏资金时将无法及时筹集更多资金，也增加企业的经营以及财务风险。第四，当企业筹集的资金是长期负债时，债权人会限制企业对资金的使用方式和使用期限的限制。这些限制有可能会导致企业无法选择最优的投资项目，降低企业的整体收益率，增大企业偿还本息的风险。所以，企业在选择通过债务融资获得资金前，要综合考虑债务融资的优劣势，结合自身发展需要合理确定融资数量、融资期限，最大限度地降低企业承受的风险。深入研究上市公司债务风险积聚与溢出效应，与中国目前所处的现实背景有密切关系：

（1）2008年，全球爆发金融危机[①]。但是，中国却用短短几个月的时间就从金融危机的阴霾中迅速崛起，并且对全球的经济发展起到了关键的支撑作用。中国之所以能在金融危机中发展经济与我国的宏观经济调控政策密不可分。在金融危机发生后，我国政府在2008年11月就推出了"四万亿"的投资计划[②]并采取了一系列逆经济周期的刺激政策。该逆经济周期计划主要着眼于以下两个方面：一是，主要针对以下类型的项目进行投资，包括灾后恢复与重建、重大基础设施、自主创新、保障性住房、民生工程以及社会文化等领域。二是，主要投资的对象是中国中西部欠发达地区、相对弱势的群体与行业。该投资计划已经实施十年多，对我国经济起到了刺激作用，但是也一直受社会各界的争议。主要集中于探讨该计划的实施对全球经济增长的影响，对全球投资与就业的影响等（罗伯特等，2013）。但是，该投资刺激计划使中国快速崛起的同时也使得中国企业的负债率加速增大，并使得我国整体负债结构出现结构性特征（钟宁桦等，2016），这也是导致全社会杠杆率上升的主要因素。这些现象不得不引起以下思考："四万亿"的投资在促进中国经济快速增长的同时，是否也导致我国企业的债务风险加速积聚？进一步地，我国企业的高负债结构是否会进一步导致整个金融体系出现动荡。负债率过高的企业自身的发展就存在整体收益率低，偿债能力差等一系列问题，其面对的外部环境一旦出现变动，企业内部的流动性问题就可能扩大为整个社会的资产负债结构问题。当企业经营发展到只能通过借新债来偿还旧债的情况下，社会经济不稳定性因素明显增大，会导致社会陷入旁氏融资[③]困局，导致社会发生系统性风险。在2016年，政府就此提出了供给侧结构性改革计划，计划实施"三去一

---

① 金融危机是金融领域的危机。由于金融资产的流动性非常强，因此，金融的国际性非常强。金融危机的导火索可以是任何国家的金融产品、市场和机构等。

② 2008年9月，国际金融危机全面爆发后，中国经济增速快速回落，出口出现负增长，大批农民工返乡，经济面临硬着陆的风险。为了应对这种危局，中国政府于2008年11月推出了进一步扩大内需、促进经济平稳较快增长的十项措施。

③ 庞氏融资（Ponzi finance）是指债务人的现金流既不能覆盖本金，也不能覆盖利息，债务人只能靠售出资产或者再借新钱来履行支付承诺的融资。

降一补"① 任务，重点实施全社会的"去杠杆"任务。

（2）全球信贷持续走高，导致企业面临的外部宏观环境出现不稳定性，这对我国上市公司的经营发展也产生了很大的影响，导致企业陷入债务危机的风险加大。对本身资产负债率较高的企业而言，在外部信贷环境动荡，社会资金链出现紧张的环境下，债务风险更容易发生积聚。从全球经济来看，企业发生破产是广泛存在的。而随着信息社会的快速发展，全球以及区域经济联系更加紧密，在微观层面上，企业之间也加深了经济与贸易的深层次联系，形成紧密相连的债权债务关系。企业之间通常存在着商业信用，企业与银行之间存在的银行借款，企业之间经常为第三方提供担保，整个企业集团内部之间资金往来都说明了资金联系的紧密性。而企业之间的这种资金联系也存在着正反两个方面的作用。有利的一面：企业之间资金互相流通可以为企业节约一定的资金使用成本，对企业面临的资金风险有一定的分散作用。不利的一面：企业之间的相互联系有可能带来整体的负外部性。当外部冲击对相互联系的整体中的一环造成重大冲击时，这些信贷之间的联系比较薄弱，很难抵抗这种冲击，就会导致整体的风险向外部发生溢出，导致企业债务风险发生溢出效应。

（3）当前中国经济在正处于转轨时期，我国经济正处于由计划经济迈向市场经济的攻坚期，所以，我国企业面临着双重经济制度所造成的体制困难。而国际市场经济激烈的竞争背景也给企业带来了强烈的压力，而企业又受到我国制度经济所特有的制度上的限制。中国上市公司既需要应对市场经济环境带来的竞争等各方面风险，还需要抵御我国制度转型所导致的制度不稳定性风险。所以，企业面临的风险来自方方面面，使得我国企业债务风险处于不断变化之中。而微观主体债务风险加大，不仅导致上市公司出现经济危机，更有可能使得上市公司债务风险发生积聚并溢出，对整个社会的经济造成巨大的风险，最终有可能危害整个社会的政治与经济。

（4）目前我国企业已经频频出现了违约现象并有进一步扩大趋势。企业的违约现象主要包括：首先我国企业在 2018 年一个月的时间里就集中出现了五家企业发生违约的现象，发生违约的企业数量较高。其次，发生违约的债务涉及的类型也较多，除了债券发生违约以外，多种

---

① 中国政府为推进供给侧结构性改革而确定需要重点完成的"去产能、去库存、去杠杆、降成本、补短板"五大任务的简称。

形式的包括信托等边缘债务的兑现也出现很多阻碍。此外，银行推出的刚性偿还产品也出现了承兑危机。自从 2015 年我国开始实施供给侧结构性改革开始，很多学者已经开始注重研究实体领域的去杠杆问题。政府在工作会议中也不断地强调关注企业的债务风险问题。但是企业的信贷风险依然没有避免发生。根据统计，在 2018 年第一季度里，我国企业整体面临的到期债务总量已经有 3000 多亿元，与 2014 年相比增加了 50%。债务总量已经可以表明我国企业的整体债务风险已经达到了一定的程度。当企业再受到外部的微小冲击，都可能会导致企业无法到期偿付债务。加上企业正面临着外部去杠杆的大环境，很多负债率较高的企业都可能陷入信贷危机之中。而且企业面临着股权融资约束加强，企业很难通过股票市场融资。综合这样的外部融资环境，企业的债务风险亟需有效管理，需要找到不同层面造成企业债务风险发生积聚的因素。

　　研究的主要问题如下：

　　（1）上市公司目前的债务融资结构如何？不同行业的企业债务风险是在不断积聚吗？哪些类型的企业的债务融资在不断扩张？

　　（2）企业的杠杆率提高一定会使其债务风险变大吗？从上市公司内部特点出发，造成企业债务风险不断积聚的微观因素有哪些？这些因素在具体促进企业债务风险积聚的过程中起到了多大的作用，具体的作用路径是什么？不同行业的企业的债务风险积聚的原因是否是一致的？外部的产品市场竞争激烈程度以及每个行业发展状况是否会影响企业的债务风险？宏观的经济发展趋势以及宏观经济政策对企业债务风险是否有影响，具体的影响是多大？

　　（3）企业债务风险积聚到一定程度发生溢出时，对其他上市公司会产生显著的正溢出效应吗？在不同的行业内，上市公司债务风险溢出特点又是怎样的？

1.1　理论及现实意义

1.1.1　理论意义

上市公司的权益资金与债务资金相比，灵活性较低。优序融资理论、权衡理论①也指出，企业对股权融资的偏好低于对债务融资的偏好。中国东方资产管理公司也发布《中国金融不良资产市场调查报告》，该报告中指出，由于我国不断加深产融的深入结合，不仅仅银行体系会出现不良资产风险，很多企业法人等多种组织内部也出现了越来越多的不良资产。很多不良信贷都无法到期偿付，企业之间的商业信用也发生了很多违约现象。企业实际价值随着股权、有形资产以及无形资产的贬值而变小。这些现象均表明了上市公司内部债务风险正面临着加快积聚与溢出现象。所以研究上市公司债务风险积聚的影响因素、债务风险溢出效应具有重要的理论意义。

（1）对上市公司债务风险积聚的结构性特征进行研究，可以分行业、分地区来对我国上市公司的债务情况进行全面了解。并对我国上市公司的债务风险具体集中在哪里有一个明确的掌握。比从宏观层面简单地计算债务与国内生产总值（GDP）的比值有更加实际的理论意义。可以丰富对我国上市公司债务融资以及债务风险结构特征研究的理论，也丰富了在微观层面来研究我国上市公司在获得外部债务资金具体情况的理论。

（2）企业自身特征对上市公司债务风险积聚的影响研究。通过全面对企业自身特征和公司治理变量的引入，包括企业的盈利能力、营运能力、资产负债率、企业生命周期、管理层风险偏好、股权结构、公司控制权等企业各方面，通过因子分析②计算综合指标，找到上市公司债务风险积聚的微观因素，找到了企业陷入债务危机的微观动因。丰富了微观层面我国上市公司债务风险积聚的理论研究。

（3）行业发展状况对上市公司债务风险积聚的影响研究，从产品市场竞争程度和行业景气程度两个方面，从不同角度检验行业的发展对上市公司债务风险积聚的影响，可以从中观层面找到上市公司债务风险

---

① "权衡理论"（trade-off theory）认为，企业使用债权融资可以获得税收抵减等收益，但也带来了破产风险的提高等成本，企业在成本和收益间做出权衡，从而得到一个"最优负债率"。另一种解释负债率的主要理论是"优序融资理论"（pecking order theory）。

② 因子分析是指研究从变量群中提取共性因子的统计技术。最早由英国心理学家 C. E. 斯皮尔曼提出。他发现学生的各科成绩之间存在着一定的相关性，一科成绩好的学生，往往其他各科成绩也比较好，从而推想是否存在某些潜在的共性因子，或称某些一般智力条件影响着学生的学习成绩。因子分析可在许多变量中找出隐藏的具有代表性的因子。将相同本质的变量归入一个因子，可减少变量的数目，还可检验变量间关系的假设。

积聚的动因。完善了上市公司债务风险积聚的中观动因，丰富了中观层面我国上市公司债务风险积聚的理论研究。

（4）宏观经济波动状况对上市公司债务风险积聚的影响研究，从通过 HP 滤波法将宏观经济波动真实状况分离出来，考察 GDP 的波动状况对上市公司债务风险积聚的影响；另外，还将经济政策不确定性引入共同考察宏观经济波动的影响。找到了企业陷入债务危机的宏观动因，丰富了宏观层面我国上市公司债务风险积聚的理论研究。

（5）对我国上市公司债务风险溢出效应研究。随着我国上市公司债务风险不断积聚，其债务风险会发生溢出效应。即一家上市公司发生债务风险对另一家上市公司债务风险大小的影响。这种外部性是基于其经济规模上的一致性进行的研究，有可能是正外部性或者为负外部性。利用空间计量模型对上市公司债务风险溢出效应的研究，完善了上市公司对债务风险溢出理论的研究。

1.1.2　现实意义

2016 年，我国政府就在工作中不断强调降低企业杠杆率的重要性。这也是我国供给侧结构性改革的重要内容之一。供给侧结构性改革的实施可以在一定程度上控制我国整体面临的风险。为了更好地完成企业"去杠杆"的历史使命，有必要先回答哪些企业的债务风险在不断积聚，哪些因素导致企业的杠杆率不断提高、企业的债务风险不断积聚。通过在微观、中观、宏观不同的层面找到企业债务风险不断积聚的影响因素，才能对症下药，找到企业去杠杆、降低企业债务风险的最佳途径，才能使我国经济奋力突围，完善经济结构与体制。

微观主体的债务风险积聚会对社会引起很多不良后果。社会整体融资规模上升的同时并没有带来整体经济的飞速发展。这就说明了上市公司债务风险积聚的同时存在很多问题。我国目前经济处于新常态下，全世界的经济发展目标都围绕着偿还巨大的债务额，降低社会融资风险而展开。我国作为主要的发展中国家，该现象尤其明显。我国在改革开放的发展过程中，上市公司的债务风险不断增加。我国上市公司陷入债务危机的风险不断加大。我国企业债务风险呈现出的高水平状态阻碍了我国未来的经济进一步发展，有利于更好地认识企业高债务风险的危害和采取更有效的措施降低债务风险。

1.2　研究现状与文献综述

1.2.1　上市公司债务风险积聚决定因素及溢出效应

1. 影响上市公司债务风险积聚的微观因素

从企业微观因素的角度入手研究上市公司债务风险发生积聚的原因。相关研究最早是从英国学者马尔什（Marsh，1982）开始，选取了英国的上市企业为研究样本，分析了影响企业资本结构的各类不同因素，得到上市公司资本结构与其内部资产量、企业的规模大小以及其面临的破产风险有关。哈里斯和拉维夫（Harris and Raviv，1991）加深了对马尔什（Marsh，1982）的研究，进一步深入分析了上市公司资本结构各方面因素对企业的具体影响。通过建立实证模型后研究发现：企业的资本结构与企业的资产量、企业的规模以及企业面临的成长机会有显著的正相关关系，而与企业的盈利性、研发能力、企业的知名度等有显著的负相关关系。奥普勒和蒂特曼（Opler and Titman，1994）则进一步拓展研究发现，上市公司资本结构不仅受到企业内部因素的影响，还会受到企业外部经济环境的影响。当企业面临的外部经济发展良好时，企业内部的资本结构水平较低；反之则较高。而企业资本结构较高时，企业面临的破产风险也会急剧增加。肖作平（2002）则通过运用多种实证模型验证了影响中国上市公司资本结构的各种因素。通过实证分析得出了以下结论，上市公司的资本结构与公司的资产价值、资产特性、企业的规模等存在显著的正相关关系，与上市公司的盈利能力、现金流量、发展能力有显著的负相关关系。企业的资本结构较大会导致企业面临的营运成本增大，面临的偿债风险加大。阿美达等（Almedia et al.，2011）则研究发现金融危机期间，工业企业的债务期限结构对企业有重要影响。如果企业内部的负债面临到期会显著导致企业的投资量降低。企业更需要通过再融资来缓解偿债压力，对外部环境变化更加敏感。如果企业面临的外部环境中信贷供给减少，会显著导致企业债务风险变大，也会使企业更倾向于在外部继续融资。当企业的债务融资中短期债务占比越高时，企业管理层治理公司更容易受到制约，也导致企业的再融资风险加大。短期负债的频繁到期加大了企业的偿债风险，导致企业更容易陷入发生债务危机①。我国债务融资方式单一，其中主要的债券融资门槛较高，且债券市场发展处于起步阶段，而且我国企业股票市场发展不也完善，企业通过股权可以获得的融资量有限，企业只能更多地选择通过银行、商业信用或者民间借贷来获取短期借款。这些融资方式导致企业的资本结构处于十分不稳定的状态，企业债务风险加大。

企业内部一个重要的财务指标就是其流动比率，该指标主要说明了上市公司内部流动资产与流动负债的比率，说明了企业用于支付短期负债的能力。如果该指标比较高，说明企业内部流动资产相比流动负债较高，当企业短期负债到期时，企业可以用流动资产及时偿还，但是该指标过高也不利于企业内部资金运用，会导致企业内部的资金使用成本增高。当企业流动比率不合理时，流动资产将会与流动负债出现错配，当流动资产较低时，企业无法将长期资产及时变现，无法及时偿还企业短期负债。另外，企业流动比率指标还可以反映出企业内部经营的状况，企业经营状况会进一步影响企业面临的债务风险。所以，企业流动比率作为重要的财务指标，当该值较低时，企业很容易发生债务风险积聚。企业债务风险大小通常用偿债能力来表示，企业需要用于偿还的债务包括长期和短期两种，企业如果可以及时清偿到期的长短期债务，说明企业的债务风险比较低。企业长期和短期的债务比例也需要进行合理配置，当企业短期债务较高，而企业的资产大部分均为长期时，企业偿还短期债务的能力会明显降低。企业债务内部结构无法满足企业的正常运行。不合理的债务结构使企业债务风险急剧增加。

盈利性是用于衡量企业盈利能力的重要指标，该指标说明了企业运用其资产创造价值的能力，即创造现金流的能力，从另一个角度也会对企业的债务风险产生一定的影响。当企业的盈利能力强时，企业的融资方式更多地倾向于选择内部留存收益的融资方式，从而减少外部债务融资数额。迈尔斯（Myers，1993）也曾指出，当企业的盈利较高时，企

---

① 债务危机（debt crisis）是指在国际借贷领域中大量负债，超过了借款者自身的清偿能力，造成无力还债或必须延期还债的现象。

业倾向于选择更少的债务融资。成长性是衡量企业未来发展潜力的重要指标。一般小企业具有更强的发展潜力，但是当前整体利润处于较低的水平。而高成长性的企业需要不断进行新的投资，需要大量的资金支持，但是其经营上面临很大的不确定性，使得其收益波动也很大，此时企业面临着较高的经营风险以及财务风险。但是，当企业处于衰退期时，其发展能力也随之大幅下降，企业整体获得的利润降低，债务风险也会加大。而企业的规模会潜在影响企业的自身定位、目标市场以及管理策略等，这些都会导致企业经营不确定性加大，进而影响到企业的债务风险。比如，规模较大的上市公司有更大的筹码与其债权人博弈，通过自身的规模优势使债权人让步，或者获得新的债务融资。而且，由于企业外部债权人与企业存在一定的信息不对称，当企业的规模较大时，外部债权人对企业的信任度增加，会相对降低企业的融资成本，所以大企业面临的事前债务风险较低，使得大企业的风险不会轻易发生积聚。拉詹和津加拉（Rajan and Zingalea，1995）指出，当企业整体的资产规模较大时，企业的投资不局限于一个领域，在经营上风险更分散，提升了企业整体抵御风险的能力。由此也得出规模较大的公司的风险不容易发生积聚，创造的现金流稳定性更强。

　　在公司治理层面上分析，企业的董事会规模大小与企业债务风险存在相关关系。董事会是企业的最高层级的决策机构，掌握着企业所有重要事项的决策大权，在企业中有非常高的地位。企业的董事会规模是企业治理的重要组成部分。企业的董事会规模与企业的官僚主义作风存在显著的正相关性。当企业官僚主义[①]色彩较重时，企业的决策效率迟缓，经营效率减小，债务风险随之加大。而且，董事会规模较大，很容易导致董事会人员决策时互相观望，决策效率降低，相互产生依赖感。当企业内部需要作出重大决策时，董事会人数过多时就滋生了侥幸心理。每个人都将希望寄托于其他董事身上，而自己却不积极采取措施。董事会成员过多也会使董事产生自身责任较小的错觉，进而影响企业的经营效率，加大企业债务风险。独立董事是公司治理另一个重要组成部分。独立董事一般是由外部专业人士担任的，希望由专业的第三方监督企业的决策与治理。独立董事作为企业的第三方，力量比较薄弱，很多

---

　　① 官僚主义（bureaucracy）是指脱离实际、脱离群众、欺软怕硬、做官当老爷、官官相护、贪污腐败的领导作风。

情况下容易受到内部大股东的挟制而无法有效发挥其监督作用，从而丧失了独立董事设立的目的。但是，独立董事存在自己的市场，为了在该市场中有较高的价值，需要更加用心地维护自我声誉，为此很多独立董事在企业内部会争取发挥较大的监督作用。如果企业最终经营不善而无法存续，独立董事的市场声誉会严重受损或者还需要对企业的破产承担一定责任。独立董事的规模越大，上市公司面临的偿债风险就相应越低。即独立董事规模与企业债务风险呈负相关关系。董事长与总经理是否兼任也是企业治理的重要组成部分，如果企业的董事长和总经理由同一个人担任，会导致企业董事会无法有效地监管公司经理层的决策，使企业内部职责混乱，导致企业绩效下降。当董事长个人手中的权力过大时，董事长容易盲目自信，采取过于激进的经营策略与融资策略，使得企业陷入债务危机的风险加大，更容易造成企业债务风险积聚。

企业股权结构是公司治理的重要组成部分。股东作为现代公司制度的所有者，可以根据其持有的股份比例对公司进行相应的控制和获取相应比例的收益。用于衡量企业股权结构的主要代表就是股权集中度，其大小对企业经营发展有重要的影响。当企业股权集中度较低时，企业内部没有明显的大股东，每个股东均为持股数量不多的中小股东，对企业的控制力度较低，这时企业内部的监管力度较低。企业的管理层的控制权较强，很可能出现道德风险以及逆向选择，导致公司的利益最大化目标出现偏离，无法使企业获得最优利益。当股权集中度较高时，存在股东持有的股权数量较高，大股东对企业存在较高的控制权，为了保证自身利益的最大化，大股东会加强对企业的监督力度。积极参与对公司的治理与经营，有效监督管理层的不利行为，促使企业债务风险下降。股权集中度进一步细分可以进一步深入研究股权制衡度。如果企业内部存在不止一个大股东，而是多个大股东，则企业存在较高的股权制衡度。股权制衡度对企业也存在正反两个方面的不同影响。股权制衡度较高时，企业有几个大股东相互制衡，没有任何一个大股东可以独自掌控决策，而是需要几个大股东达成一致才能最终通过，企业的发展比较有利。不会出现单一大股东不受监督，做出损害广大中小股民的行为，从而促进企业向更好的方向发展，使企业的债务风险减小。代理理论曾指出，激励可以使高管减少代理行为，将高管的利益与企业的利益捆绑在一起，高管在经营中会做出更有利于企业发展的决策。企业在实施激励举措时，更倾向于股权激励。股权激励是一种有效地将管理层的利益与企业利益联系在一起的方法。管理层持有公司股份比例越高，管理层对企业的用心程度越高，企业的治理水平得到提升。企业债务风险得以降低。但是我国目前处于转轨的特殊时期，存在一些制度上的缺陷，对管理层实施激励的同时仍不能完全避免管理层利用职权为个人牟取利益。但是相对来说，高管的持股比例增高会降低企业的债务风险积聚。

通过以上研究文献分析，企业微观层面对上市公司债务风险积聚的影响最终落脚于对企业资金链的作用上。企业现金流发生断裂分别有经营活动、筹资活动和投资活动三种类型的现金流断裂。一般情况下，企业在经营中，由于企业提供过高的商业信用而导致债权无法及时收回，会使企业经营活动现金流紧张，甚至陷入断裂的情况，最终导致企业的债务风险积聚。另外，如果企业在提供商业信用之前无法对债权人的信用状况有足够的掌握而盲目扩张市场，很有可能会遇到客户拖欠账款、故意欺诈等情况导致企业经营陷入困境。由于企业管理者的不理性，会导致企业在没有进行谨慎全面的可行性分析时就进行投资，使企业承担过高的经营风险。相关研究显示企业非理性地进行多元化扩张最终会增大企业投资失败的可能性。如果企业不能客观合理地评价自身的资产实力，无法理性地认识风险，企业的债务风险会发生积聚。企业进行融资获取的资金是企业赖以发展的根本，企业通过利用筹集的资金进行投资以及经营获取一定的利润，是企业发展的基石。企业融资活动受到阻碍会直接导致企业运转失常，进而引发严重的债务风险积聚。而企业进行过多的债务融资时，其中包括部分企业盲目进行扩张，不合理地进行借款活动，债务融资过高的同时无法获得更高的利润，导致无法按时偿还利息，整体利润为负。债务到期时无法及时偿还，企业陷入倒闭的困境。当债务规模过大时，企业所有人可以享有的剩余收益也会降低。债务融资结构不合理也会导致企业债务风险积聚。债务融资结构不仅指长期债务与短期债务的筹资比例，也指其与流动资产和长期资产的搭配是否合理。如果企业的长期资产投资是由短期债务资金提供的，企业就面临短期负债到期时长期资产无法变现用于偿还的境地，企业偿债能力降低，债务风险发生积聚。而如果企业用长期债务融资用于短期的资金使用，会使企业经营成本加大，过高的资金使用成本降低了企业的利润率，进而引发企业债务风险积聚。

2. 影响企业债务风险积聚的行业因素

企业所在行业环境细分为行业的资源丰富度、行业的动态性以及复杂性。首先,资源丰富度特指在一个特定行业中资源的丰富程度。当企业所在行业资源丰富度越高时,企业进行生产活动时的资产就越充足,有足够的条件扩大发展,实现更多的盈利。企业的资产可以不断增值,企业面临破产的可能性就越低,债务风险不会轻易发生积聚。企业所在环境的资源越丰富时,其外部变动性降低,企业可以获得的债务融资就越充足。行业动态性指特定行业内发生变动的可能性。施麦尔和利(Simerly and Li, 2000)指出环境发生变动是在多种环境作用力下相互影响的结果。在经济领域这些变动主要有企业扩张、有更多的企业进入该行业中以及行业整体的科技发生进步以及技术应用性增强。当企业所在的行业变动性增强时,企业融资也会面临更多不确定性,造成企业外部利益相关者与企业存在更多的信息不对称,很难准确对企业进行价值判断,很难准确把握公司未来的趋势走向。代理理论曾指出,当公司面临的外部环境变动性比较大时,企业更倾向于采取风险较高的决策,企业获取债务资金的难度加大。由于环境不确定带给企业的风险也会增加,企业获取同样的债务融资需要付出的利息增加。当企业债务融资量增加到较高水平时,债权人有更多的权利参与公司的决策,导致企业不能做出最有利的决策。交易成本经济学①中曾指出,当企业内部有不完全合约时,企业的资产价值无法在市场中进行准确衡量。外部投资者与企业的信息不对称加强,动态性过低也不利于企业的经营,造成企业债务风险积聚。行业复杂性指一个特定行业内部环境的差异性以及其资源在企业中的集中性。当企业所处行业完全异质性时,该行业为完全竞争行业。完全竞争行业使企业面临的行业竞争压力很大,企业一旦出现不能及时偿还债务的情况,就会面临投资资金不足,影响企业的价格竞争优势,无法占领营销优势。在竞争激烈的环境中,企业可以通过保持低财务杠杆赢得竞争优势。当企业所处的环境资源集中度最高时,行业属

---

① 交易成本经济学(TCE)是新制度经济学当中唯一在实证检验方面成功的领域。威廉姆森(Oliver Williamson)在交易成本经济学的发展过程中作出了杰出的贡献,交易成本经济学是融法学、经济学和组织学为一体的、新颖的边缘学科。

于垄断行业[①]，整个行业中的资源都集中于一个特定企业中，企业可以凭借其拥有的独特资源获取垄断利润，其盈利能力较强，可以轻易获取债务资金。

我国目前经济处于转轨关键时期，企业的外部环境纷繁复杂，各种变动增加了企业面临的危机，企业的债务风险也不断积聚。企业所处的环境是其发展的基本条件。外部环境快速变化使得企业的经营处于动荡之中。行业是企业所处的最直接的中观环境，起到了连接微观主体与宏观环境的作用。企业所处行业的好坏直接影响企业未来的发展和盈利能力。冯娟（2005）通过建立上市公司风险承担模型，准确计算了行业变量对模型的影响作用。陈娟（2008）则从行业生命周期的角度入手研究其对企业债务风险的影响，并进一步与企业并购行为联系在一起。于晓光和张立（2009）则从战略发展的角度结合企业财务政策，深入研究了企业所处的行业环境对公司融资方式等产生的作用。李成友等（2021）采用聚类分析等方法提出鼓励各地方政府根据自身经济条件加强合作，制定协同发展战略，充分利用规模经济效应带动城市地区以外的农村居民分享发展成果，促进城乡协调发展。陆正华和钟燕华（2009）选取 2001～2005 年的中国上市企业作为研究对象，以行业变化程度作为行业类别的指标，研究行业环境对企业拥有的现金的影响关系。相关研究更多地关注于企业所处的外部行业环境与其债务融资量之间的关系，并没有具体研究行业发展对企业债务风险积聚的影响。

企业所处行业的竞争程度也对企业债务风险存在一定程度的影响。行业竞争越激烈，上市公司会面临严峻的竞争，企业会通过减少债务融资以缓解财务风险。朱武祥和陈寒梅（2002）以燕京啤酒为研究样本，通过数理推导，以上市公司需要投资为假设，探究了企业所处产品市场竞争激烈程度对企业筹资量的影响。研究结果表明：上市公司所处的市场越激烈，上市公司的债务融资量就越低。艾泰缇和约德斯（Iataitieh and Rodriguez，2003）以西班牙上市公司为研究样本，通过实证分析，研究得出上市公司的债务融资规模越大，企业面临的债务风险就越大。

　　[①]　垄断行业分为两种，一种凭借技术上的优势，进行行业上的垄断，如美国的微软公司的操作系统，因为深厚的技术优势，垄断了全球各国的电脑操作系统。另一种是由政府行政控制下的垄断行业，如，我们国家烟草、电力行业，电信行业，金融行业，航空行业，房地产行业，高速公路，地铁高铁，医疗行业由国营垄断，私人不可经营。

为了缓解企业的债务风险，企业之间可以减少价格上的竞争，降低上市公司竞争激烈程度。李成友等（2020）结合我国国情，提出我国政府应为中老年农户提供更健全的社会养老保障，进一步替代耕地的保障作用；注重引导非农就业特别是非农自雇就业，从而促进耕地租出等建议。李传琪和山焕等（2009）针对不同企业所处的不同行业类型进行分组，研究其对企业筹资量的影响。当企业处于自由竞争的环境中时，行业竞争越激烈，企业的债务融资规模越小。当企业处于寡头垄断行业时，行业竞争越激烈，企业债务融资规模越小。当企业处于垄断行业时，行业竞争越激烈，企业债务融资规模越大。瓦泽瑞德（Wanzenried，2003）假设企业所处的市场环境不确定，建立两阶段模型，研究古诺竞争情境下，上市公司所处产品市场竞争对企业融资方式的影响。研究表明：上市公司所处的竞争环境会影响其负债筹集量。其竞争环境包括企业所处的行业的竞争激烈程度以及所处行业的竞争结构。这说明不同国家之所以存在不同的融资结构在于企业外部的行业环境不同。

有学者提出与上述不同的研究结论。当企业所处行业竞争激烈时，企业为了摆脱外界面临的竞争困境，可能会激流勇进，选择扩大负债融资额，进一步导致企业面临的债务风险增加。焦勇和杨蕙馨（2017）提出在产业结构变迁的相关研究中，应该充分考虑两化融合的影响，尤其是在政府干预背景下，根据不同发展时期和区域异质性，建立具有时效性和区域异质性的政策安排成为关键点。劳伦斯（Laurence，2001）以发展中国家上市公司为研究样本，通过建立实证模型研究企业所处的行业竞争激烈程度对上市公司负债筹资决策的作用。通过研究得出，上市公司筹资债务量确实与企业所处行业的竞争状况显著相关，且上市公司面临的行业竞争程度越激烈，上市公司选择通过债务进行融资的比例越高。钟田丽和范宇（2004）以中国企业数据作为研究样本，实证研究企业所处的产品市场竞争环境与企业选择负债融资量之间的关系，通过研究发现当企业所处的行业环境竞争越激烈时，企业会选择风险较高的财务决策，进行更多的债务融资。企业采取这种行为主要在于中国的证券市场发展不完善，没有很好地起到配置资源的作用。中国债券市场发展不完善，大部分企业无法充分利用债券市场进行融资。吴昊雯和王华（2009）通过建立实证模型研究发现企业所处的行业竞争激烈程度根据企业债务类型不同发挥出不同的作用。由于我国上市公司获得的短期债务额更多，短期负债额度与上市公司所处的外界行业竞争环境关系更强烈。经过研究发现，企业的产品市场竞争越激烈，企业的短期负债融资额越高。而长期债务融资量与企业所处的行业竞争环境并不显著。李（Li C，2021）提出改善贫困地区农村交通基础设施和农户进城时间。弗苏（Fosu，2013）选择南非 257 家上市公司作为研究样本，通过建立面板实证模型，研究得出企业产品市场竞争越激烈，企业内部财务杠杆越高，导致企业债务风险加大。

3. 影响上市公司债务风险积聚的宏观因素

从进入 20 世纪开始，全球经济会不断地发生周期性的金融危机，这与全球信贷资金不断扩张有密切关系。随着全球信贷资金的不断增多，金融泡沫会引发一系列的社会问题，随着风险的扩张影响到各个领域。

米勒（Miller，1958）就曾研究得出，当市场中经济人为理性人时，企业的价值与其融资结构没有关系，当企业采取不同的方式融资时，企业的价值不会发生改变，这主要是由于当企业增加债务导致企业的债务资金成本降低的同时会导致企业的权益资金风险加大进而使权益资金成本增加。所以，企业的融资方式并不会影响企业的整体价值。这个观点表明企业的资本结构管理在企业中并没有起到重要作用。斯蒂格利茨和格林沃尔德（Stiglitz and Greenwald，1993）则通过实证检验得出宏观经济会影响社会的就业率，进而影响企业的劳动力供应量，而且金融行为会对以上影响产生放大作用。吕俊和李梓房（2008）则以上市公司 1999 ~ 2007 年的数据为研究对象，发现宏观经济会影响上市公司债务融资规模，其中宏观经济包括企业的信贷余额量、真实贷款利率、GDP增速以及物价增长率等都对上市公司的债务风险有显著的作用。

关于上市公司融资以及投资决策的不断修正，学者对上市公司债务风险发生积聚以及溢出的因素研究逐渐从微观主体、产业中观环境转向对企业宏观经济发展与政策的探究，并逐渐开始对其作用机制进行深入分析。莱维（Levy，2003）指出企业面临的宏观环境不同，其做出的债务融资选择也不同。雀（Choe，1993）通过研究得出当宏观经济发展良好时，上市公司通常选择更加激进的财务策略，通过增加其负债融资量来促进企业发展。这种表现在规模较大的企业中更为明显。格特勒和哈伯德（Gertler and Hubbard，1993）研究得出当宏观经济增速较高时，企业在环境带动下发展更加顺利，企业面临的外部融资约束也较少，上市公司此时更愿意增加负债。但是罗伯特和阿姆农（Robert and Amnon，2003）和曾海舰（2009）等提出了与上述不通的观点。他们认为当外部宏观走势趋好时，上市公司更期望通过股权获取资金，只有外部宏观经济走势下滑时，企业才会更多地考虑通过负债筹资。发展不好的企业在增加负债的同时更容易造成企业债务风险积聚。在 20 世纪末和 2008 年发生的两次金融危机对全球的经济均产生了显著影响。20 世纪末的亚洲金融危机①对日本等亚洲发达国家的企业造成了重大影响。这些国家上市公司债务风险产生了积聚。2008 年的全球金融危机也导致欧洲西方国家的上市公司债务风险不断积聚。这些相关研究虽然存在一定的不足，但是均说明了外部宏观经济波动会直接导致上市公司的融资活动受到影响，加快企业的债务风险积聚。

以上研究表明宏观经济波动对上市公司债务风险有显著的影响，而政府应对宏观经济波动所采取的宏观经济政策也会在一定程度上造成上市公司债务风险的变动。政府出台的应对经济波动的政策首先传导到上市公司所面临的融资环境，随后传递到上市公司采取不同的融资政策来改变企业流动性。首先，财政政策对上市公司筹资结构产生作用，当财政政策宽松时，上市公司可以获得更多的外部融资，并且财政政策与上市公司债务融资量呈显著的正相关关系（聂文忠，2012）。此外，维多利亚和大卫（Victoria and David，2010）发现上市公司采取债务筹资时会特别关注可以获得的资金量。在金融危机时期，上市公司获取债务融资时更加关注获取来源，当银行提供的资金量降低时，上市公司可获得的负债降低。

布兰德（Brandt，2003）研究得出，国有企业的控股股东为国家，当政府希望采取财政政策时，可以通过国有企业来执行。同样地，国家也会为国有企业提供担保，国有企业在融资时存在的阻力远远小于民营企业，国有企业的债务风险较低。弗兰克（Frank，2009）研究得出银行分为国有银行和非国有银行，国有企业更倾向于通过国有银行获得贷

---

① 亚洲金融危机指发生于 1997 年的一次世界性金融风暴。1997 年 7 月 2 日，亚洲金融风暴席卷泰国。不久，这场风暴波及马来西亚、新加坡、日本和韩国、中国等地。

款。由于国有企业获取银行贷款的难度较低，一旦需要进行大规模投资，国有企业首先会采取通过国有银行借款来获取资金，进而扩大了负债比例，也会导致企业债务风险逐渐积聚（方军雄，2007）。

4. 上市公司债务风险溢出效应

上市公司债务风险的溢出是指上市公司陷入债务困境，没有能力到期还债，导致企业的债务风险向外界传导。上市公司的债务风险不断积聚，达到最高峰就会向外部发生溢出，而这个最高峰就是企业债务风险发生溢出的临点。上市公司的债务风险不断积聚，在达到该临界点之前没有发生溢出，只有达到临界点之后才会发生溢出，对外部环境造成影响。这个临界点是企业内部债务风险发生质变的临界点。当债务风险不断积聚达到该临界点时，上市公司的债务风险就会发生溢出。当上市公司债务风险发生溢出时，该风险对外部的影响就超出了人们的控制。

朗（Lang，1992）提出，企业的债务风险发生溢出时，会对外部企业产生两种不同的影响，分别表现为竞争效应和传染效应。其中，上市公司对外部企业造成传染效应主要是由于：首先，如果在行业内有企业存在严重的债务风险，那么该企业的产业链的上游和下游企业会对该行业内其他企业都持有怀疑态度。出于谨慎考虑，供应商或者下游的客户都倾向于选择其他产品。而且，一个企业一旦发生了严重的债务危机，行业外其他的企业会接收到该行业内企业的财务状况广泛存在严重的问题。这样会导致减少对该行业企业的投资，该行业其他企业会因此受到严重的波及，盈利能力大大降低。竞争效应指的是上市公司发生债务风险后，会对其他企业产生与传染效应相反的影响。当存在竞争效应时，发生债务风险的上市公司的竞争实力下降，在行业内的竞争对手的竞争能力就会相对得到提升，对行业内其他上市公司有一个好的影响，可以更轻易地赢得更多的市场占有率等。

企业之所以发生违约积聚，是由于上市公司之间存在关联方关系[①]。上市公司某企业发生违约时，通过该关联关系作为纽带，影响其

---

① 在企业财务和经营决策中，如果一方有能力直接或间接控制、共同控制另一方或对另一方施加重大影响，则他们之间存在关联方关系；如果两方或多方同受一方控制，则他们之间也存在关联方关系。

他上市公司。这种违约影响在外部宏观经济行情较差时表现得尤为明显。在进行信贷组合风险管理时要重点关注这种违约相关性。上市公司之间相互联系，当其中某一个上市公司发生债务危机时，与该企业有关联的其他上市公司也会受到影响，尤其是处于同一个产业链上的其他上市公司，包括供应商或者下游的客户等。朗（Lang，1992）通过深入研究得出，根据每个企业的市场占有率以及市场定价的控制权不同，当其中一个企业发生债务危机时，会对有联系的其他上市公司的股票价格产生正向或者负向的影响。这种表现在负债比率较高的垄断性行业中表现得更为明显。赫斯等（Hertzl et al.，2008）通过更加深入的分析得出，企业发生债务风险会向外部进行溢出，不仅会依靠行业效应进行传染，还会通过供应链发挥作用。某一个企业发生陷入债务危机以及陷入债务危机之前，其供应商的股票价格也会受到显著的负向影响。这说明上市公司的债务危机会通过产业链向企业外部发生溢出。约翰（Jorion，2007）通过实证分析得出上市公司的债务风险会通过在同行业其他企业的利差互换进行传递。以某个信贷危机作为研究对象，发现债务风险对其竞争对手产生的影响不确定，对其供应商产生明显为负的影响，对整个行业会造成显著为负的影响。当外界对该债务危机没有预期时，对外界造成的影响更强烈。当企业陷入债务危机时，如果能和其产业链上的企业维持正常联系，对企业从债务危机中得以恢复有重要作用。企业陷入债务危机中，其产业链上其他企业的反应可以作为企业面临的一项潜在的债务成本。当企业发生债务危机后，供应商出于降低自身风险的考虑，减少与该企业的产品供应合作，从而使企业的债务危机更加严峻。客户选择产品时也更加注重产品质量，从而选择发展良好的企业的产品以减小自身风险的承担。而且从金融排斥的视角看，社会资本与农村家庭金融资产选择也会影响企业债务风险（陈磊和葛永波，2019）。

奥菲瑟（Officer，2012）通过实证研究对比上市公司在陷入债务危机前后获得的银行债务融资额度差异，并进一步实证分析了上市公司债务危机对企业获取银行贷款付出的成本造成的影响，以及对企业长期债务融资的影响以及对企业长期投资的影响。债权人也通过采取一定的措施比如通过改变企业的价格合约来应对债务危机对自身造成的影响。目前，我国经济发展不景气，大量违约事件同时发生造成了债务风险积聚。某企业到期无法偿还债务时会引起与其有关系的企业同样发生债务风险，造成企业债务风险的溢出。企业发生债务危机不仅对其关联企业造成影响，也会对金融机构、政府部门的风险管理产生影响。例如，在制造业行业中，企业之间存在着大量的商业信用，企业需要承担来自客户或者供应商的违约风险，很容易引起债务风险的溢出效应。行业内一个债务人到期无法偿还债务会导致其他债务人的偿债能力显著下降，导致上市公司债务风险发生溢出。上市公司债务危机与同行业内其他上市公司发生债务危机显著正相关，这就是债务风险发生溢出时体现出的传染效应。而上市公司债务风险发生溢出也有可能体现为负的竞争效应。这主要表现在，客户不愿意与发生债务危机的企业进行交易，进而选择同行业其他没有发生债务危机的企业，使其他竞争对手从中获益，这就导致了债务风险溢出的竞争效应。

1.2.2 研究方法

在对上市公司债务风险积聚影响因素研究时，早期使用较多的是最小二乘法，多元判别分析法等。由于模型中内生性问题需要解决，后期多结合工具变量或者动态面板回归进行研究。具体的实证研究模型包括：第一，采用 HP 滤波法计算出宏观经济产出缺口，以此作为度量宏观经济波动的变量；第二，采用相关性分析法分析不同因素与公司债务风险积聚的关系；第三，使用 GMM 模型分析不同因素对公司债务风险积聚的影响；第四，采用 2SLS 方法对影响公司债务风险积聚的因素进行研究；以期尽可能减小内生性对研究内容产生的影响；第五，采用倾向性得分匹配（propensity score mathching，PSM）选取对样本进行筛选，对沪、深企业进行配对，研究债务风险积聚的影响因素，以期尽可能减小内生性对研究内容产生的影响；第六，空间计量模型，研究上市公司债务风险溢出效应以及在不同行业中的债务风险溢出情况。

1.2.3 文献述评

根据对以上文献的梳理，可以发现上市公司债务风险积聚主要受到企业财务特征、公司治理、行业发展情况以及宏观经济发展状况等的影响。学者们从理论和实证两个方面具体研究了上市公司债务风险的影响因素。但是已有文献多是以债务风险为主要的研究对象，没有涉及对债务风险积聚的研究。而且，并没有进一步考虑上市公司债务风险的溢出效应。已有学者仅有少数研究金融机构的金融风险对上市公司的风险溢出效应。

总的来说，本书在整理国内外相关研究文献的过程中，按照"上市公司债务风险积聚的结构特征—上市公司债务风险积聚的影响因素—上市公司债务风险的溢出效应"的研究路径，首先分析上市公司债务风险的理论以及文献，其次发现本书主要研究重点，即上市公司债务风险积聚的行业特征、地区特征，以及不同影响因素对中国上市公司债务风险积聚的影响特点，同时考察上市公司债务风险的溢出效应以及在不同行业内的债务风险溢出不同表现。

1.3 主 要 内 容

本书主要分为 8 章内容。

第 1 章为绪论。主要为本书的研究背景、研究意义、理论提出、研究方法及主要内容，为后续研究做基础和铺垫，并简要论述创新与不足。

第 2 章为上市公司债务风险积聚与溢出效应的概念、基本原理以及理论基础阐述，通过对上市公司债务风险积聚与溢出效应相关理论的分析，构建上市公司债务风险积聚影响因素与公司债务风险溢出效应的理论基础。为研究提供基本的分析框架。

第 3 章就中国上市公司债务融资的发展变化及结构特征进行论述与描述。本章主要对我国债务风险历年发展变化进行描述，并对现阶段我国上市公司债务风险结构特征进行描述，将我国上市公司分行业、分地区、分时期分别统计公司债务风险，了解我国现阶段具体的债务风险状况，找到具体是哪些行业的企业的债务风险积聚在不断增大，并将这些企业作为债务风险溢出效应的研究样本具体分析其债务风险溢出效果。

第 4 章为企业特征对上市公司债务风险积聚的影响研究。分别从企业自身财务特征、公司治理特征两个方面的影响因素研究对中国上市公司债务风险积聚的影响。企业自身特征包括企业的盈利能力、营运能力、资产负债率、资产流动性、现金流周转率等方面；公司治理方面包括企业所处的生命周期、管理层的风险偏好等方面。企业所处的生命周期不同会采取不同的竞争战略，导致企业债务风险积聚不同，而管理层是否持股会显著影响管理层风险偏好进而影响上市公司债务风险积聚。全面分析在企业盈利疲软的情况下，我国上市公司的债务为何一直处于不断攀升的状态。并根据企业性质对企业进行分类，研究不同所有制企业债务风险不断积聚的原因，可以准确地分析上市公司债务风险积聚的企业内部微观动因。

第 5 章为行业发展对上市公司债务风险积聚的影响研究。分别从产品市场竞争程度和行业景气程度在中观层面研究我国上市公司债务风险积聚的原因。中观层面的环境是企业发展的直接环境，对企业的发展有着直接的影响。产品市场竞争程度用行业集中度、行业内企业营业收入集中度等来衡量。并进一步根据产权性质、股权结构将企业分类为国有上市公司，民营上市公司；高股权集中度的上市公司和低股权集中度企业，分别研究企业债务积聚的影响。行业发展状况用行业景气度等来度量。该部分从中观层面来解释我国上市公司债务风险积聚的原因，可以准确地分析上市公司债务风险积聚的外部中观动因。

第 6 章为宏观经济波动对企业债务风险积聚的影响研究。分别从宏观经济发展状况和经济政策不确定性两个方面研究对上市公司债务风险积聚的影响。宏观经济波动采用 HP 滤波法计算产出缺口，通过 HP 滤波法将宏观经济波动真实状况分离出来，考察宏观经济状况对上市公司债务风险积聚的影响；另外，还将经济政策的波动引入共同考察宏观经济波动的影响。经济政策不确定性通过影响企业外部的融资约束和企业内部经营不确定性两个路径对上市公司债务风险积聚产生影响。该部分从宏观层面来解释中国上市公司债务风险积聚的原因，可以准确分析上市公司债务风险积聚的外部宏观动因。

第 7 章为中国上市公司债务风险溢出效应研究。上市公司债务风险不断积聚是否会产生一定的外部性？一家上市公司产生债务风险是否会影响另一家上市公司的债务风险？该部分通过建立空间计量模型，以上市公司总资产或总收入作为经济上的空间联系，研究各上市公司间债务风险溢出现象。而上市公司债务风险之间的空间溢出分为竞争效应和传染效应。通过判断空间计量模型空间系数的符号来判断具体表现为哪种溢出效应。进一步将发生债务风险积聚的行业分别作为研究样本，研究发生债务风险积聚的每一个行业具体的企业债务风险溢出效应。该部分研究丰富了上市公司债务风险溢出效应的研究。

第8章针对本书的分析结果提出研究结论与政策建议，并对未来研究方向进行展望。

本书主要内容思路如图1-1所示。

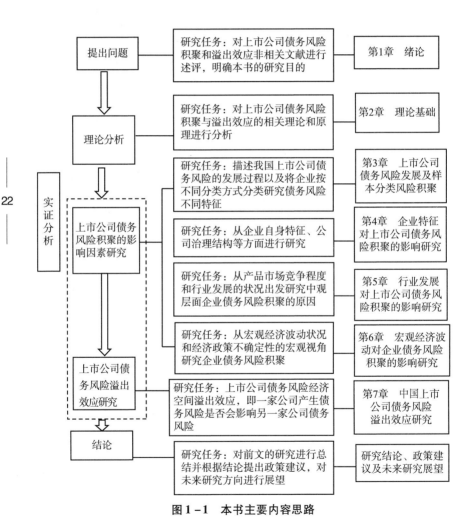

图1-1　本书主要内容思路

1.4 研究思路及研究方法

1.4.1 研究思路

本书是以中国上市公司债务风险积聚情况和债务风险溢出状况作为研究对象，以"文献梳理—理论提出—描述与实证—实证检验—政策建议"为研究思路，对上市公司债务风险积聚与溢出效应进行系统研究。首先对我国上市公司目前的债务的状况以及债务风险积聚总体及分行业做描述性分析，对我国微观债务结构有一个基本的了解。然后基于我国上市公司目前高债务风险积聚的现状进行分析，建立 GMM 模型，实证分析我国债务风险积聚的微观、中观、宏观的各方面影响因素，找到目前中国上市公司高债务风险积聚形成的推动因素，以及不同行业债务风险积聚的不同因素和宏观冲击对上市公司债务风险的影响。对上市公司债务风险积聚产生影响的原因可以分为内外部两类因素，其中微观动因是影响企业上市公司债务风险积聚的内部因素，其中分为上市公司自身财务特征以及企业所处的发展生命周期和管理层的风险偏好，企业在不同的生命周期会采取不同的竞争战略，从而影响上市公司债务风险积聚情况。管理层作为企业内部治理的直接领导人，其风险偏好会影响上市公司债务风险积聚产生影响，而管理层是否持股在两者关系中起到关键调节作用；中观和宏观动因则是影响上市公司债务风险积聚的外部因素，其中企业面临的产品市场竞争是最直接的外部环境，产品市场的竞争激烈程度会对企业上市公司债务风险积聚产生影响，企业所处的行业景气程度也是企业所处的外部行业环境。而宏观经济发展情况和经济政策的波动性是最直接的宏观环境，从更广的范围上对上市公司债务风险积聚产生影响。经济政策波动通过影响上市公司面临的外部融资环境和内部经营不确定性来影响上市公司债务风险积聚情况。

上市公司债务风险发生后是否会对同行业或者其他全部的上市公司债务风险有溢出效应？其溢出效应大小？为了研究上市公司债务风险的经济溢出效应，建立空间计量模型，研究经济空间上的债务风险溢出效应。通过判断外部性的正负来确定债务风险溢出表现为传染效应还是竞争效应。并且进一步分行业分析上市公司债务风险溢出在同行业内的风险溢出情况。

1.4.2 研究方法

本书采用定量与定性研究、实证与规范研究结合的方法。主要包括：（1）文献归纳方法。围绕研究的主要问题对相关文献进行梳理，发现相关问题目前的研究阶段。（2）逻辑和归纳方法。主要从宏观、中观、微观三个方面的因素研究上市企业债务风险积聚的原因。（3）实证分析法。运用宏观经济数据、行业发展数据、企业微观数据及公司治理数据实证检验不同因素对公司债务风险积聚的影响，得出相关结论。运用 Stata 软件进行数据的整理与实证研究。

本书中建立的模型主要有：（1）采用 HP 滤波法计算出宏观经济产出缺口，以此作为度量宏观经济波动的变量；（2）采用相关性分析法分析不同因素与公司债务风险积聚的关系；（3）使用 GMM 模型分析不同因素对公司债务风险积聚的影响；（4）采用 2SLS 方法对影响公司债务风险积聚的因素进行研究；以期尽可能减小内生性对研究内容产生的影响；（5）采用倾向性得分匹配（propensity score mathching，PSM）选取对样本进行筛选，对上海（以下简称"沪"）、深圳（以下简称"深"）的企业进行配对，研究债务风险积聚的影响因素，以期尽可能减小内生性对研究内容产生的影响；（6）空间计量模型，研究上市公司债务风险溢出效应以及在不同行业中的债务风险溢出情况。

本书样本选取 2009～2017 年在沪、深上市的 A 股企业，上市公司财务指标数据来自国泰安（CSMAR）数据库，企业产权性质指标来自 wind 数据库。并对样本数据按步骤做如下处理：（1）选取我国沪、深 A 股上市公司 2009～2017 年季度数据，考虑到金融保险行业具有很强的特殊性，剔除了金融保险行业类的企业。（2）因为选取的季度数据，有一些企业发布的财务信息存在一定的缺失，并且有一些企业在相应的期间没有发布社会责任报告，将这部分企业进行剔除。（3）本部分是选取企业发生债务风险积聚地作为研究对象，将经过剔除的样本计算出每个企业的债务风险积聚程度年均增长率，增长率大于 0 企业为发生债务风险积聚，作为实验组。（4）为了控制内生性，本章采取 PSM 方法选取与实验组上市企业资产规模、存货周转率、销售增长率等指标相近的企业作为对照组，经过处理，实验组和对照组的上市公司容量均为1068 家。（5）因为数据取值区间为季度，为了降低异常值对模型结果的干扰，对取得的连续数据均进行 1% 的 Winsorize 缩尾处理。相关数据的处理均使用 Excel 2010 与 Stata 14.0 软件。

1. 变量设计

（1）宏观经济波动的测度。

本书采用趋势分解法对宏观经济及波动进行测度，趋势分解法主要包括 H－P 滤波法、BK 滤波法和卡尔曼滤波法等，因这一方法对数据的要求高，容易受到经济结构变迁等因素的影响，使得估计值和传统方法的估计值存在较大偏差，为保证模型的稳健性，本书采用 H－P 滤波法计算产出缺口时，GAP 表示产出缺口，如果该数值为正，说明宏观经济处于上行周期；反之则处于下行周期。

本书采用贝克等（Baker et al.，2016）发布的关于中国的经济政策不确定性月度指数作为经济政策不确定性的替代变量。鉴于本书数据的时间跨度均为季度，需要首先将月度数据计算成季度数据，根据下列计算方式来转化：

$$EPU_t = (3EPU_m + 2EPU_{m-1} + EPU_{m-2})/6 \qquad (1.1)$$

式（1.1）中，m 分别取值 3、6、9、12。

（2）行业发展状况测度。

由于企业定价资料等难以直接获得，不能直接用企业交叉价格弹性来衡量产品市场竞争程度。赫芬达尔指数（HHI 指数）代表了行业内企业的集中度，该指数是相对值指标，该值的大小不会随着行业内企业数量的增多而发生变化。具体的计算公式为：$HHI = \sum_{i=1}^{n}(X_i/X)^2$，其中，n 为行业内企业数量，$X_i$ 为第 i 个企业的规模，X 为市场总体规模。为了衡量企业产品市场竞争程度，取赫芬达尔指数的倒数（1/HHI）来表示产品市场竞争程度，当赫芬达尔指数越大时，企业所在行业的集中度越强，市场的垄断性也更强，产品市场竞争激烈程度越弱。即 1/HHI 的值越大，产品市场竞争程度越大；反之，1/HHI 的值越小，产品市场竞争程度越小。该产品市场竞争程度指标用 PMC1 来表示，产品市场竞争程度也可以由行业内企业营业收入的集中度来表示。用行业内营业收入排名前四的企业的收入总和比全行业收入总和取倒数来表示（PMC2）。因为行业内前四大企业收入占比越小，产品市场竞争越激烈，表示企业面临的外部产品竞争越强。所以，对该值取倒数后，PMC2 值越大，企业竞争越激烈。

借鉴陈武朝（2013）、薛爽（2008）等学者的指标选取，本章根据证券监督委员会对行业分类的划分，将行业分为 19 个不同类别，并以此确定行业景气度的大小。本章选取行业总资产收益率（MROA）用来衡量每个行业的景气程度。将每个行业总资产收益率每个季度的均值作为行业景气度。

（3）企业自身特征的测度。

本书主要从企业盈利能力、营运能力以及资产负债率来衡量上市公司内部的财务状况；从企业所处的生命周期以及管理层风险偏好来衡量企业的治理情况。其中，企业的财务状况指标采用动态因子分析方法进行合成。

2. 模型的设立

（1）HP 滤波法。

衡量宏观经济波动时，需要通过 HP 滤波法计算得到真实的宏观经济波动指标。我们观察到的宏观经济增长包含了真实的宏观经济情况和偏离真实情况的经济波动。其中，真实的宏观经济波动指标更准确。本书使用 HP 滤波法过滤掉宏观经济的长期波动性，使用宏观经济的短期波动研究宏观经济对我国上市公司债务风险积聚的影响。

（2）动态因子分析法。

上市公司财务特征、公司治理等方面包含的因素众多，代表企业财务特征的变量分为三类，包括企业的营运能力、企业的盈利能力、企业的资产负债率。每一方面的影响因子有多个指标表示，这些指标对都代表了企业自身特征。在考察时，需要以上三类对这些指标进行综合评估。通过因子分析法将多个指标进行合成得到三类指标的综合指标。

（3）内生性问题的处理。

在研究上市公司债务风险积聚的影响因素时，很有可能会产生内生性问题，本书首先运用豪斯曼（Hausman）检验进行内生性检验，之后采用 PSM、工具变量等方法对内生问题进行处理。将上市公司分为实验组和对照组分别进行实证分析，进一步选取工具变量进行两阶段最小二乘法，以期尽可能降低内生性问题对本研究的影响。本书主要通过以下步骤对样本进行筛选：

首先，选择合适的上市公司特征变量作为混杂因子（confunders）（本书以企业资产规模、存货周转率、销售增长率作为混杂因子）。所选变量在理论上与上市公司债务风险存在一定联系。

其次，使用 Logitstic 回归模型估计每一个观测值的倾向性得分，使用 Logit 回归模型时，可以表示为：

$$\ln\left(\frac{P}{1-P}\right) = \alpha + \beta_1 x_1 + \beta_2 x_2 + \cdots + \beta_n x_n \tag{1.2}$$

并将其转换为：

$$P = \frac{\exp(\alpha + \beta_1 x_1 + \beta_2 x_2 + \cdots + \beta_n x_n)}{1 + \exp(\alpha + \beta_1 x_1 + \beta_2 x_2 + \cdots + \beta_n x_n)} \tag{1.3}$$

其中，P 为倾向性得分；α 为常数项；β_1 至 β_n 为回归系数；x_1 至 x_n 为混杂因子，即企业资产规模、存货周转率、销售增长率等。

最后，利用最邻近匹配法（nearest neighbor matching）进行配对。

（4）GMM 模型。

GMM 模型为动态面板模型，因为解释变量中加入了被解释变量滞后项。被解释变量的前期变量可以解释因变量的一部分变化，体现出了经济活动的动态变化。并且，因变量的滞后项可以作为工具变量，在一定程度上解决了模型的内生性问题。构造动态面板，应用 GMM 模型进行回归，基本的回归模型如下：

$$Y_{it} = c + \alpha_1 Y_{it-1} + \alpha_2 \, ENTER_{it-1} + \sum \alpha(X_i) + \varepsilon_{it} \tag{1.4}$$

其中，Y 是上市公司债务风险积聚程度，借鉴袁海红等测度产业集聚程度的研究方法，即用产业风险/区域面积代表产业风险积聚程度，该方法是相当于用风险密度概念来表示积聚程度。所以，本书用企业的 $1/(DR \times LnE)$ 值表示债务风险积聚程度，ENTER 是企业的自身特征、行业发展状况、宏观经济波动状况，X 是控制变量，i 代表样本企业，t 代表年度。

其中企业债务风险为 DR，企业净资产规模为 E，参考同类文献，本书选择亚历克斯和巴斯利（Alex and Bathory）模型来衡量企业债务风险（debt risk）。具体公式如下：

$$DR = SZL + SY + GL + YF + YZ \tag{1.5}$$

其中，SZL 为（税前利润＋折旧＋递延税款）/流动负债；SY 为税前利润/营运资本；GL 为股东利益/流动负债；YF 为有形资产净值/负债总额；YZ 为营运资本/总资产。

（5）空间计量模型。

Moran's I 指数指标用于描绘经济活动全局相关性。Moran's I 的计算公式如下：

$$I = \frac{n}{W} \frac{e'We}{e'e}$$

$$W_0 = \sum_{i=1}^{n} \sum_{j\neq1}^{n} W_{ij} \tag{1.6}$$

式（1.6）中各指标值：I 表示 Moran's I 指数，n 代表上市公司的数量，e 表示用最小二乘估计的残差矩阵，e' 表示对矩阵 e 求逆矩阵，e'e 表示残差平方和，W 代表空间权重矩阵。Moran's I 指数的取值范围为 -1 到 1 之间，其绝对值越接近 1 说明研究对象的空间相关性越强，其中大于 0 为正相关关系，小于 0 为负相关关系。Moran's I 值越接近 0，表明研究的对象是随机分布的，或者他们之间不存在经济相关性。

根据我国发生债务风险积聚行业的样本组，经济空间的指标选用上市公司的规模来表示，具体指标选用总收入或者总资产。具体的计算方法：

$$W_{ij} = 1/|Z_i - Z_j|S_i \tag{1.7}$$

其中，$S_i = \sum_j 1/|Z_i - Z_j|$，$Z_i$ 表示公司 i 的两项临近性指标。

建立空间计量模型即 SEM 模型和 SLM 模型：

$$\frac{1}{DR_{i,t}} = \alpha_1 \, Debser_{i,t} + \alpha_2 \, Operate_{i,t} \alpha_3 \, profit_{i,t} + \alpha_4 \, cycle_{i,t} + \alpha_5 \, PCM1_{i,t}$$
$$+ \alpha_6 \, MRA_{i,t} + \alpha_7 \, MROA_{i,t} + \alpha_8 \, EPU_{i,t} + \alpha_9 \, GAP_{i,t}$$
$$+ \gamma(I_T \otimes W_j)\varepsilon_i + \mu_i$$

$$\frac{1}{DR_{i,t}} = \beta_1 \, Debser_{i,t} + \beta_2 \, Operate_{i,t} + \beta_3 \, profit_{i,t} + \beta_4 \, cycle_{i,t} + \beta_5 \, PCM1_{i,t}$$
$$+ \beta_6 \, MRA_{i,t} + \beta_7 \, MROA_{i,t} + \beta_8 \, EPU_{i,t} + \beta_9 \, GAP_{i,t}$$
$$+ \rho(I_T \otimes W_j)\frac{1}{DR_{i,t}} \tag{1.8}$$

式（1.8）中，W 是个体间的空间权重矩阵；参数 ρ 为空间滞后回归系数，它测度了空间外部性的大小，即地区间经济活动的空间溢出程度；γ 是空间误差回归系数，它不仅囊括了空间滞后系数 ρ 的影响，还反映了没有观察到的空间异质性因素。

1.5 本书的创新点

通过对国内外上市公司债务风险积聚与溢出效应方面已有文献的梳理，本书主要创新点有以下几个方面：

1. 研究内容

与以往研究相比，本书有以下几个创新点：第一，国内外对企业债务风险积聚与溢出效应的研究较少，主要的研究是集中在对企业最优资本结构的研究以及资本结构动态调整过程。有少部分研究关注到对上市公司债务融资的影响因素，但是并没有更细致地研究企业债务风险不断积聚的影响因素以及没有将每个因素对企业债务风险具体的积聚动态过程用实证模型表示出来。之前大多数学者表示企业债务风险时，选择用资产负债率来表示，该指标虽然与企业债务风险有显著相关性，但是并非完全的线性关系。本书选取了更准确的企业债务风险综合指标来表示企业债务风险，并将资产负债率对债务风险积聚的动态影响表示出来。第二，在研究企业自身特征对企业债务风险积聚的影响因素时，克服了之前研究对企业特征考虑不全面的缺陷，通过因子分析法，将企业各方面特征考虑进去计算出一个综合指标。在以往学者的研究中，只有极少数学者对企业债务风险的微观影响因素有关注。第三，以往学者没有对行业发展状况以及宏观经济波动对企业债务风险以及企业债务风险积聚的影响进行研究，本书首次关注到了中观层面以及宏观层面对上市公司债务风险的影响因素。第四，本书首次考察了上市公司债务风险对其他上市公司的溢出效应，并研究了每个行业内企业是否存在债务风险溢出效应以及溢出效应的具体表现。

2. 研究方法

本书采用 GMM 模型考察上市公司债务风险积聚的影响因素，并通过引入滞后项在一定程度上克服了内生性问题。考察因果关系后，并进一步通过 PSM 方法，在一定程度上克服了内生性问题，使得研究结果可信度更高。在研究上市公司债务风险溢出效应时，将每个上市公司作为一个经济单元，建立空间计量模型，研究上市公司经济空间性的债务风险溢出情况。

3. 研究视角

2016 年中央首次提出供给侧结构性改革后，有不少学者关注到了"去杠杆"问题，但是很少有学者深入探究企业"高杠杆"背后所蕴藏的风险。本书在上市公司去杠杆的背景下，研究企业目前债务风险不断积聚的各方面因素以及企业债务风险溢出效应。该视角紧追时代任务，为更好地完成我国"去杠杆"任务提供了借鉴参考作用。

第2章 上市公司债务风险积聚与溢出效应理论基础及作用机制

2.1 上市公司债务风险积聚与溢出

2.1.1 上市公司债务风险概念及分类

上市公司债务风险是指上市公司没有能力偿还到期的本金以及利息而使企业陷入经营困境的可能性。只要上市企业进行债务融资，企业就存在债务风险。债务风险是由两部分构成的，一部分是上市公司到期无法偿还本金，企业没有获得足够的利润用于偿还本金，另一部分是上市公司无法按时支付利息。

根据不同的经营环节对上市公司债务风险进行分类，可以分为债务筹集阶段的风险、债务运营阶段的风险和债务偿还阶段的风险三类。

（1）债务筹集阶段的风险，上市企业如果需要大量的资金，进行融资时企业无法有效做出最优决策。第一，进行筹集资金的对象不可靠，可能会导致企业筹集的债务资金不合法，导致企业整体债务风险加大。比如，当上市公司需要采购大量原材料而缺少足够的资金时，上市公司进行负债融资时可以选择的方式有多种，怎样合理安排债务结构会对上市公司整体债务风险产生不同影响。企业可以选择商业信用、短期债券和短期借款等不同的方式，不同的融资方法会给企业带来不同的影响。合理的债务组合可以既满足上市公司的资金需求，又能使企业的债务风险降低在一个合理的水平。第二，当上市公司本身的债务风险较高时，再融资时需要付出更高的成本。很多中小型上市企业获得贷款的成本一般高于10%，但是对于大型的盈利能力强的上市公司的贷款成本可能小于7%。上市公司通过建立信誉市场，有利于通过建立的良好的无形资产获取上市公司债务融资，并降低上市公司债务成本。第三，当上市公司无法合理安排债务结构时，会加大上市公司承受的债务风险。当上市公司的债务期限结构不合理，即上市公司的流动负债、非流动负债等不合理使负债与资产期限发生错配。筹资环节产生的风险最终都会导致上市公司承受过高的偿债压力。

（2）债务运营阶段产生的风险，当上市公司内部存在债务融资时，企业的盈利能力以及企业面临的市场竞争都会对其产生重要的影响。企业所处的市场发生变化的因素包括企业面临的汇率变动、利率变动、政策变动以及发生通货膨胀等，这些因素中的任何一个发生变动均会对企业造成很大的影响，尤其是影响上市公司的市场竞争能力以及其盈利能力，最终影响企业的偿债能力。如果上市公司的盈利水平降低到其承受的债务成本之下，上市公司整体的投资回报率为负，企业无法到期偿还本金和利息。运营阶段产生的风险最终会通过偿还阶段来表现，所以上市企业应该在各个环节谨慎决策，合理管理，将各阶段债务风险降低到最低点，改变上市公司存在的潜在的债务风险，在风险爆发之前就通过合理的管理降低。

（3）上市公司债务偿还阶段风险，当企业筹集的负债资金到期后，上市公司面临着对以往负债的清偿责任，如果以往上市公司经营不善，没有取得足够的资金可以偿还，这时候企业的债务风险就转化为债务危机。企业是否可以有足够的资金偿还债务是与其经营过程中是否取得了足够的现金流有密切关系。如果企业获得的现金流不够，企业没有办法支付到期的债务，就会导致上市公司发生违约。上市公司的资产如果均为长期资产，则没有足够的流动性用于偿还短期债务，企业同样面临债务风险。此时，企业想通过再融资方式获得资金也比较困难。当这三个阶段的上市公司债务风险均没有得到很好的控制时，综合债务风险将会积聚到最大值，使上市公司陷入债务危机。此时，上市公司还没有实施挽救措施使上市公司脱离困境时，上市公司就可能会破产。目前，债务重组在实务界发挥着越来越重要的地位，当上市公司发生债务危机时，债务重组是一个有利于企业继续存续的有效方法。它可以有效减轻企业的债务危机，使上市公司内部管理决策得到优化，使企业的经营走向精细化的治理，使上市公司的经营有一个安全的底线。此时，上市公司对企业债务风险的管理更倾向于提前管理，预防管理，不是在风险发生之后再去补救。

2.1.2　上市公司债务风险积聚含义

上市公司债务风险积聚有横向和纵向两个方面的含义。横向来说，是指上市公司的债务风险在行业或者相似企业间的汇聚过程。纵向来说，是指企业债务风险在企业内部不断增加的过程，在这个过程中，企业单位净资产所承担的债务风险也越来越大。本书在研究上市公司债务风险积聚时，在横向方面，通过建立三维立体空间图对债务风险在行业间的积聚过程进行了描述；在纵向方面，通过选取适当的指标作为替代变量，建立实证模型深入研究其影响因素及作用路径。

本书在选取上市公司债务风险积聚指标时，借鉴袁海红（2016）等测度产业集聚程度的研究思想，将上市公司单位净资产所承担的债务风险用来表示纵向的上市公司债务风险积聚程度。从宏观来看，上市公司内部债务风险不断积聚的同时，导致整个市场所蕴藏的风险也在积聚。随着时间推移，企业债务风险从风险分散状态逐渐聚集到某些行业或者某些地区或者某些类型的企业，这属于纵向的债务风险积聚扩展为横向的债务风险积聚。本书从纵向角度建立实证模型研究上市公司债务风险积聚，从横向视角通过描述性分析来看债务风险在行业间的积聚动态过程。

2.1.3　上市公司债务风险溢出含义

溢出效应（spiller effect），是指某组织实施一项活动时，除了达到活动预期目的外，还对外部环境造成了一定的影响。简而言之，就是某项活动会产生一定的外部性。溢出效应包括知识溢出效应、经济溢出效应和技术溢出效应等三类。上市公司债务风险溢出则是指上市公司出现债务危机，没有能力到期偿还债务，并且会向企业外部传递其债务风险。

上市公司发生债务风险溢出也会对其他上市公司造成不同的影响，包括传染效应和竞争效应两种。传染效应是指上市公司发生债务危机时，会对行业内其他上市公司引起债务风险升高的影响。这主要是因为，当其中某一个企业发生债务危机时，上市公司产业链上的其他企业会对行业内企业的态度发生转变，会尽量减少与该行业的联系。如果可以寻找到该行业的替代品，产业链上的其他企业会选择替代品。而且，上市企业的债务风险水平会向外界传递负面的信号，即该行业内的上市公司的经营状况普遍较差，没有充足的现金流。这些负面信号会显著影响外界对市场的预期，导致该行业内的其他上市公司的盈利能力降低，最终引起风险上升，财富降低。

2.2 上市公司债务风险积聚的影响因素及作用机制

2.2.1 上市公司债务风险积聚的影响因素选取

上市公司债务风险的大小受企业内外部多种因素的综合影响，受到企业内部自身特征、行业发展状况以及宏观经济状况等的综合影响。

马尔什（Marsh，1982）选择英国早期的上市公司为样本，研究了上市公司资本结构的影响因素。得出了上市公司资本结构与其内部资产量、企业的规模大小以及其面临的破产风险有关。哈里斯（Harris，1991）加深了对马尔什（1982）的研究，进一步深入分析了上市公司资本结构各方面因素对企业的具体影响。通过建立实证模型后研究发现：企业的资本结构与企业的资产量、企业的规模以及企业面临的成长机会有显著的正相关关系，而与企业的盈利性、研发能力、企业的知名度等有显著的负相关关系。欧普勒和泰曼（Opler and Titman，1994）则进一步拓展研究发现，上市公司资本结构不仅受到企业内部因素的影响，还会受到企业外部经济环境的影响。当企业面临的外部经济发展良好时，企业内部的资本结构水平较低，反之则较高。而企业资本结构较高时，企业面临的破产风险也会急剧增加。肖作平等（2002）则通过运用多种实证模型验证了影响中国上市公司资本结构的各种因素。通过实证分析得出了以下结论，上市公司的资本结构与公司的资产价值、资产特性企业的规模等存在显著的正相关关系，与上市公司的盈利能力、现金流量、发展能力有显著的负相关关系。企业的资本结构较大会导致企业面临的营运成本增大，面临的偿债风险加大。阿美达等（Almedia et al.，2011）则研究发现金融危机期间，工业企业的债务期限结构对企业有重要影响。如果企业内部的负债面临到期会显著导致企业的投资量降低。企业更需要通过再融资来缓解偿债压力，对外部环境变化更加敏感。如果企业面临的外部环境中信贷供给减少，会显著导致企业债务风险变大，也会使企业更倾向于在外部继续融资。当企业的债务融资中短期债务占比越高时，企业管理层治理公司更容易受到制约，也导致企业的再融资风险加大。短期负债的频繁到期加大了企业的偿债风险，导致企业更容易陷入债务危机。我国债务融资方式单一，其中主要的债券融资门槛较高，且债券市场发展处于起步阶段，而且我国企业股票市场发展不也完善，企业通过股权可以获得的融资量有限，企业只能更多地选择通过银行、商业信用或者民间借贷来获取短期借款。这些融资方式导致企业的资本结构处于十分不稳定的状态，企业债务风险加大。

　　盈利性是用于衡量企业盈利能力的重要指标，该指标说明了企业运用其资产创造价值的能力，即创造现金流的能力，从另一个角度也会对企业的债务风险产生一定的影响。当企业的盈利能力强时，企业的融资方式更多地倾向于选择内部留存收益的融资方式，从而减少外部债务融资数额。迈尔斯（Myers，1993）也曾指出，当企业的盈利较高时，企业倾向于选择更少的债务融资。成长性是衡量企业未来发展潜力的重要指标。一般小企业具有更强的发展潜力，但是当前整体利润处于较低的水平。而高成长性的企业需要不断进行新的投资，需要大量的资金支持，但是其经营上面临很大的不确定性，使得其收益波动也很大，此时企业面临着较高的经营风险以及财务风险。但是，当企业处于衰退期时，其发展能力也随之大幅下降，企业整体获得的利润降低，债务风险也会加大。而企业的规模会潜在影响企业的自身定位、目标市场以及管理策略等，这些都会导致企业经营不确定性加大，进而影响到企业的债务风险。比如，规模较大的上市公司有更大的筹码与其债权人博弈，通过自身的规模优势使债权人让步，或者获得新的债务融资。而且，由于企业外部债权人与企业存在一定的信息不对称，当企业的规模较大时，外部债权人对企业的信任度增加，会相对降低企业的融资成本，所以大企业面临的事前债务风险较低，使得大企业的风险不会轻易发生积聚。拉詹和津加拉（Rajan and Zingalea，1995）指出，当企业整体的资产规模较大时，企业的投资不局限于一个领域，在经营上风险更分散，提升了企业整体抵御风险的能力。由此也得出规模较大的公司的风险不容易发生积聚，创造的现金流稳定性更强。

企业所处行业的竞争程度也对企业债务风险存在一定程度的影响。行业竞争越激烈，上市公司会面临严峻的竞争，企业会通过减少债务融资以缓解财务风险。朱武祥和陈寒梅（2002）以燕京啤酒为研究样本，通过数理推导，以上市公司需要投资为假设，探究了企业所处产品市场竞争激烈程度对企业筹资量的影响。研究结果表明：上市公司所处的市场越激烈，上市公司的债务融资量就越低。罗德里格斯（Rodriguez，2003）以西班牙上市公司为研究样本，通过实证分析，研究得出上市公司的债务融资规模越大，企业面临的债务风险就越大。为了缓解企业的债务风险，企业之间可以减少价格上的竞争，降低上市公司竞争激烈程度。李传琪和山焕等（2009）针对不同企业所处的不同行业类型进行分组，研究其对企业筹资量的影响。当企业处于自由竞争的环境中时，行业竞争越激烈，企业的债务融资规模越小。当企业处于寡头垄断行业时，行业竞争越激烈，企业债务融资规模越小。当企业处于垄断行业时，行业竞争越激烈，企业债务融资规模越大。瓦滋德（Wanzenried，2003）假设企业所处的市场环境不确定，建立两阶段模型，研究古诺竞争情境下，上市公司所处产品市场竞争对企业融资方式的影响。研究表明：上市公司所处的竞争环境会影响其负债筹集量。其竞争环境包括企业所处的行业竞争激烈程度以及所处行业的竞争结构。这说明不同国家之所以存在不同的融资结构在于企业外部的行业环境不同。

米勒（Miller，1958）就曾研究得出，当市场中经济人为理性人时，企业的价值与其融资结构没有关系，当企业采取不同的方式融资时，企业的价值不会发生改变，这主要是由于当企业增加债务导致企业的债务资金成本降低的同时会导致企业的权益资金风险加大进而使权益资金成本增加。所以，企业的融资方式并不会影响企业的整体价值。这个观点表明企业的资本结构管理在企业中并没有重要作用。施蒂格利茨和格林沃尔德（Stiglitz and Greenwald，1993）则通过实证检验得出宏观经济会影响社会的就业率，进而影响企业的劳动力供应量，而且金融行为会对以上影响产生放大作用。吕俊和李梓房（2008）则以上市公司 1999～2007 年的数据为研究对象，发现宏观经济会影响上市公司债务融资规模，其中宏观经济包括企业的信贷余额量、真实贷款利率、GDP 增速以及物价增长率等都对上市公司的债务风险有显著的作用。

综上所述，影响上市公司债务风险积聚程度的因素主要分为以下三种：第一，上市公司自身的偿债能力、营运能力、盈利能力以及公司治理方面的特征；第二，上市公司所在行业的竞争状况以及上市公司所处行业的景气度；第三，宏观经济形式。基于此，本书从企业自身特征、行业状况以及宏观经济形势三个方面研究上市公司债务风险积聚的原因。

2.2.2　不同因素对上市公司债务风险积聚的作用机制

1. 企业自身特征与上市公司债务风险积聚

企业融资最重要的指标就是企业资产负债率，该指标可以比其他指标对企业整体的筹资活动有一个更全面反映。负债是企业债务风险积聚的最主要的来源，也代表了企业财务和经济上的脆弱性。欧普勒和泰曼（Opler and Titman，1994）通过研究得出，上市公司的债务融资量增多会使企业面临的风险边界提升，企业陷入债务风险积聚的可能性更大，其竞争对手可以迅速发现其危机并针对该企业发起进攻。在企业内部风险积聚的同时又遭受外部竞争对手的攻击时，企业经营会陷入困境，导致客户流失严重，进一步加深了上市公司的债务风险积聚。同时上市公司债务融资量过高会导致其付出更多的资金成本，使得日常经营资产快速流失，资金链发生断裂，进一步导致上市公司债务风险积聚。如果外部宏观环境恶劣，企业的经营困境会进一步加重，债务比例低的企业的承受能力会更强一些。上市公司盈利能力是企业未来可持续发展的保障，上市公司盈利能力会对上市公司债务风险大小产生很大影响。上市公司的盈利能力代表了上市公司利用资产的效率，代表了上市公司是否可以获得足够的现金流。一般情况下，上市公司盈利能力强会降低对外部融资的依靠，减少上市公司的债务量。上市公司收益包括企业的投资收益和营业过程中取得的利润。其中最核心的收益是企业的营业过程中取得利润，从本质上代表了上市公司取得现金的高低。盈利能力过低使得上市公司无法到期支付到期本金和利息，导致上市公司发展受阻。只有上市公司取得足够的盈利才能按期偿还上市公司利息，控制企业的债务风险，防止上市公司债务风险发生积聚。

格雷内尔和格雷纳（Greiner and Larry E.）在其著作《组织成长的演变和变革》中第一次提出了上市公司的生命周期理论。随着理论的不断发展，生命周期理论也发展出了很多分支。当前使用最普遍的就为阶段论。上市公司每个阶段都存在不同特点，可以将上市公司的发展分为四个不同的阶段，分为初创期、成长期、成熟期、衰退期等四个阶段。在 20 世纪金融危机发生之后，深入分析后找到了危机产生微观和宏观两类不同的影响因素。哈贝贝和哈桑（Habib and Hasan，2017）微观层面的主要原因即是上市公司所处的生命周期和其融资策略不对应，使得上市公司的负债融资比率比较高。企业在不同的生命周期中所具备的客观条件不同，上市公司的组织结构、市场占有率、发展能力和面临的资源约束力不一样。所以，企业在不同的发展阶段应该制定不同的战略，在管理中有不完全一样的侧重点。高级管理层在管理上市公司时也需要制定不同的策略（陆正飞，1998）。

卡尼曼和特沃斯基（Kahneman and Tversky，2000）通过深入分析得出，当外界环境处于不确定的状态时，人们在不同的心理活动下可能选择不同。罗尔（Roll，1986）深入分析得出理性人的假设存在局限性，需要考虑到人们的非理性行为。其中管理者对风险持有的态度不同就属于非理性的范围。哈克巴斯（Hackbarth，2008）深入分析得出上市公司高管会存在过度自信的倾向，该非理性情绪会导致高管忽略了上市公司可能存在的债务风险，会做出不利于企业发展的决策。在融资时，高管更倾向于通过短期负债来获取企业发展需要的资金，使得上市公司的流动负债比例过高。赫日巴（Hribar，2010）实证分析上市公司高管如果偏向于高风险行为，其对未来企业的盈利能力持有乐观的态度并反映在其财务披露中，为了完成预期，上市公司有可能被动进行盈余管理，最终导致企业财务危机加重。

2. 行业状况与上市公司债务风险积聚

哈特（Hart O，1983）和施密特（Schmidt K W.，1996）研究得出产品市场竞争可以作为企业的一种外部监督机制，因为企业竞争可以增加企业的信息透明度，降低信息不对称程度，使企业外部利益相关者更及时地掌握企业更多的信息，进而减少了监督企业的成本。另外，竞争环境加剧使得经营不善的企业面临更强的破产清算的风险，企业为了避免被淘汰的威胁，需要加强管理。产品市场竞争也会通过影响管理者的收入对企业内部产生影响。在竞争环境较高的行业中，企业资源会流向决策水平高的管理者，通过提高专业水平高的管理者的薪酬激励决策水平高的企业。

任泽平和陈昌盛（2012）研究得出企业所在的行业景气度高时，行业整体的产品需求增加、市场活跃度提高。当企业所处的行业不景气时，整个行业表现出需求降低、生产能力剩余甚至出现企业发生亏损的现象。吴娜（2013）通过研究发现，行业景气度较高时，外部投资者对该行业企业的整体发展更乐观，企业在这种情况下获得融资的概率较大，外部融资顺畅。企业可以有更多的精力用于提升企业内部的业绩，提升企业业绩，进而企业内部的债务风险积聚程度较低。连玉君（2010）研究发现当企业所处的行业景气度较低时，投资者对企业未来的发展不看好，企业在外部获得资金的概率大幅度降低，造成企业融资风险加大，企业之间的风险传染效应加大，进而导致企业债务风险积聚程度加大。

3. 宏观经济与上市公司债务风险积聚

2008 年金融危机后，中国出台了一系列的宏观经济政策，包括"4万亿""降准降息""供给侧结构性改革""去杠杆"等。这些政策的出台在一定程度上促进了我国经济的发展，但与此同时，也增大了经济政策的不确定性。在此背景下，我国学者开始大量研究宏观经济政策对企业行为的影响（黎文靖和李耀淘，2014），但是较少涉及对经济政策调整的研究。经济政策稳定可以为企业提供较明确的预期，而经济政策不确定性加大也使企业的不稳定感增强。当经济政策不确定性增强时，企业的融资活动（李凤羽和杨墨竹，2015）、企业分配活动（黄等，

2015）等活动都会受到显著影响。

阿尔特曼（Altman，1983）发现，宏观经济的发展状况会影响企业的债务风险积聚程度。当宏观经济发展衰退时，企业的债务风险积聚程度会增大。威尔逊（Wilson，1997）研究得出宏观经济中的经济增长速度、宏观股价指数的波动程度、国家的货币政策等都和企业是否会陷入债务危机存在显著相关性。而企业的信用风险确实和经济周期存在显著关系。在经济衰退时期，银行的信贷政策趋于紧缩，造成企业的违约率上升，企业的债务风险进一步积聚。荷巴（Bae，2002）以金融危机作为自然实验，研究发现宏观经济对企业债务风险积聚程度的影响是通过银行与企业之间的关系发挥作用的。宏观经济周期以及信贷政策周期和企业的财务风险有显著关系。在经济发展状况良好以及信贷政策宽松时，企业发生财务危机的风险降低（吕俊和李梓房，2008）。在经济上升期，信贷水平扩张，企业的负债率提升至较高规模，就会积存很大的债务风险，在随后经济衰退期，早期积存的债务风险就会显现出来。但是我国学者对宏观经济波动与企业债务风险积聚程度关系的研究较少。帕特里克等（Patrick et al.，2012）从实证以及理论方面研究了宏观经济波动和信用风险以及企业信用评级迁移的关系，并且发现企业的信用风险呈现一定的逆经济周期性。

2.3 债务风险溢出作用机制

上文已经在理论上说明了上市公司债务风险溢出效应存在竞争效应和传递效应两种效果。本节将构建一个不完全市场的动态模型，通过对企业投资和融资决策的分析，应用权益价值和债务价值的微分方程，找到企业财务杠杆的动态表达，并进一步来具体刻画企业债务风险的溢出效应。为尽可能降低模型复杂度，本书假设市场中只有两家企业的情形。

首先假设市场中的两家企业 i（$i=1$，2）可以无限存续，企业建立时对一个项目进行投资，该项目的投资年收益为 y_t（$t >= 0$），参考陈等（Chen et al.，2009）的做法，再假设 y_t 满足：

$$dy_t = \mu y_t dt + \sigma y_t dz_t，y_0 给定 \tag{2.1}$$

其中，μ 代表了该投资项目整体收益率的增长率，σ 代表收益增长率的方差，它反映了企业的个体风险，dz_t 则代表了布朗运动。假设无风险收益率为 r。

上市公司进行投资所需资金来自两个方面，一个是来自上市公司自己经营所获得的资金，另一个是上市公司通过融资获得资金。上市公司从外部获取资金可以利用股权或者债权两种方式。根据我国的实际情况看，上市公司外部资金更多的是来自债权。为了使分析更加简单，假设上市公司取得外部债权资金均是通过银行贷款获得的，并假设两家上市公司的债务资金利息分别为 b_1 和 b_2，并且两家上市公司之间的债务利息大小之间存在相关关系。上市公司在建立时获取了额度为 $D_t(y)$，后续不再进行债务融资。当上市公司到期无法偿还债务而破产清算时，债务量发生改变。上市公司的破产概率用 p_t 表示。如果上市公司破产，银行可以获得上市公司的剩余资产进行清算。假设银行清算上市公司的剩余资产时，上市公司的总价值用 $A(y)$ 的 α_i 倍来表示，上市公司的违约价值为 $A(y)$ 的 $1-\alpha_i$ 倍。上市公司的边际税率为 τ_i，$i=1,2$。

如果企业完全是通过借款来进行投资活动，则上市公司的投资回报率低于借款利息 y_d 就会导致上市公司无法到期清偿债务。当投资回报率为 y_d 时，上市公司不存在权益资金。即：

$$E_i(y_d)=0 \tag{2.2}$$

如果上市公司没有发生违约，则其存在一定的权益价值 $E_i(y)$，如陈等（Chen et al.，2009）所说的二阶微分方程相一致：

$$rE_i(y)=(1-\tau_i)(y-b_i)+\mu yE'(y)+1/2\sigma^2 y^2 E''(y),\ y>=y_d \tag{2.3}$$

根据式（2.2）所提的边界条件，进一步得出企业权益价值为：

$$E_i(y,\ y_d)=(1-\tau_i)\left[\left(\frac{y_i}{r-\mu}-\frac{b_i}{r}\right)-\left(\frac{y_d}{r-\mu}-\frac{b_i}{r}\right)\left(\frac{y_i}{y_d}\right)^\theta\right] \tag{2.4}$$

其中，$\theta=-\left[\sigma^{-2}\left(\mu-\frac{\sigma^2}{2}\right)+\sqrt{\left(\left(\mu-\frac{\sigma^2}{2}\right)^2\right)\sigma^{-4}+2r\sigma^{-2}}\right]$，$\left(\frac{y_i}{y_d}\right)^\theta$ 是上市公司违约选择权的价值。将式（2.4）对 y_d 进行求导，得到最优违约阈值满足：

$$y_d^*=\frac{r-\mu}{r}\frac{\theta}{\theta-1}b_i \tag{2.5}$$

相同地，上市公司违约前的债务价值 $D_i(y)$ 满足：

$$rD_i(y) = b_i + \mu y\, D'(y) + \frac{\sigma^2}{2} y^2\, D''(y), \quad y > = y_d \tag{2.6}$$

根据上述假设,如果上市公司出现违约,那么上市公司进行清算时,其企业价值为无杠杆企业价值的 α_i 倍,这说明:

$$D_i(y_d) = \alpha_i p_i A(y_d) \tag{2.7}$$

根据边界条件(2.7)约束下求解得到微分方程(2.6),得到上市公司的债务价值为:

$$D_i(y) = \frac{b_i}{r} - \left[\frac{b_i}{r} - \alpha_i p_i A(y_d) \right] \left(\frac{y_i}{y_d} \right)^{\theta} \tag{2.8}$$

学者关于债务风险的研究非常多,罗斯等(Ross et al., 1995)总结出上市公司债务风险是指发生在负债筹资活动中的风险,这说明,上市公司的债务风险是在决策财务杠杆大小、资本结构以及无法到期偿还债务导致的风险。本书中讲到的债务风险是指上市公司的负债额度变化会导致债务风险发生改变,如果其负债融资额比较大,债务成本就比较高;反之,债务风险比较低。为了降低上市公司债务风险,需要合理安排债务融资额度。选择财务杠杆指标来表示负债比例,很多学者均选取该指标进行研究,例如鲍恩等(Bowen et al., 1982)、朗(Lang, 1992)、乐平(2004)等。在该部分模型设计中,也选取财务杠杆指标代表上市公司的债务比例。

根据式(2.4)及式(2.8),求解得出上市公司的财务杠杆可以表示为:

$$L_1 = \frac{1}{1-\tau_1} \frac{M_1 - M_1 N_1 + N_1 \alpha_1 p_1 A(y_d)}{k y_1 - K N_1 y_d - (M_1 - M_1 N_1)} \tag{2.9}$$

$$L_2 = \frac{1}{1-\tau_2} \frac{M_2 - M_2 N_2 + N_2 \alpha_2 p_2 A(y_d)}{k y_2 - K N_2 y_d - (M_2 - M_2 N_2)} \tag{2.10}$$

其中,$M_i = \dfrac{b_i}{r}$,$N_i = \left(\dfrac{y_i}{y_d} \right)^{\theta}$,$K = 1/(r-\mu)$。由式(2.9)和式(2.10)可以得出,企业的融资成本、清算成本等会影响上市企业的债务风险。并根据上文假设两家上市公司的债务成本之间存在相关关系,可以继续求解得到式(2.9)和式(2.10)表示的相关关系为:

$$\frac{\partial L_1}{\partial L_2} = \frac{1-\tau_2}{1-\tau_1} \frac{f_1(g_1+h_1)}{f_2(g_2+h_2)} \frac{(h_2 - f_2 M_2)^2}{(h_1 - f_1 M_1)^2} \frac{\partial b_1}{\partial b_2} \tag{2.11}$$

$$\frac{\partial L_2}{\partial L_1} = \frac{1-\tau_1}{1-\tau_2} \frac{f_2(g_2+h_2)}{f_1(g_1+h_1)} \frac{(h_1-f_1 M_1)^2}{(h_2-f_2 M_2)^2} \frac{\partial b_2}{\partial b_1} \tag{2.12}$$

其中，$f_i = 1 - N_i$；$g_i = N_i \alpha_i p_i A(y_d)$；$h_i = K y_i - K N_i y_d$，$i = 1, 2$；$\dfrac{\partial b_1}{\partial b_2}$ 以及 $\dfrac{\partial b_2}{\partial b_1}$ 分别表示上市公司 1 和上市公司 2 的债务成本之间的关系，表明了二者之间存在一定的竞争效应。式（2.11）和式（2.12）代表上市公司之间存在债务风险溢出效应，所以，上市公司的债务风险同时受到内外部两方面的影响。外部对上市公司债务风险的影响主要包括：

首先，上市公司在竞争对手竞争时，其竞争的领域不仅体现在产品市场上，还体现在融资市场上。为了获取更低的债务成本，会产生激烈的竞争。一般在融资成本中能够胜出的是企业的规模比较大、企业资产质量比较高的，其获取债务资金的成本比较低。这在一定程度上说明，上市公司的贷款成本与竞争对手的实力密切相关。如果竞争对手的实力下降，上市公司可以由此获得更低的贷款成本，有更多的资金用于自我发展，有利于获取更多的收益，这时就体现了债务风险溢出效应的竞争效应。

其次，如果上市公司取得的投资回报率低于银行贷款利率，上市公司无法到期偿还债务。上市公司进行破产清算，银行资产会发生缩水，只能获取 α 倍的本金。这导致银行再次给其他上市公司贷款时，会提高贷款门槛与要求，对上市公司的评估更加谨慎。这导致其他上市公司获取的贷款量减小，上市公司的盈利能力会因此受到影响，最终导致其他的上市公司债务风险也增加。这体现了上市公司债务风险溢出效应的传染效应。

然而，从式（2.11）和式（2.12）中，无法准确判定上市公司债务风险溢出效应的符号，竞争效应和传染效应谁占主导地位决定了符号的正负。上市公司债务风险溢出效应需要更深入研究。

第3章 上市公司债务风险发展及样本分类风险积聚

3.1 中国上市公司债务风险论述

3.1.1 上市公司债务风险概述

国际学术界对宏观经济风险的讨论始于 20 世纪 90 年代。在此期间，加速资本流动和金融创新的全球化的发展注入了金融市场的巨大活力，也加剧了全球对新兴市场尤其是金融不稳定。2007～2009 年，美国次贷危机使得风险一度成为系统性金融风险，再次成为科学和监管关注的焦点。在房地产泡沫破灭的危机下，美国金融体系和实体经济都产生了毁灭性的打击，这体现金融风险的积聚和溢出性特征。

由于中国国情的特殊性，外国公司债务研究不适合中国，因此本节为国内研究。中国企业债务风险研究尚未取得多大进展，其主要研究方向是债务风险的成因和对策。从历史的角度来看，在改革之前，中国在经济体制方面引入了高度集中的计划经济体制，企业在债务管理方面没有问题。在 1983 年国家预算停止流动性供给，因为企业仍无法识别其身份的明显变化，必然导致债务风险爆发陷入泥潭。

目前中国处于制度转轨时期，这也是导致我国上市公司债务风险增大的原因之一。该时期的上市公司内部很容易产生产权纠纷，内部治理结构不完善的现象，无法对企业的债务融资进行有效的约束。尤其是在企业发展初期，容易受到外部宏观经济波动的影响，使无效投资增多，公司债务负担加重。国家监管体系不完善，国有资产大量流失，利润太低，技术创新资金短缺，造成增加企业债务。

从微观主体自身视角来看，有些企业发展步伐跟不上时代的发展。经济与技术的快速发展，企业的设备和技术需要做到快速更新。如果上市公司没有对内部存在的风险进行合理的管控，很容易导致上市公司债务风险加大。

为了分析非金融上市公司债务风险积聚的情况，本章对样本进行了分类拆解。第一种分类方法是根据中国证券监督管理委员会 2018 年 7 月 30 日发布的《2018 年 2 季度上市公司行业分类结果》进行样本行业分类，不同行业的发展特点不同，会形成不同的融资结构。从不同行业的角度来看，上市公司债务风险积聚存在差异的原因之一是不同的行业存在不同的资产流动性以及不同的资本的密集性。如果该行业的资产流动性高，上市公司的周转率相对较高，其短期偿债能力比较强。普遍来看，工业性企业的财务杠杆低于商业性企业。而资产密集型较低的行业，比如科技公司，一般具有较高的利润率和较高的债务比率。第二种分类方法按所有权即所有制分类，主要分为国有和非国有分类。这种分类方法有助于了解中国的市场经济体制下，国有控股上市公司和非国有控股上市公司的风险积聚情况。第三种分类方法按上市公司在我国的地域分部情况分类为东部、西部、南部和北部，这样可以了解各区域风险积聚的情况，并分析其特征。

3.1.2　债务风险模型概述

债务风险研究要追溯于 20 世纪 30 年代学者菲茨帕特里克（Fitzpatrick）的公司破产预测研究，他用 19 家公司的数据作为研究样本，将它们分成两个对照组：破产组和非破产组，然后用单个的债务比率分析做出预测结论。同样用单变量研究债务风险预测的还有学者比弗（Beaver），他运用指标模型和统计法进行债务风险研究，这个方法在前期的准确率较高，达到了 70%。

总体分析单变量总体研究准确率还是不高，多变量模型能大大提升债务风险研究的准确性，一般主要分为：线性判定和概率模型、Logistic 回归模型等。线性判定模型比较典型的有：F - Score 模型、Z - Score 模型、巴萨利模型等。

1. F – Score 模型

我国学者周首华、王平和杨济华对 Z – Score 模型进行研究改进，加入另一个衡量指标——现金流量，建立了 F – Score 模型：

$$F = 0.1774 + 1.1091X_1 + 0.1074X_2 + 1.9271X_3$$
$$+ 0.0302X_4 + 0.4961X_5 \tag{3.1}$$

式（3.1）中：X_1 = 运营资本/期末总资产；

X_2 = 期末留存收益/期末总资产；

X_3 =（税后纯益 – 折旧）/平均总负债；

X_4 = 期末股东权益/市值期末总负债；

X_5 =（税后纯益 + 利息 + 折旧）/平均总资产。

F – Score 模型具有一个临界值为 0.0274，如果 F 大于 0.0274，则说明公司为"继续生存"公司，即债务风险较低。当 F 小于 0.0274 时，则说明公司为"破产公司"，即公司债务风险较大。

2. Z – Score 模型

该模型在 1968 年由爱德华·阿尔特曼（Edward I. Altman）提出，后续进行了多次修改以扩大适用的范围。最开始的时候 Z – Score 模型为：

$$Z = 1.2X_1 + 1.4X_2 + 3.3X_3 + 0.6X_4 + 0.999X_5 \tag{3.2}$$

式（3.2）中：X_1 = 运营资本/期末总资产；

X_2 = 期末留存收益/期末总资产；

X_3 = 息税前利润/期末总资产；

X_4 = 期末股东权益/市值期末总负债；

X_5 = 销售收入/期末总资产。

经过研究，Z 值由两个数值分成 3 个区间，如果 Z 值小于 1.81，企业的财务风险比较高，如果 Z 值大于 2.675，企业的财务风险就较小，处于 1.81 至 2.675 之间时，说明企业的财务风险是不稳定的，需要及时重视。特别说明的地方是上式中的 Z 值越小，企业的财务风险越高。

3. 巴萨利模型

巴萨利模型（Basali model）：

$$DR = SLZ + SY + GL + YF + YZ \tag{3.3}$$

式（3.3）中，SLZ 为（税前利润 + 折旧 + 递延税款）/流动负债，结果为企业利润与流动负债的比值，能够比较直接地计算出企业的业绩情况；

SY 为税前利润/营运资本，表现的是企业资本回报率；

GL 为股东利益/流动负债，这样可以确定企业资本结构的比率；

YF 为有形资产净值/负债总额，主要可以计算净资产对总债务的保障程度；

YZ 为营运资本/总资产，主要计算企业流动性指标数值。

式（3.3）的实用性更广泛，更能适合各个行业的情况。巴萨利认为 DR 值越低，公司债务风险越大。本章采用本模型对上市公司风险积聚情况进行直观分析，为直观地表现出债务风险积聚的情况，采用 DR 的倒数即 1/DR 来表示上市公司债务风险积聚的情况。

3.2　样本分行业债务风险积聚分析

按照不同的标准，我国上市公司的行业分类标准较多，本书根据中国证券监督管理委员会 2018 年 7 月 30 日发布的《2018 年 2 季度上市公司行业分类结果》进行样本行业分类，主要分为：农、林、牧、渔业，采矿业，制造业，电力、热力、燃气及水生产和供应业，建筑业，批发和零售业，交通运输、仓储和邮政业，住宿和餐饮业，信息传输、软件和信息技术服务业，房地产业，租赁和商务服务业，科学研究和技术服务业，水利、环境和公共设施管理业，居民服务、修理和其他服务业，教育，卫生和社会工作，文化、体育和娱乐业以及综合。

图 3 - 1 为 2009 ~ 2017 年中国上市公司债务风险积聚情况。

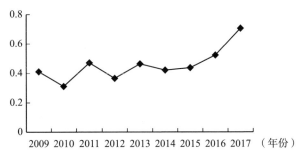

图 3 - 1　2009～2017 年中国上市公司债务风险积聚情况

资料来源：笔者根据 Wind 数据库相关资料整理所得。

由图 3 - 1 可知，我国上市公司风险积聚情况不容乐观，2009～2014 年呈波动型发展，但 2015 年开始便大幅上升，2017 年上升尤为明显。

这主要因为其细分行业如房地产、建筑业、制造业等债务风险加大，造成风险积聚，下面分行业进行分析。

3.2.1　农、林、牧、渔业企业债务风险积聚情况

我国的农业主要指农、林、牧、渔业，代表着我国农业发展水平及农业生产力，带动着我国农村及牧区的经济发展，是把小农户与市场联系起来的桥梁，使农、林、牧、渔业实现产业化经营。我国是一个农业大国，农产品关系着居民的生活，并且影响其他行业，农业的经济发展在我国的经济发展中有着举足轻重的地位。影响该行业的因素有很多，农、林、牧、渔业的风险较高，其很容易受到外部气候环境等非人为可控因素的影响，使公司的经营受到波动，降低企业的盈利能力。农、林、牧、渔业作为国家的基础行业，进入门槛较低，整体的利润率比较低。为了寻求发展，行业内很多企业进行多元化发展。夏显力（2011）通过对该行业的上市公司的调研发现，行业内企业普遍存在着多元化发展，涉及的行业数量少至 2 个，多至 9 个。以农业为基础，进一步拓展至工业、建筑业、房地产、租赁。过多的多元化发展导致企业的盈利能力进一步下降。该行业企业的经营状况不乐观，盈利性低，风险性高，导致企业的债务风险也较大。图 3 - 2 可以看出，我国农、林、牧、渔业上市公司债务风险积聚情况是呈上升趋势的。

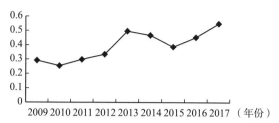

图 3 - 2　2009～2017 年农、林、牧、渔业上市公司债务风险积聚情况
资料来源：笔者根据 Wind 数据库相关资料整理所得。

3.2.2　采矿业企业债务风险积聚情况

采矿业是利用采矿和采伐来获取自然资源的工业部门。从矿产资源勘探中获得能源和原材料，从而促进我国的经济发展。特别是少数民族和偏远地区，采矿业的发展，不但可以增加政府收入，还可以解决就业问题。直接地促进城市发展，进一步促进经济社会的财政收入，是国民经济的重要基础产业之一。采矿主要为勘探、采集矿产资源，如铁矿石、铜矿石探测与采集等。采矿行业不仅包括特定的勘探和采矿流程，还包括可能涉及该流程的其他服务。中国证券监督管理委员会关于具体的采矿业范围有明确的规定，证券监督管理委员会认为，采矿是矿产资源行为的开采，包括地下和地下两层，开采的资源主要是煤和石油等矿产。这些资源以三种形式存在，即固体、液体和气体。除了开采这个主要项目，采矿还包括矿物筛选和加工等关键过程相关的工作。此外，采矿前的准备工作包括选定地址、探测。采矿业范围，包括煤炭资源开发、采矿、石油资源勘探及其他金属资源的开采。近年来，能源缺乏，石油、煤炭、天然气等战略性质的其他资源面临越来越严重的供求问题，如果想在竞争激烈的环境中脱颖而出，必须走新型工业化道路，要加强改革的力度，提高整体实力，就必须不断提高管理和行政工作，在各方面我们将努力实现最高。

采矿业相对其他行业有比较明显的独特的行业特征，如国家政策影响大、行业准入门槛高、企业资产规模大、产业量有限、政治敏感度高等。

根据上述行业特征可以看出，采矿业的资产较大，且属于有限产品，还有政府的支持与调整，债务风险方面总体呈现良好状态，这与图 3 - 3 的直观表现相符合，采矿业的债务风险是稳定的，并且没有明显的积聚。

49

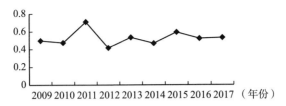

图 3 - 3　2009 ~ 2017 年采矿业上市公司债务风险积聚情况

资料来源：笔者根据 Wind 数据库相关资料整理所得。

3.2.3　制造业企业债务风险积聚情况

制造业主要包括材料、能源、设备、工具、资本、技术、信息和人力等制造资源。根据市场的需求，主要制造工业与生活消费品，以此供人们使用，制造业包括的行业较多，总的国民经济占比达到了全国的40%。制造业是整个国家经济的命脉，对经济增长和解决就业等方面做出巨大贡献。我国制造业主要靠原材料与劳动力的输入产生价值产品，在 GDP 角度看，我国的制造业产值已经成为世界第一大制造国家，超过了美国，但在创新与技术升级方面也有很快的提升，但是相对于美国等其他发达国家来讲还比较低。目前，我国科技成果转化率比较低，工业化实现远未达到发达国家的转化率。中国制造业需要提升科技力量，不仅做大，更要做强。这需要加强科研创新的投入，开发新技术。需要降低目前高消耗的生产方式，降低污染，避免高消耗、高污染成为阻碍我国制造业发展的绊脚石。

通过收集数据进行分析，得出 2009 ~ 2017 年制造业的变化趋势，如图 3 - 4 所示，制造业在所有上市公司中所占的比重较高，所以制造业的债务风险指标对整体上市公司风险指标影响会起到关键作用。

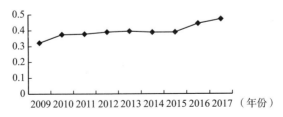

图 3 - 4　2009 ~ 2017 年采矿业上市公司债务风险积聚情况

资料来源：笔者根据 Wind 数据库相关资料整理所得。

根据图 3 - 4 可以看出制造业在 2015 年风险积聚情况比较平稳，在 2015 年开始有明显的上升。

3.2.4　建筑业企业债务风险积聚情况

建筑业是一个专业从事土木工程，房屋建筑和设备安装，工程研究和设计工作的行业。建筑业是重要的物质生产部门，对国民经济和就业起着重要作用。随着我国社会经济的持续快速发展和固定资产投资的不断增加，建筑业对经济发展有着重要的贡献，由于我国建筑业是典型的劳动密集型产业，它在就业中也发挥着重要作用，但大多数是体力劳动者，工人的知识和技能水平相对较低，因此建筑业可以利用农村剩余劳动力。

根据图 3 - 5 可以发现，建筑业在 2009 ~ 2010 年时债务风险有明显积聚，但 2010 ~ 2016 年内基本平稳发展，2017 年在债务风险方面积聚严重。由于我国建筑业的经济环境和销售特点，建筑业的资产负债率较高。目前，我国建筑业的竞争非常激烈，"僧多粥少"现象十分严重，建筑市场上出现越来越多垄断和区域保护现象，降低工程进度，还制约了企业的发展。建筑业想要获得项目，就必须为项目进行垫资，建筑业的发展似乎处于恶性循环中，但如果你借出更多的钱，你将获得更多的项目，并获得更多的利润。上市建筑公司对一般建筑公司的融资有明显的好处。因此，上市建筑公司的资产负债率仍居高不下。

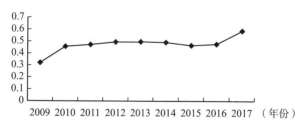

图 3 - 5　2009 ~ 2017 年建筑业上市公司债务风险积聚情况
资料来源：笔者根据 Wind 数据库相关资料整理所得。

在 2008 年金融危机爆发时，我国为了应对金融危机对经济造成的损害，出台了一系列的刺激经济举措。其中，最主要的措施之一就是加大对基础设施的投资，为我国将来经济发展奠定基石。它还可以一次性

51

提高就业率，大规模的基础设施建设将不可避免地有利于建筑业的发展。然而，刺激措施产生的需求增加是不可持续的，城市化进程也会略微降低。当增长率放缓时，建筑公司可能会经历资金链断裂的债务风险。

建筑业的经营具有高负债的特性，所以建筑业的发展必然会是高负债的提升，整体上使上市公司的负债风险增加。建筑业是一个粗放型的行业，经营模式难以改变，在过去几年政府支持下快速发展，但市场需求量逐渐较少，建筑业的扩张能力降低，资产周转率也跟着下降，垫资成本回收慢，这些都对建筑业上市公司的债务风险积聚有着较大影响。

3.2.5　房地产企业债务风险积聚情况

房地产业的发展，是我国国民经济的支柱产业，具有很强的发展空间，影响整个国民经济的趋势。近年来，我国房地产业经历了前所未有的快速发展时期，但是房地产市场不成熟，政府已多次采取措施规范和控制房地产市场，特别是在 2010 年下半年之后，我国推出了一系列严格的调控政策。在同一个时期，由于货币政策紧缩，大量房地产企业面临紧张甚至资金链断裂，以致一些房地产企业遭受金融危机。

如图 3-6 所示，房地产行业 2009～2015 年内债务风险积聚情况是小波动上升下降，但 2016 年和 2017 年有明显的积聚现象。

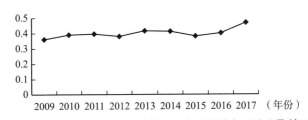

图 3-6　2009～2017 年房地产业上市公司债务风险积聚情况
资料来源：笔者根据 Wind 数据库相关资料整理所得。

房地产行业的商业模式注定了我国房地产企业的负债率普遍偏高的现象，过高的杠杆率将不可避免地使得我国上市公司的债务风险增大。房地产开发融资渠道包括：自有资金、银行贷款、外商投资、信托基金、预售等。而我国房地产行业的筹资渠道相对简单：大部分资金都依赖于银行贷款，银行贷款几乎遍及房地产经营的整个过程。这主要是由于中国金融市场的不完善发展和欠发达的多层次资本市场。房价的不断上涨在一方面提高了该行业的盈利能力的同时也埋下了隐患，未来的房价走势是未知的，这种收益性不具有可持续性。目前，房地产行业的资产负债率较高，资本结构恶化，行业整体的债务风险较高。房地产的属性是一个资本密集型产业，是被大量的现金支持的行业，项目投资量较高，有的可以达到数亿元资金的占用，但是公司自有资金有限，如果自有资金无法满足发展需求，企业将不可避免地采用杠杆方法来弥补资金缺口。房地产行业的融资渠道也比较简单：一般前期投入资金拿地，在取得建设用地使用权后，再向银行进行土地抵押贷款。房地产公司向银行或社会融资的资金越大，资产负债率就越高。房地产业过度依赖银行贷款不仅会导致自身债务风险增加，也增加了银行业的债务风险。我国房地产对资产负债率有一个比较敏感的警戒线，就是资产负债率达到70%，但是我国房地产上市公司的整体资产负债率在 2011 年时已超过了警戒线，一路飙升。目前房地产行业在国内的盈利水平较高，银行还是愿意把钱贷给房地产上市公司，这是房地产上市公司的一个资金优势，但同时房地产的建设周期较长，在建设周期内，大量的债务提升必然也积聚了债务风险。

3.2.6　电力、热力、燃气及水生产和供应业债务风险积聚情况

电力、热力、燃气及水生产和供应业的风险积聚情况为上下波动，不稳定。电力、热力、燃气、水生产和供应行业属于公共事业。公用事业主要对城市生活起到作用，如电力、供水、垃圾处理、污水处理、天然气供应、交通运输等，由于政府对资源限制，公用事业的竞争力比较小，更进一步就是具有一定的垄断性，在正常情况下，公用事业由政府机构、政府授权公司运营。公用事业部门的上市公司主要集中在电力行业。

电力、热力、燃气及水生产和供应业为公用事业领域，政府机构会在背后支持。在金融危机后，银行对贷款持谨慎态度，在经济下行的情况下，银行为了降低自身风险，通常会选择国有企业比如公用事业行业作为

贷款客户。虽然表面上看来这个债务是银行与企业的，但是企业出现债务风险问题，政府一般会出面解决，并不会让企业或者银行受到明显损失。

电力、热力、燃气及水生产和供应业的资产负债率有自己的特征，与其他如建筑业、房地产业、制造业等不同，电力、热力、燃气及水生产和供应业的产品销售渠道比较固定，还有政府政策的帮扶，可以较容易、较低成本地获得银行短期贷款，这样电力、热力、燃气及水生产和供应业的资产负债率即使增加，它的流动负债率相较于其他行业要小。根据特殊行业的特殊优势，电力、热力、燃气及水生产和供应业的资金占用周期较长，流动比率较小，短期偿债能力较弱，如这一时期短期债务较少，债务风险就减少，但如果短期债务较多，则债务风险就会有所积聚，总体呈现不稳定的状态。图 3 - 7 为 2009 ~ 2017 年电力、热力、燃气、水生产和供应业上市公司债务风险积聚情况。

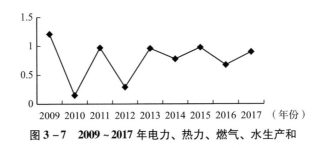

图 3 - 7　2009 ~ 2017 年电力、热力、燃气、水生产和
供应业上市公司债务风险积聚情况

资料来源：笔者根据 Wind 数据库相关资料整理所得。

为了从整体上看企业债务风险随着时间推移积聚到了哪些行业，本章绘制图 3 - 8 和图 3 - 9 来描述。从图 3 - 8 可以看出，上市公司债务风险总体是随着时间的推移呈不断积聚状态。具体分行业来看，企业债务风险 2009 ~ 2013 年在各行业都处于较为分散的状态，债务风险积聚水平较低。从 2016 ~ 2017 年，企业债务风险积聚呈较为明显上升趋势，从行业内来看，企业债务风险从各个行业不断积聚到了主要的几个行业，即农林牧渔业、采矿业、制造业、电力、建筑业、房地产行业。这和前面研究的结果一致。为了进一步将企业债务风险在行业间的积聚情况更清晰地展示出来，又进一步将债务风险积聚行业的债务风险积聚情况在图 3 - 9 中表示出来。这为下文研究债务风险溢出效应奠定了基础。

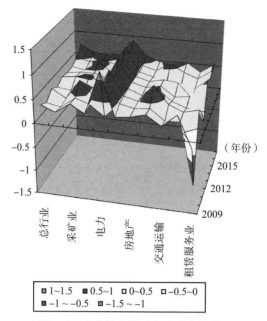

图 3 - 8　企业债务风险行业内积聚状况

资料来源：笔者根据 Wind 数据库相关资料整理所得。

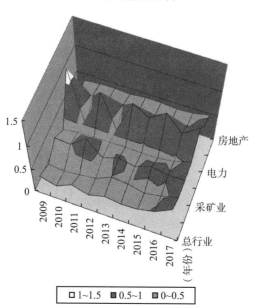

图 3 - 9　债务风险积聚行业的积聚情况

资料来源：笔者根据 Wind 数据库相关资料整理所得。

3.3 样本分区域债务风险积聚分析

按区域可划分为四个区域：东北地区、东部地区、中部地区、西部地区。各地区包括的省如下，东北地区包括 3 个省份（黑龙江省、吉林省、辽宁省）；东部地区包括 10 个省份（北京市、天津市、上海市、河北省、江苏省、浙江省、福建省、山东省、广东省、海南省），中部地区包括 6 个省份（山西省、安徽省、江西省、河南省、湖北省、湖南省），西部地区包括 12 个省份（新疆维吾尔自治区、西藏自治区、宁夏回族自治区、广西壮族自治区、内蒙古自治区、重庆市、四川省、云南省、贵州省、陕西省、甘肃省、青海省），因港澳台地区上市公司未在本次研究之中，本书暂不统计这些地区数据。各区域上市公司数量各有不同，统计如表 3 - 1 所示。

表 3 - 1　　　　　　　中国各省份上市公司分布情况

地区	省份	上市公司个数	区域合计	占全国数量比重（%）
东北地区	黑龙江省	28	129	4
	吉林省	34		
	辽宁省	67		
东部地区	北京市	391	2554	72
	天津市	44		
	上海市	323		
	河北省	52		
	江苏省	390		
	浙江省	414		
	福建省	131		
	山东省	187		
	广东省	595		
	海南省	27		

地区	省份	上市公司个数	区域合计	占全国数量比重（%）
中部地区	山西省	33	443	12
	安徽省	101		
	江西省	41		
	河南省	78		
	湖北省	90		
	湖南省	100		
西部地区	陕西省	46	440	12
	四川省	120		
	贵州省	28		
	云南省	35		
	甘肃省	28		
	重庆市	46		
	青海省	9		
	西藏自治区	12		
	广西壮族自治区	34		
	宁夏回族自治区	12		
	内蒙古自治区	21		
	新疆维吾尔自治区	49		

资料来源：笔者根据 Wind 数据库相关资料整理所得。

　　截至 2018 年 6 月 31 日，我国上证和深证交易上市公司共计 3566 家，根据区域划分可以看出上市公司在我国的分布区域差别比较突出，东部地区就占到了总数的 72%，达 2554 家上市公司。而东北地区只有 129 家上市公司，总数的一成都不到，为 4%。中部地区 443 家与西部地区 440 家基本持平，占到总数的 12%。

　　2009～2017 年全国上市公司总资产量增长了 3.7 倍，2010 年、2011 年增幅较大，平均增长率为 18%，如表 3 - 2 所示，直观柱状图表现如图 3 - 10 所示。

表 3 – 2 　　　　　　 2009～2017 年全国上市公司总资产增幅

年份	资产总量（元）	增幅（%）
2009	14355300	—
2010	18191600	27
2011	22682200	25
2012	26033100	15
2013	29591200	14
2014	33363400	13
2015	38965300	17
2016	45946900	18
2017	53693500	17

资料来源：笔者根据 Wind 数据库相关资料整理所得。

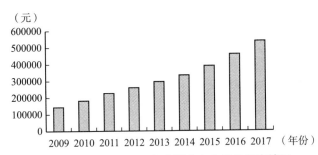

图 3 – 10　2009～2017 年中国上市公司总资产情况

资料来源：笔者根据 Wind 数据库相关资料整理所得。

由表 3 – 3 可知全国上市公司总资产负债率 2009 年较高为 71.1%，2010 年下降到 51.8%，2011～2017 年逐渐下降至 40.3%，直观折线图表现如图 3 – 11 所示。

表 3 – 3 　　　　　　 全国上市公司总资产负债率 　　　　　　 单位：%

项目	2009 年	2010 年	2011 年	2012 年	2013 年	2014 年	2015 年	2016 年	2017 年
全国资产负债率	53.1	51.8	45.7	45.3	44.1	44.0	42.6	40.7	40.3

资料来源：笔者根据 Wind 数据库相关资料整理所得。

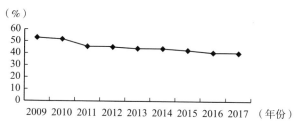

图 3 – 11　2009 ~ 2017 年中国上市公司资产负债率情况
资料来源：笔者根据 Wind 数据库相关资料整理所得。

2009 ~ 2017 年全国上市公司的总资产逐年上升，而总资产负债率逐年下降，总资产负债率在 2009 年及 2010 年下降比较明显，而后总资产负债率下降比较缓慢。

3.3.1　东北地区债务风险积聚情况

在我国新常态经济发展背景下，东北经济发展已进入低速增长缓慢阶段。近年来，东北地区的 GDP 增长率一直位列全国地区排名后位。这种情况与东北三省的产业结构主要以工业为主、产业结构单一有关。东北地区国有经济占比较高，国有企业是东北老工业基地的重要特征，从支柱产业的角度来看，东北地区的上市公司主要包括机械、冶金、化工、汽车和化纤等工业产业，这些企业全部都拥有大量固定资产，固定资产的增加，势必会扩大企业的生产能力，使企业在一定时期内的增长率增加，但固定资产的比例过高，超出了企业的需求。其增长超过了销售增长，这不仅影响流动性，而且对公司盈利产生负面影响。

东北地区经济在以工业为主、产业单一的情况背景下，东北地区上市公司总资产量增幅如表 3 – 4 所示。

表 3 – 4　　　　2009 ~ 2017 年东北地区上市公司总资产增幅

项目	2009 年	2010 年	2011 年	2012 年	2013 年	2014 年	2015 年	2016 年	2017 年
资产（亿元）	6004	7875	9254	10144	11148	12066	14009	16196	17518
增幅（%）	—	31.16	17.51	9.62	9.90	8.23	16.11	15.61	8.16

资料来源：笔者根据 Wind 数据库相关资料整理所得。

东北地区上市公司总资产量 2009～2017 年增长了 2.92 倍，其中 2010 年增长较快，其余增长率均低于全国上市公司总资产增长率 18%，且东北地区 2009～2017 年上市公司总资产平均增长率为 14.5%，低于全国平均值 3.5 个百分点（见表 3－5）。

表 3－5　　　2009～2017 年东北地区上市公司总资产负债率　　　单位：%

项目	2009 年	2010 年	2011 年	2012 年	2013 年	2014 年	2015 年	2016 年	2017 年
东北地区资产负债率	54	81	49	51	49	49	47	45	45

资料来源：笔者根据 Wind 数据库相关资料整理所得。

东北地区 2010 年总资产负债率明显高于其他年份，相对地，该年的总资产增长率也明显高于其他年份。其余年份的东北地区上市公司的总资产负债率比较平缓，如图 3－12 所示。

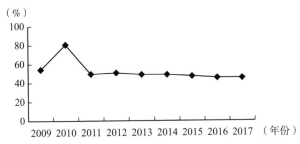

图 3－12　2009～2017 年东北地区上市公司资产负债率情况

资料来源：笔者根据 Wind 数据库相关资料整理所得。

东北地区在历史上就主要以重工业为主，而在重工业制造的技术方面，更新速度跟不上全国经济的发展速度，劳动生产率相对较低，市场竞争力弱。该地区的特殊条件使该地区的制造业企业主要以机械、电力、建材、石油和化工等高耗能行业为主。能源的可再生能源是有限的，资源变得稀少，因此原材料价格的相关成本将继续上升，这将给东北经济带来更加严重的困难，这直接反映在 GDP 增长率变慢，上市公司的总资产量增长率降低。

根据 DR 模型，计算东北地区上市公司债务风险积聚情况如表 3－6 所示。

表 3 - 6　　　　2009 ~ 2017 年东北地区上市公司债务风险积聚情况

项目	2009 年	2010 年	2011 年	2012 年	2013 年	2014 年	2015 年	2016 年	2017 年
1/DR	0.2998	0.3702	0.4449	0.2147	0.3711	0.4508	0.5247	0.5387	0.6081

资料来源：笔者根据 Wind 数据库相关资料整理所得。

直观表现东北地区上市公司风险积聚情况，如图 3 - 13 所示。

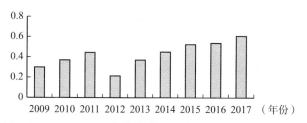

图 3 - 13　2009 ~ 2017 年东北地区上市公司债务风险积聚情况
资料来源：笔者根据 Wind 数据库相关资料整理所得。

由图 3 - 13 可直观看出 2009 ~ 2011 年东北地区风险呈积聚情况，但在 2012 年明显下降，随后东北地区上市公司债务风险积聚情况逐年上升。

3.3.2　东部地区债务风险积聚情况

东部地区有我国两个主要的证券交易市场即沪深两市，由于"近水楼台先得月"，上海和深圳有很多上市公司，东部沿海地区的上市公司也明显多于其他地区，东部地区的上市公司有 2554 家。这与 20 世纪末的 20 年国家开始实施的改革开放政策密不可分，如设立开放了深圳等四个对外经济特区，改革开放的城市基本都在东部地区，如沿海港口城市，国家给予这些地区的优惠政策明显优惠于中西部地区。在资本市场建立的最初几年，中国实行了配额上市审批制度，与其他改革开放政策相匹配，上市配额肯定倾向于东部地区。造成东部地区上市公司占全国上市公司总数量的 70% 以上，从而东部地区上市公司的总资产量明显占比要高得多，如表 3 - 7 所示。

表 3 - 7　　　　　2009 ~ 2017 年东部地区上市公司总资产增幅

年份	资产总量（万元）	东部地区增幅（%）	全国地区增幅（%）
2009	108795	—	
2010	136829	26	27
2011	172365	26	25
2012	197293	14	15
2013	224407	14	14
2014	252904	13	13
2015	300555	19	17
2016	355497	18	18
2017	416778	17	17

资料来源：笔者根据 Wind 数据库相关资料整理所得。

　　通过表 3 - 7 可以看出东部地区上市公司总资产的增幅与全国上市公司总资产的增幅高度一致，部分年份基本相同，而剩余年份相差仅 1% ，这与东部地区上市公司总数量占比较高离不开，并且东部地区上市公司的经济水平也相对较高。

表 3 - 8　　　　　2009 ~ 2017 年东部地区上市公司总资产负债率　　　　单位：%

项目	2009 年	2010 年	2011 年	2012 年	2013 年	2014 年	2015 年	2016 年	2017 年
东部地区资产负债率	51	45	42	43	42	42	41	39	39
全国总资产负债率	53.1	51.8	45.7	45.3	44.1	44.0	42.6	40.7	40.3

资料来源：笔者根据 Wind 数据库相关资料整理所得。

　　东部地区上市公司总资产负债率基本在 50% 以下，且每年的数值均低于全国上市公司的总资产负债率，这说明在沪深两市东部地区上市公司的负债情况要优于其他地区，且整体呈下降趋势，如图 3 - 14 所示。

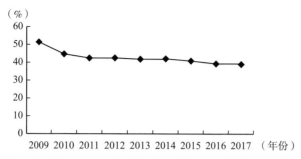

图 3 – 14　2009 ~ 2017 年东部地区上市公司资产负债率情况

资料来源：笔者根据 Wind 数据库相关资料整理所得。

　　东部地区上市公司总资产增长速度快，总资产负债率逐年降低，这主要因为东部地区经过几十年的发展，形成了完善的市场体系。第一产业占比较小，第二产业和第三产业占比较大，外资活跃，产业结构升级迅速，高新技术产业和金融产业集中发展，交通便利，人力资本充足，经济发展迅速，更可以优先地吸引外资和先进的技术和设备，从而使东部地区上市公司的资产处于良好的周转状态。其风险积聚情况，如表 3 – 9 所示。

表 3 – 9				东部地区风险积聚 1/DR 值				
项目	2009 年	2010 年	2011 年	2012 年	2013 年	2014 年	2015 年	2016 年	2017 年
1/DR	0.3868	0.3849	0.3834	0.3317	0.4200	0.2981	0.3621	0.3004	0.3197

资料来源：笔者根据 Wind 数据库相关资料整理所得。

　　形成柱状图如图 3 – 15 所示。

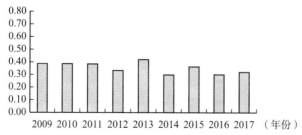

图 3 – 15　2009 ~ 2017 年东部地区上市公司债务风险积聚情况

资料来源：笔者根据 Wind 数据库相关资料整理所得。

由表3-9可以得出东部地区上市公司的风险积聚情况比较平稳，整体呈减弱趋势，这与东部地区的地理位置、国家政策、交通便利等因素是离不开的。

3.3.3 中部地区债务风险积聚情况

中部地区有着丰富的矿产资源，所以中部地区上市公司中相对集中的采矿业比较多，同时中部地区的化工行业与农副产品加工业也比较集中。地理位置上处于我国的中部，是我国东西南北联通的桥梁枢纽，如"西气东送"必经之路就在中部地区。中部地区的位置优势对于上市公司来说具有两面性，一方面降低了运往我国各个地区的运输成本，容易成为商品物流的配送中心。但中部的位置在另一方面也制约了地区上市公司的发展，因为现在的经济体系是开放的，国内的市场不再是唯一的，国际市场对上市公司的促进作用不言而喻，但中部地区的位置因素，东面不沿海，南面、北面和西面不是边境，对国际开放发展明显不如东部地区。截至2018年6月中部地区的上市公司总量为443家，为全国上市公司总数的12%，其总资产量为全国上市公司的10%左右。2009~2017年东部地区上市公司总资产增幅，如表3-10所示。

表 3-10　　　2009~2017 年东部地区上市公司总资产增幅（1）

年份	资产总量（万元）	中部地区增幅（%）	全国地区增幅（%）
2009	13219	—	—
2010	17625	33	27
2011	21419	22	25
2012	25051	17	15
2013	27906	11	14
2014	30981	11	13
2015	35309	14	17
2016	40930	16	18
2017	47245	15	17

资料来源：笔者根据 Wind 数据库相关资料整理所得。

东部地区上市公司总资产的增幅在 2010 年与 2012 年高于全国平均水平，其他年份基本低于全国水平，2009～2017 年中部地区上市公司总资产负债率如表 3-11 所示，形成柱状图如图 3-16 所示。

表 3-11　　　　2009～2017 年中部地区上市公司总资产负债率　　单位：%

项目	2009 年	2010 年	2011 年	2012 年	2013 年	2014 年	2015 年	2016 年	2017 年
中部地区资产负债率	57	53	48	48	49	46	44	43	42
全国总资产负债率	53.1	51.8	45.7	45.3	44.1	44.0	42.6	40.7	40.3

资料来源：笔者根据 Wind 数据库相关资料整理所得。

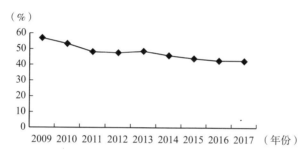

图 3-16　2009～2017 年中部地区上市公司资产负债率情况

资料来源：笔者根据 Wind 数据库相关资料整理所得。

中部地区的总资产负债率总体呈略微下降趋势，且均略高于全国平均水平，这可以看出中部地区上市公司的资产负债情况要比其他地区严峻。根据中部地区的 1/DR 值对其债务风险积聚情况进行分析，1/DR 值如表 3-12 所示。

表 3-12　　　　　　　东部地区风险积聚 1/DR 值

项目	2009 年	2010 年	2011 年	2012 年	2013 年	2014 年	2015 年	2016 年	2017 年
1/DR	0.5710	0.3812	0.4359	0.2494	0.4599	0.3015	0.3857	0.3735	0.4403

资料来源：笔者根据 Wind 数据库相关资料整理所得。

形成柱状图如图 3-17 所示。

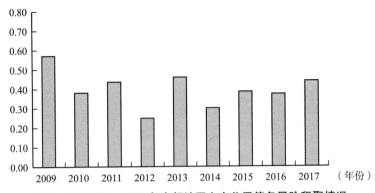

图3-17　2009～2017年中部地区上市公司债务风险积聚情况

资料来源：笔者根据 Wind 数据库相关资料整理所得。

由表3-12和图3-17可以看出中部地区的1/DR值呈波动情况，债务风险积聚情况在2009年及2013年比较明显，其他年份为上下略微波动。这主要因为中部地区上市公司的债务情况比较平稳，没有明显的资产升高，也没有明显的债务增加，导致中部地区上市公司的债务风险积聚情况并不明显。

3.3.4　西部地区债务风险积聚情况

西部地区得益于国家西部大开发的大力支持，总体规划从2001年至2050年分为三个阶段发展，在前期的奠定基础阶段，也就是2001～2010年调整了产业结构，对生态、科技、教育等基础设施开发建设，完成了西部地区的市场机制，使西部地区的投资环境得到了明显改善，经济得到了良好的运行，并且经济增长速度达到了全国平均水平，为上市公司提供了良好的发展环境，西部地区上市公司数量为全国上市公司数量的12%，与中部地区持平，为440家。

2009～2017年西部地区上市公司的总资产增幅均高于全国平均水平，尤其2013年比全国平均水平高出7个百分点，这与西部大开发前期10年奠定的良好投资基础有着密切联系。2009～2017年西部地区上市公司总资产负债率如表3-13所示，形成柱状图如图3-18所示。

表 3 – 13　　　2009 ~ 2017 年西部地区上市公司总资产负债率　　单位：%

项目	2009 年	2010 年	2011 年	2012 年	2013 年	2014 年	2015 年	2016 年	2017 年
西部地区资产负债率	54	68	55	53	48	48	47	44	43
全国总资产负债率	53.1	51.8	45.7	45.3	44.1	44.0	42.6	40.7	40.3

资料来源：笔者根据 Wind 数据库相关资料整理所得。

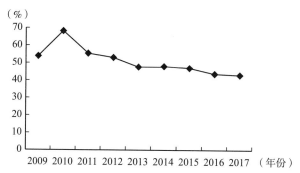

图 3 – 18　2009 ~ 2017 年西部地区上市公司资产负债率情况

资料来源：笔者根据 Wind 数据库相关资料整理所得。

67

　　西部地区总资产负债率整体呈下降趋势，西部地区上市公司总负债率年均值比全国上市公司总负债率年均值略大。西部主要地区目前已经根据自身地域资源、产业集中等优势，形成了区域特色的经济特点，上市公司总体不断壮大，在证券市场募集到大量资金用于发展，使其总体资产负债率高于全国上市公司的平均水平，进一步研究西部地区上市公司债务风险积聚情况，西部地区上市公司 1/DR 值如表 3 – 14 所示。

表 3 – 14　　　　2009 ~ 2017 年西部地区风险积聚 1/DR 值

项目	2009 年	2010 年	2011 年	2012 年	2013 年	2014 年	2015 年	2016 年	2017 年
1/DR	0.5858	0.7463	0.6500	0.3787	0.5353	0.4117	0.4314	0.2948	0.2484

资料来源：笔者根据 Wind 数据库相关资料整理所得。

　　形成柱状图如图 3 – 19 所示。

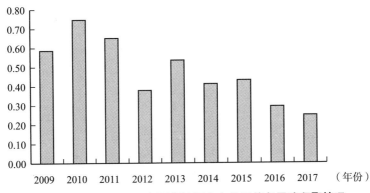

图 3-19　2009~2017 年西部地区上市公司债务风险积聚情况

资料来源：笔者根据 Wind 数据库相关资料整理所得。

由表 3-15 和图 3-19 可以看出，西部地区上市公司债务风险积聚情况在 2009~2011 年比较明显，其中 2010 年债务风险积聚情况最为严重，这一年正好是西部大开发第一阶段的最后一年，随后西部地区上市公司债务风险积聚情况得到缓解，并慢慢下降，到了 2017 年西部地区上市公司风险积聚情况已经非常不明显了。

3.4　本 章 小 结

本章通过数据分析，对我国沪深上市非金融公司分行业、分地区研究其债务风险积聚情况。从上市公司债务风险积聚的行业分布来看主要在农林牧渔业、制造业、建筑业、房地产业，其他行业的债务风险积聚情况并不明显。

在区域分布角度，东北地区作为老工业基地，主要依靠于资源开采加工的工业制造，整体呈现债务风险积聚升高的趋势。东部地区依靠国家改革开放的惠利政策，经济发展迅速，第一产业的制造业占比较少，而第二产业和第三产业占比较高，有比较先进的技术和设备，使得东部地区上市公司具有更强竞争力，对人才的吸引力更大，融资力量也具有优势，资金周转良好，东部地区上市公司的债务风险积聚情况并不明显。中部地区处于全国地理位置的中心，国内的交通优势比较明显，但国际交流的机会有限，使得中部地区的经济发展稳定，并没有明显的增减，其上市公司债务风险积聚情况也不明显。西部地区地广人稀，依赖国家西部大开发第一阶段的成果，目前经济发展势头较好。西部地区上市公司 2009 年、2010 年的债务风险积聚比较严重，但之后逐渐下降，到 2017 年时已经非常不明显了。

本章的分析有助于对我国沪深上市公司债务风险积聚情况在行业及区域分布上进行宏观把握。

第4章 企业特征对上市公司债务风险积聚的影响研究

4.1 理论分析与假设提出

企业债务风险积聚的过程一般伴随着企业财务状况的不断恶化。企业财务状况的恶化包括发生现金流断裂、贷款发生违约、降低股利发放、资不抵债等，这些因素直接会导致企业债务风险积聚甚至溢出。在企业内部财务状况的视角，企业筹资决策、营运能力、盈利能力和其他因素等都会直接影响企业债务风险积聚水平。企业的筹资决策决定了企业资本结构，而企业筹资决策包括筹资规模、筹资期限、筹资结构三个方面。第一，企业的筹资规模应该与企业需要的投资额相匹配，过高的筹资会使得企业资金成本增加，加大企业无法到期还本付息的风险；过低的筹资使得企业的投资不足，使企业无法及时投资回报率高的项目，也会导致企业现金流不足，导致企业偿还债务能力下降。第二，企业的筹资期限设置需要与企业长短期投资相一致。如果筹资期限过早，会造成资金浪费，进而影响企业的投资。第三，需要设置合理的筹资结构，即负债和股权需要在一个合适的比例。负债比例过高导致企业的资产负债率过高，进而促使企业债务风险积聚。企业营运能力也是企业财务状况的重要构成之一。企业的营运能力强代表企业可以更高效地利用资金，资金可以及时收回，企业偿债能力提升，债务风险积聚程度降低。企业营运能力弱使得内部资金周转效率低下，造成大量的资金浪费，很容易导致企业的资金链断裂，企业偿债能力下降，导致企业债务风险积聚程度上升。企业的盈利能力代表了企业最关键的财务状况。企业获利能力水平直接代表了企业的经营好坏。企业盈利能力强弱代表了企业生产力强弱、支付能力强弱。盈利能力强的企业债务风险发生积聚的概率小。当企业盈利能力弱时，内部资金不够充沛，发生资金链断裂可能性加大，企业发生债务风险积聚的可能性增加。除了上述三类财务状况会影响企业的债务风险积聚之外，还有很多其他企业内部因素例如企业制度、决策机制等都对企业债务风险积聚有一定的影响。

企业筹资活动最重要的指标就是企业负债率，该指标可以比其他指标对企业整体的筹资活动有一个更全面反映。负债是企业债务风险积聚的最主要的来源，也代表了企业的财务和经济上的脆弱性。负债率过高的企业在竞争中更容易被淘汰，尤其是针对处在行业下行期的企业。因为高负债的企业不仅需要面临较高的偿债压力，还需要面临外部激烈的竞争，这使得企业利润被不断侵蚀，企业在行业中便会处于不利地位。高负债企业的财务弹性较低，当企业有较好的投资项目时，往往无法及时获得足够的资金进行投资，导致企业更容易发生债务风险积聚。欧普勒和泰曼（Opler and Titman，1994）研究表明负债过高的企业的风险边界更高，企业更容易陷入债务风险积聚的状态，竞争对手会敏锐地察觉到进而主要攻击该企业，即使企业债务风险积聚程度不高。竞争对手的强势进攻使得企业客户流失，进一步加深企业债务风险积聚程度。另外，企业负债过高使得流动资产消耗加快，更容易导致企业现金流断裂，企业债务风险积聚程度上升。当经济处于衰退时期，负债率高的企业也更容易发生债务风险积聚。而负债率低的企业则有更强的忍耐性。

企业营运能力最具代表的指标为流动比率，流动比率代表了企业财务短期内的反应速度。流动比率处于较大水平时，说明企业拥有足够的可以快速变现的资产用来偿还负债，但是流动比率值过高会造成企业内部资源浪费，资产的流动性越强其收益性就相对越低，高流动性资产过多会导致企业资产投资回报率降低，而企业债务风险积聚程度不仅和企业偿债能力紧密相连，也和企业的收益率息息相关。当企业流动资产小于企业流动负债时，企业无法偿还企业短期债务，导致企业债务风险积聚。当企业将流动负债获得的资金投资于企业长期资产时，企业的短期偿债能力会下降，短期负债到期时无法有足够的流动资金及时用来偿还，导致企业债务风险积聚程度加大。

企业盈利能力代表企业内部创造现金流的能力大小，也是企业获得

71

资金的一种内部方式，其对企业债务风险积聚程度也有很大影响。一般情况下，企业盈利能力强会减少对外部资金的依赖，降低企业的负债融资。而企业盈利分为投资收益和营业利润，而其中营业利润代表了企业经营能力的强弱，更能从本质上反映企业长期创造现金流的能力，也代表了企业的核心竞争力。盈利水平过低导致企业的难以支付债务带来的高利息，已经成为制约企业发展的困境之一。只有企业的盈利能力可以支付企业的利息，企业才能承受较高的债务水平，控制企业的债务风险发生积聚。根据以上分析，提出假设1a、假设1b、假设1c：

H1a：企业综合负债率越高，企业债务风险积聚程度越强。

H1b：企业营运能力越强，企业债务风险积聚程度越低。

H1c：企业盈利能力越强，企业债务风险积聚程度越低。

企业经营发展阶段。格雷内尔和格雷纳（Greiner and Larry E.，1972）在其著作《组织成长的演变和变革》中首次提出了企业的生命周期理论。接下来经过几十年不断发展，形成了不同的理论分支，目前最常用的是阶段论。根据企业每个阶段的不同特征，将企业的发展阶段分为四个阶段，即初创期、成长期、成熟期、衰退期等。20世纪第一次金融危机后，有研究得出造成危机的因素分为宏观和微观两个方面，其中微观方面指出造成危机的影响因素之一就是企业的生命周期与相应的财务战略存在错位，导致企业杠杆率过高。在企业发展的每一个阶段具有不同的特征，企业的组织结构、发展能力、市场占有率和资源约束状况都不同。企业在每个生命周期内都有不同的战略目标，对企业管理上有不同的着眼点。高管的财务决策针对企业的不同生命阶段也会有很大调整，企业债务风险积聚呈现不同的状态（陆正飞，1998）。生命周期理论认为，企业在初创期和成长期是起步阶段，市场还没有形成有序的竞争环境，该时期的战略是争取占领更多的市场，提升企业的竞争能力。管理者不会选择进行风险过高的投资项目，初创期企业的资金往往不够充足，其融资渠道有限，很难获取大量融资。这时企业的债务风险积聚程度处于较低水平。随着企业由初创期不断发展进入成长期，企业的产品和服务销售量大幅提升，实力不断壮大。企业融资能力以及创新能力提升，企业发展相对来说进入一个快车道。成长期阶段企业项目投资增多，整体处于上升期的企业的利润增长率也呈现出一个较高水平。进一步发展，企业进入成熟期。企业发展速度相对缓慢下来，整个市场处于饱和状态，企业的生产流程形成系统，此时企业的市场占有率已经达到历史最高峰，可以获得的现金流也处于比较充足的阶段，企业会选择一些风险较高的项目进行投资以赚取高利润，此时企业债务风险积聚程度处于较低水平。当企业进一步发展会进入衰退期，企业市场占有率降低，收益率降低。此时企业的债务量也处于较高水平，企业债务风险积聚程度较高。巴葛尔瑞等（Bargeron et al.）采用隐性动机模型说明了企业在衰退期的风险出于较高水平。根据以上分析，提出假设 2：

H2：企业在不同的发展阶段债务风险积聚程度不同，处于衰退期的企业债务风险积聚水平更高。

企业生命周期理论总结了企业发展的内在规律。企业在不同的发展阶段中有不同的特征。由于不同阶段中企业拥有的资源、竞争能力、市场地位等都存在很大的差异，企业需要制定不同的竞争战略，而不同的战略选择会导致企业债务风险积聚程度不同。波特（Porter，2007）提出企业的竞争战略包括三种基本类型：成本领先战略、差异化战略和目标集聚战略。其中目标集聚战略是企业在某一特定的较小细分市场中运用企业战略的一种战略，而具体实施时也是采用成本领先战略或者差异化战略，所以企业的战略类型可以分为两类：成本领先战略和差异化战略。企业实施差异化战略需要企业提供与行业内其他企业品质更高、质量更好、差异化更强的产品或者服务以获得更高的市场份额（吴凡等，2016）。当企业实施差异化战略时，需要加大投资并通过研发创新不断开拓新的领域。管理者需要对研发更加注重，加大企业的研发支出，研发支出会使得企业投资风险加大（刘刚和于晓东，2015）。成本领先战略相比差异化战略相对保守很多，企业的关注点更多在于如何使企业的各项成本与同行业其他企业相比处于更低水平，可以通过规模经济、提高企业资产利用率等方式来降低企业成本（吴凡等，2016）。所以成本领先战略不需要企业开拓新的领域，在产品研发和创新上的投入比较小，企业在新的高风险项目上投入比较低。而企业在经营过程中，基于企业生命周期理论，经历过初创期企业生存下来之后进入成长期。在成长期，企业处于扩大生产规模的阶段，为了增强企业的市场竞争力而企业的资源等各方面力量有限。这个时期企业往往采取成本领先战略以谋求竞争优势。在经历成长期之后，企业步入成熟期，这时候企业的经营发展模式已经比较成熟，盈利能力大幅度提高，企业现金流比较充足，企业在此时的发展由粗放式向精细化发展。企业有充足的资金和需求提升自我品牌，生产更优质的产品等。这时候企业更偏向于选择差异化战略以实现竞争优势。但是，实施差异化战略的同时会使得企业的投资风险增加，企业债务风险积聚程度随之加大。企业更进一步发展进入衰退期后，企业会通过转型以实现产业升级，需要继续大量资金的投入，此时企业依然会继续实施差异化战略，企业的债务风险积聚程度会随之达到最大。根据以上分析，提出假设3：

H3：企业从成长期走向衰退期时，竞争战略使得企业债务风险水平由低到高增加。

企业内部治理中最关键的因素之一就是管理层的素质和能力，这关系到企业的长期发展。风险偏好指的是对决策者对待风险的态度，是风险偏爱还是风险规避。企业管理层风险偏好反映了企业对待风险与收益的权衡，代表了企业是否愿意为了取得更高的收益而承担更高的风险。根据代理理论，管理层更偏向于规避风险。企业管理层是企业决策的灵魂，其风险偏好直接影响企业投资和融资决策，进而影响企业的债务风险积聚程度。卡尼曼和特沃斯基（Kahneman and Tversky，2000）研究得出，在不确定性环境下，人们的心理因素会直接影响其做出的决策。罗尔（Roll，1986）研究时首次突破了理性人假设，考虑到了管理者的有限理性。其中管理者风险偏好就属于有限理性的范畴。哈克巴斯（Hackbarth，2008）研究就得出管理者在过度自信时通常会低估企业面临的财务风险，在这种心理认知的偏差下，管理层更愿意选择融资成本较低的债务融资并将新债发行的周期缩短，企业短期负债占比更高。哈瑞巴（Hribar，2010）研究发现管理层为风险偏爱者时，财务披露也会偏向于进行更加乐观的预测，企业为了实现预测目标，增加了进行盈余管理的概率，从而引发企业财务问题。有学者已经关注到管理层风险偏好对企业经营管理的重要性，以往学者已经研究管理层风险偏好对企业投资、研发投入、盈余管理等方面的影响（唐清泉，2009）。从以上研究可以发现企业发展中决策受到管理层风险偏好的影响，企业债务风险积聚程度也会受到管理层决策的影响。当企业管理层是风险偏爱者，在发展中更倾向于选择扩张型发展战略，在项目投资时会选择风险收益双高的。项目风险加大的同时企业债务风险积聚增大。在融资时，风险偏爱的管理层更偏向于选择负债融资，而且短期债务占比会增加，负债融资在降低企业成本的同时也加大了企业的债务风险，进一步会使企业债务风险发生积聚。在企业经营过程中，风险偏爱的管理者更加善于利用边际成本来扩大经营规模，更倾向于采用激进的经营策略，这种经营模式增加了企业经营的不稳定性，各个环节对风险的承受力降低，一旦某个环节资金链出现断裂，企业债务风险积聚大幅上升，甚至出现企业债务危机。基于以上研究分析，提出假设4：

H4：管理层风险偏好能够显著增加企业债务风险积聚程度。

企业内部治理的作用机制会直接影响管理层的行为决策和风险偏好。管理层作为企业的代理人，与企业股东本身存在代理问题。根据以往学者的研究发现，股东为了缓解与管理层的代理问题，找到了两种不同的方式，即激励与监督，而激励方式更加容易实施。为了建立有效的激励机制，股东采取了不同的措施，其中管理层持股就是一种行之有效的方式。通过管理层持股，直接可以将企业的利益与管理层自身的利益捆绑在一起，使管理层能够尽最大的努力使企业利益最大化，来增加管理层自身的股权收益，从而缓解代理问题。董艳和李凤（2011）研究管理层持股对企业股利发放的影响得出，管理层持股可以缓解管理层的风险偏好，进而有效约束管理层的非理性程度，抑制管理层的风险偏好对股利发放的正向作用。本节研究管理层持股是否会同样抑制管理层风险偏好对企业债务风险积聚的正向影响。根据以上分析，提出假设5：

H5：管理层持股会促进管理层风险偏好对企业债务风险积聚的正向影响。

4.2　研究设计

4.2.1　主要变量与说明

1. 上市公司债务风险积聚程度（DRE）

上市公司债务风险积聚程度 DRE 代表了上市企业债务风险的密度，参考袁海红（2015）等测度产业积聚程度（产业风险/区域面积）的方法，采用企业债务风险（1/DR）/企业净资产（lnE）指标衡量企业债务风险积聚程度（DRE）。根据相关文献，Alexander Bathory 模型代表上市公司抵御风险的能力（debt risk）。该值越小，企业状况越差。所以，本书选取 1/DR 作为企业债务风险的指标，Alexander Bathory 模型具体计算公式如式（4.1）所示：

$$DR = SZL + SY + GL + YF + YZ \tag{4.1}$$

式（4.1）中，SZL 为（税前利润 + 折旧 + 递延税款）/流动负债；SY 为税前利润/营运资本；GL 为股东利益/流动负债；YF 为有形资产净值/负债总额；YZ 为营运资本/总资产。

2. 上市公司综合负债率（Debser）

单一的债务指标对难以全面衡量上市公司的负债情况，为了对企业资产负债情况有一个准确全面的衡量，本书参考孙克（2014）的做法，选取资产负债率、流动比率、速动比率三个指标进行综合。参考施丹（2013）的处理方法，选用 Z – Score 方法，将每个指标进行表转化处理后的得分进行加总用来衡量上市公司综合负债率。

3. 上市公司营运能力（Operate）

上市公司营运能力涉及企业多个环节的管理，同样需要选用综合指标对其进行衡量，参考孙克（2014）的做法，本书选取总资产周转率、存货周转率、应收账款周转率三个指标，借鉴施丹（2013）的方法，采用 Z – Score 方法将以上三个指标标准化处理后的值加总用来表示上市公司营运能力。

4. 上市公司盈利能力（Profit）

上市公司盈利能力对企业内部融资能力、企业现金流生成能力都有重要影响，进一步对企业债务风险积聚产生影响。而企业的总资产回报率等单一指标仅能代表上市公司当期的盈利能力，无法对上市公司未来盈利能力以及上市公司盈利能力的持久性进行反映。本书为了对上市公司的当期盈利能力以及上市公司未来盈利能力及其持久性做一个系统考察，同时为了保证实证结论的稳健性，本书采用综合指标对上市公司的盈利能力进行度量。

为了更准确地衡量企业盈利能力，借鉴孙克（2014）的处理方法，将企业的总资产报酬率、净资产报酬率、主营业务收益率这三个指标进行综合来衡量上市公司的盈利能力。借鉴施丹（2013）等的方法，使用 Z – Score 方法分别标准化处理上述三个指标，并将三个指标得分取总和作为衡量上市公司盈利能力的变量。

5. 企业生命周期

参考迪金森（Dickinson，2011）提出的现金流组合方法，根据企业三个活动现金流的大小和方向两方面指标，将企业生命周期划分为初创期、成长期、成熟期和衰退期。该方法可以在一定程度上避免由于财务数据不真实而导致的分期不准确问题。因为选取的样本是 A 股上市公司，这类企业的发展阶段已经不属于初创期，根据样本情况，将企业生命周期分为成长、成熟期、衰退期。具体划分时根据企业的三个活动的现金流正负判定所属生命周期。当企业经营活动、投资活动、投资活动现金流分别为正、负、正时，企业处于成长期；当三类现金流分别为正、负、负时，企业处于成熟期；当三类现金流分别为负、正、负或正时，企业处于衰退期。

6. 企业竞争战略（Strategy）

根据波特（Porter）对企业竞争战略的两种分类，本节借鉴柴才（2017）的方法，当企业实施差异化战略时，Strategy 取值为 1；当企业实施成本竞争战略时，其取值为 0。

7. 管理层风险偏好（MRA）

因为管理层风险偏好没有变量直接可以衡量，参考卡利塔（Kalyta）的研究方法，选取代理变量资本性支出占企业资产总额的比例来表示。管理层对风险越偏好，会增加越多的资本性支出，则该指标越大，表明企业管理层越偏好风险。该指标比较简单明了，又可以比较准确地刻画管理层风险偏好程度。具体该指标的计算如式（4.2）所示：

$$MRA_i = LongEx_i / Asset_{i-1} \qquad (4.2)$$

其中，$LongEx_i$ 指企业在当期投资的固定资产、无形资产和其他长期资产支出，$Asset_{i-1}$ 指企业期初的资产总额。

8. 管理层持股（Manager）

根据管理层是否持股，Manager 分别取值为 1 或者 0。并进一步将取得的上市公司债务风险积聚组根据管理层是否持股继续分为两组，即高管持股组和高管不持股组。通过对比两个不同的组别，进一步分析管理层持股是否会影响管理层风险偏好对上市公司债务风险积聚程度的影响。

9. 控制变量

参考曾庆生（2011）等的研究，我们选取企业股权集中度 TOP1、企业独立性 Indep、产权性质 State、企业规模 Size、首席执行官（CEO）年薪 Salary 等指标作为控制变量。同时控制季度和行业变量。具体的变量指标如表 4 - 1 所示。

表 4 - 1　　　　　　　　　　本章变量定义

变量名称	变量定义及说明
DRE	公司债务风险积聚程度，$DAR = 1/[DR \times lnE]$，$1/DR$ 表示企业债务风险，E 代表企业的净资产量
Debser	表示上市公司综合负债情况，$Debser = [x_1 - mean(x_1)]./std(x_1) + [x_2 - mean(x_2)]./std(x_2) + [x_3 - mean(x_3)]./std(x_3)$，其中 x_1，x_2，x_3 分别为上市公司资产负债率、流动比率、速度比率值
Operate	表示上市公司营运能力，$Operate = [v_1 - mean(v_1)]./std(v_1) + [v_2 - mean(v_2)]./std(v_2) + [v_3 - mean(v_3)]./std(v_3)$，其中，$v_1$，$v_2$，$v_3$ 分别为上市公司总资产周转率、存货周转率、应收账款周转率
Profit	表示上市公司盈利能力，$Profit = [w_1 - mean(w_1)]./std(w_1) + [w_2 - mean(w_2)]./std(w_2) + [w_3 - mean(w_3)]./std(w_3)$，其中，$w_1$，$w_2$，$w_3$ 分别为总资产报酬率、净资产报酬率、主营业务收益率
Cycle	表示企业生命周期，Cycle1 表示成长期二元变量、cycle2 表示成熟期二元变量、cycle3 表示衰退期二元变量
Strategy	表示企业实施的竞争战略，采取差异化战略取值为 1，否则，取值为 0
MRA	表示管理层风险偏好，$MRA_i = LongEx_i/Asset_{i-1}$，$LongEx_i$ 指企业在当期投资的固定资产、无形资产和其他长期资产支出，$Asset_{i-1}$ 指企业期初的资产总额

变量名称	变量定义及说明
Manager	表示高管是否持股，高管持股则为 1，否则为 0
TOP1	表示股权集中度，选用第一大股东持股比例表示
Indep	表示独立董事比例，独立董事比例 = 独立董事/董事会人数
State	表示上市公司产权性质，第一大股东为国有企业则取值为 1；反之，取值为 0
Salary	表示首席执行官的工资，取首席执行官季度薪资自然对数
Size	表示企业规模，取企业资产的自然对数
Quarter	表示季度虚拟变量，当变量属于该季度时，取值为 1；反之为 0
Ind	表示行业虚拟变量，当变量属于该行业时，取值为 1；反之为 0

4.2.2　模型与估计方法

1. 基于倾向性得分配对方法的样本筛选

根据前面第 2 章的分析，对企业发生债务风险积聚和未发生债务风险积聚的样本进行了分离。由于企业的债务风险积聚也存在反过来对企业财务状况、管理层风险偏好以及企业所处生命周期产生影响，虽然这种影响可能并不显著；而且在研究企业的债务风险积聚的微观影响因素时，虽然控制了行业和时间等变量，但是还有可能存在一些遗漏变量。参考相关学者的研究，可以采用双重差分方法（difference in difference），利用随机试验的分离性，分析外生事件对企业行为的影响。该方法可以有效减少内生性问题，但是方法在使用性上有很大局限性。因此，鉴于方法的适用性，本章采取倾向性的分配方法来降低实证模型中潜在的内生性，来筛选企业财务特征、企业所处生命周期阶段以及管理层风险偏好对企业的债务风险积聚的影响。为了解决内生性问题，使回归结果的稳健性与可信性增加，本章采用倾向性得分法选取债务风险积聚样本的对照组，减小内生性问题对实证结果的影响。

参考罗森鲍姆和鲁宾（Rosenbaum and Rubin，1983）提出的"倾向性得分匹配"方法即 PSM 方法，对样本进行配对。该方法主要遵循以下思路：依据可以观察到的预测变量作为样本进一步计算出归入实验组或者控制组样本的预测概率，建立"反事实"的样本组合。在本部分的研究中，即企业财务特征、企业所处生命周期阶段以及管理层风险偏好与企业债务风险积聚程度的关系及其作用路径的研究，需要找到与发生企业债务风险积聚尽可能相似但是其企业内部的债务风险又未发生积聚的样本。两个样本之间存在的唯一不同点即是否发生了企业债务风险积聚，经过对比分析研究得出企业财务特征、企业所处生命周期阶段以及管理层风险偏好对企业债务风险积聚是否有显著影响。倾向性得分匹配的操作流程如下：

（1）选择合适的上市公司特征变量作为混杂因子，这些变量在理论上应当与企业财务特征、企业所处生命周期阶段以及管理层风险偏好对企业债务风险积聚的影响都有一定的关系。

（2）使用 Logistic 回归模型估计每一个观测值的倾向性得分，使用 Logistic 回归模型时，可以表示为：

$$\ln\left(\frac{P}{1-P}\right) = \alpha + \beta_1 X_1 + \beta_2 X_2 + \cdots + \beta_n X_n \tag{4.3}$$

并将式（4.3）转化为：

$$P = \frac{\exp(\alpha + \beta_1 X_1 + \beta_2 X_2 + \cdots + \beta_n X_n)}{1 + \exp(\alpha + \beta_1 X_1 + \beta_2 X_2 + \cdots + \beta_n X_n)} \tag{4.4}$$

其中，P 为倾向性得分，也就是企业发生债务风险积聚的概率；α 为常数项；$\beta_1 \sim \beta_n$ 为回归系数，$X_1 \sim X_n$ 为混杂因子，也就是公司特征变量。

（3）利用最邻近匹配法（nearest neighbor matching）进行配对。即对每一家发生债务风险积聚的企业，选择同年度没有发生债务风险积聚但是其倾向性匹配得分最为相近的企业作为最终的配对样本。

本书根据上市企业债务风险是否发生积聚将样本划分成实验组（存在企业债务风险积聚）和控制组（不存在企业债务风险积聚）。由于发生企业债务风险积聚的行业相对未发生风险积聚的行业较少，经进一步统计，发生债务风险积聚的企业数量少于未发生风险积聚企业的数量。所以本章选择发生债务风险积聚的企业对其进行配对，找到与每一家发生债务风险积聚企业特征相似，但是未发生债务风险积聚的企业。即选取同年度所有发生债务风险的企业中倾向匹配得分最接近的一家企业作为配对样本。参照利等（Li et al.，2009）[①] 以及孔东民等（2015）的

---

① 利等（Li et al.，2011）通过考察 2000～2003 年中国工业企业的资本结构，证实了地区环境导致企业负债率的集聚。

研究，本章选取企业资产规模、存货周转率、销售增长率等指标作为企业特征执行匹配过程。

2. 动态面板 GMM 模型

本章对样本采用 GMM 模型进行实证分析。动态面板 GMM 模型引入被解释变量的滞后项作为解释变量，可以在一定程度上反映个体动态变化的惯性及调整过程。另外，通过选择变量的滞后项作为工具变量，可以在一定程度上克服解释变量的内生性问题。构造动态面板，应用 GMM 模型进行回归，基本回归模型如下：

$$Y_{it} = c + \alpha_1 Y_{it-1} + \alpha_2 X_{i,t} + \sum \alpha\, \mathrm{Controls}_{i,t} + \varepsilon_{it} \tag{4.5}$$

其中，Y 是上市公司债务风险积聚程度，用企业的 $1/DR \times \ln E$ 值表示，$X_{i,t}$ 表示本章选取的微观解释变量，分别为企业财务特征、企业生命周期、管理层风险偏好，$\mathrm{Controls}_{i,t}$ 是控制变量，i 代表样本企业，t 代表季度。

同时，本章为了研究债务风险积聚组和非债务风险积聚组，将选取的债务风险积聚样本进行配对后选取非债务风险积聚对照组。分别用 fxz^1 和 fxz^0 来表示。则式（4.5）可以进一步表示为：

$$fxz^1 = c + \alpha_1 fxz^1_{it-1} + \alpha_2 X_{i,t} + \sum \alpha\, \mathrm{Controls}_{i,t} + \varepsilon_{it} \tag{4.6}$$

$$fxz^0 = c + \alpha_1 fxz^0_{it-1} + \alpha_2 X_{i,t} + \sum \alpha\, \mathrm{Controls}_{i,t} + \varepsilon_{it} \tag{4.7}$$

3. 上市公司财务特征对企业债务风险积聚的影响

上市公司财务特征对企业债务风险积聚的影响已经有很长时间的研究。上市公司自身的财务特征是决定企业债务风险积聚状况的先决要素。本书将企业股权集中度、独立董事比例、企业规模、产权性质、执行总裁的薪水、行业、季度作为控制变量以排除其对企业债务风险积聚的影响，以找到对上市公司债务风险积聚有显著影响的财务因素。通过国内外学者对企业债务风险的研究得知，上市公司的偿债能力、营运能力、盈利能力等都是主要的影响因素，但是以往的研究对内生性问题的关注并不是很多，本章在原有研究的基础上进一步考虑模型内生性问题，研究上市公司财务特征对企业债务风险积聚的影响。本章的回归模型如式（4.8）所示。

$$DRE_{it} = c + \alpha_1 DRE_{it-1} + \alpha_2 Debser_{i,t} + \alpha_3 Operate_{i,t}$$
$$+ \alpha_4 Profit_{i,t} + \sum \alpha Controls_{i,t} + \varepsilon_{it} \qquad (4.8)$$

式（4.8）中，DRE 是被解释变量企业债务风险积聚程度，Debser 代表上市公司的综合负债率，Operate 代表上市公司的营运能力，Profit 表示上市公司的盈利能力。Controls 为控制变量，主要包括企业规模、独立董事比例、股权集中度、产权性质、首席执行官薪水、行业、季度等。i 表示上市公司，t 表示时间。

4. 企业生命周期对上市公司债务风险积聚的影响

安德森等（Anderson et al., 2003）关于企业债务风险积聚的研究大多数是集中在企业特征、企业治理以及债权人保护等方面，很少有学者以企业生命周期为视角研究企业债务风险积聚程度。为了弥补这部分的研究空白，本部分以企业生命周期为视角，分析企业所处不同经营阶段时的债务风险积聚水平。同时，为了进一步控制模型的内生性问题，本书选用了动态面板模型来考察企业生命周期对企业债务风险积聚程度的影响，并进一步利用上文介绍的 PSM 方法，对发生企业债务风险积聚的样本组进行一对一配对，找到未发生债务风险积聚但其他方面特征与债务风险积聚组相似的对照组，做进一步分组研究。通过建立式（4.9）来研究企业生命周期对上市公司债务风险积聚的影响。

$$DRE_{it} = c + \alpha_1 DRE_{it-1} + \alpha_2 Cycle1_{i,t} + \alpha_3 Cycle2_{i,t} + \alpha_4 Cycle3_{i,t}$$
$$+ \sum \alpha Controls_{i,t} + \varepsilon_{it} \qquad (4.9)$$

式（4.9）中，DRE 为被解释变量，企业债务风险积聚程度，Cycle1、Cycle2、Cycle3 分别表示企业成长期、成熟期、衰退期三个阶段，均为二元虚拟变量，即 $Cycle1 = \begin{cases} 1, & \text{成长期} \\ 0, & \text{其他} \end{cases}$，$Cycle2 = \begin{cases} 1, & \text{成熟期} \\ 0, & \text{其他} \end{cases}$，$Cycle3 = \begin{cases} 1, & \text{衰退期} \\ 0, & \text{其他} \end{cases}$，Controls 表示控制变量。参考马宁和王雷（2018）的做法，控制变量分别取企业规模、独立董事比例、股权集中度、产权性质、首席执行官薪水、行业、季度等，i 表示上市公司，t 表示时间。如果假设 2 成立，系数 α_2、α_3 显著为负，系数 α_4 显著为正。

5. 不同企业生命周期下竞争战略对企业债务风险积聚的影响

企业在不同的生命周期下受资源约束等影响一般会选择不同的竞争战略以获取竞争优势。为了检验不同企业生命周期下企业竞争战略对企业债务风险积聚程度的影响，本书将债务风险积聚样本进一步根据企业生命周期不同阶段进行划分，分为成长期、成熟期和衰退期三个子样本，分别观察在三个不同子样本中，不同的竞争战略对企业债务风险积聚程度的影响上的差异。通过对比不同样本中回归系数大小及其显著性，验证企业生命周期不同阶段下竞争战略对企业债务风险积聚的不同影响。具体的模型设立如式（4.10）所示。

$$DRE_{it} = c + \alpha_1 DRE_{it-1} + \alpha_2 Strategy_{it} + \sum \alpha Controls_{i,t} + \varepsilon_{it}$$

$$(4.10)$$

式（4.10）中，DRE 是被解释变量企业债务风险积聚程度，Strategy 代表上市公司的竞争战略，借鉴柴才等（2017）的做法，通过聚类分析，选取如下六个指标：研发费用/营业收入、营销费用比、营业毛利率、总资产周转率、固定资产周转率和员工效率。差异化战略用前三个指标来衡量，成本战略用后三个指标衡量。当企业实施差异化战略时，Strategy 取值为 1，否则为 0。Controls 为控制变量，主要包括企业规模、独立董事比例、股权集中度、产权性质、首席执行官薪水、行业、季度等。i 表示上市公司，t 表示时间。

6. 管理层风险偏好对上市公司债务风险积聚的影响

本章前两节是基于企业经营状况对企业债务风险积聚程度的研究，而企业治理也是微观层面对上市公司债务风险积聚产生重要影响的因素之一。作为管理层公司决策的主要制定者，其对风险的偏好程度对企业内部经营、投融资等方面都有重要影响。以往学者关于管理层风险偏好的研究偏少，主要有管理者风险偏好对盈余管理（郑春艳，2011）、企业创新（王红娟，2015）的研究。为了更深入研究企业治理对债务风险积聚的影响，选取管理层风险偏好研究其对上市公司债务风险积聚的影响。另外，为了进一步控制模型的内生性问题，本书选用了动态面板模型来考察管理层风险偏好对企业债务风险积聚程度的影响，并进一步用 PSM 方法将企业进行配对处理。建立如式（4.11）的研究管理层风险偏好对上市公司债务风险积聚的影响。

$$DRE_{it} = c + \alpha_1 DRE_{it-1} + \alpha_2 MRA_{i,t} + \sum \alpha \, Controls_{i,t} + \varepsilon_{it}$$

$$(4.11)$$

式（4.11）中，DRE 为被解释变量，企业债务风险积聚程度，MRA 表示企业管理层风险偏好，Controls 表示控制变量。参考马宁和王雷（2018）的做法，控制变量分别取企业规模、独立董事比例、股权集中度、产权性质、首席执行官薪水、行业、季度等，i 表示上市公司，t 表示时间。如果假设 3 成立，系数 α_2 显著为正。

4.3　实　证　分　析

4.3.1　企业财务特征对债务风险积聚的影响

1. 样本与数据来源

本节样本选取 2009～2017 年在沪、深上市的 A 股企业，上市公司财务指标数据来自国泰安（CSMAR）数据库，企业产权性质指标来自 Wind 数据库。并对样本数据按步骤做如下处理：

（1）选取我国沪、深 A 股上市公司 2009～2017 年季度数据，考虑到金融保险行业具有很强的特殊性，剔除了金融保险行业类的企业。

（2）因为选取的季度数据，有一些企业发布的财务信息存在一定的缺失，并且有一些企业在相应的期间没有发布社会责任报告，将这部分企业进行剔除。

（3）本部分是选取企业发生债务风险积聚作为研究对象，将经过剔除的样本计算出每个企业的债务风险积聚程度年均增长率，增长率大于 0 企业为发生债务风险积聚，作为实验组。

（4）为了控制内生性，本章采取 PSM 方法选取与实验组上市企业资产规模、存货周转率、销售增长率等指标相近的企业作为对照组，经过处理，实验组和对照组的上市公司容量均为 1068 家。

（5）因为数据取值区间为季度，为了降低异常值对模型结果的干扰，对取得的连续数据均进行 1% 的 Winsorize 缩尾处理。相关数据的处理均使用 Excel 2010 与 Stata 14.0 软件。

2. 描述性统计

表 4 - 2 报告了选取变量的描述性统计结果。将样本分为全样本，债务风险积聚样本以及通过 PSM 进行匹配得到的未发生债务风险积聚的样本。从表中可以看出，在全样本企业中，企业的债务风险积聚均值为 0.086，标准差为 0.035，与其均值相比，企业间债务风险积聚的波动性不是特别大。在债务风险积聚样本中，企业债务风险积聚均值为 0.104，标准差为 0.067。在实验组样本中，债务风险积聚程度明显大于全样本企业的债务风险积聚程度，而且企业债务风险积聚程度波动性较大。从整体来看，企业的财务状况比较好，企业的盈利能力保持在 9% 左右，其波动性也较小。债务风险积聚样本组的盈利能力维持在 8% 左右，其盈利性比全样本企业略微偏低一些。而对照组即未发生债务风险积聚的样本组，其盈利能力维持在 10% 左右，盈利性较强。在全样本中，企业的营运能力大多维持在 5~6，周转能力较强，但是其标准差相比均值较大，说明企业营运能力存在一定的差别。在债务风险积聚样本中，企业的营运能力略低于全样本企业，在一定程度上说明企业的营运能力与企业的债务风险有负向关系。在整体样本中，企业的负债率均值为 48.974%，其最大值达到了 83.269%，说明企业整体的负债率维持在 48% 左右，有个别企业的负债率已经高达 80% 以上。在债务风险积聚样本中，企业的负债率均值达到了 51% 左右，说明在债务风险积聚样本中，企业融资中负债占比更高。在对照组中，负债率明显低于实验组，负债率在 42% 左右。说明债务风险积聚一般伴随着企业的高负债率。

表 4 - 2 样本描述性统计

类型	变量	均值	标准差	1% 分位数	中位数	99% 分位数
总体	DRE	0.086	0.035	0.001	0.074	0.134
	Debser	48.974	22.312	0.016	52.318	83.269
	Operate	6.897	11.345	0.168	3.364	65.975
	Profit	13.245	14.258	-14.329	9.487	37.894

类型	变量	均值	标准差	1%分位数	中位数	99%分位数
总体	Cycle1	0.331	0.473	0.000	0.000	1.000
	Cycle2	0.356	0.462	0.000	0.000	1.000
	Cycle3	0.183	0.374	0.000	0.000	1.000
	MRA	0.067	0.052	0.002	0.075	0.341
	TOP1	0.325	0.114	0.100	0.366	0.464
	Indep	0.365	0.042	0.305	0.376	0.641
	State	0.214	0.452	0.000	0.332	1.000
	Salary	13.226	0.742	10.364	13.575	15.968
	Size	21.754	1.315	19.134	21.369	26.421
实验组	DRE	0.104	0.067	0.005	0.097	0.142
	Debser	51.324	24.658	0.021	58.996	83.112
	Operate	6.241	10.346	0.173	3.245	61.221
	Profit	10.365	12.542	−14.031	8.441	32.457
	Cycle1	0.302	0.242	0.000	0.000	1.000
	Cycle2	0.332	0.354	0.000	0.000	1.000
	Cycle3	0.228	0.278	0.000	0.000	1.000
	MRA	0.087	0.075	0.012	0.099	0.335
	TOP1	0.287	0.155	0.114	0.352	0.432
	Indep	0.369	0.055	0.312	0.401	0.625
	State	0.254	0.334	0.000	0.287	1.000
	Salary	13.425	0.645	10.547	13.884	15.733
	Size	21.442	1.225	19.779	20.654	25.331
对照组	DRE	0.034	0.096	0.001	0.045	0.0784
	Debser	42.336	21.331	0.017	46.787	75.324
	Operate	7.332	10.447	0.185	5.321	65.663
	Profit	14.524	11.358	−10.324	10.553	36.556
	Cycle1	0.312	0.247	0.000	0.000	1.000
	Cycle2	0.355	0.305	0.000	0.000	1.000

类型	变量	均值	标准差	1%分位数	中位数	99%分位数
对照组	Cycle3	0.174	0.366	0.000	0.000	1.000
	MRA	0.061	0.055	0.002	0.064	0.304
	TOP1	0.354	0.217	0.121	0.378	0.455
	Indep	0.379	0.068	0.322	0.389	0.675
	State	0.223	0.458	0.000	0.348	1.000
	Salary	13.966	0.524	10.987	13.798	15.642
	Size	21.668	1.240	19.941	22.112	26.354

从第一大股东持股比例来看，整体来看，第一大股东持股比例维持在32%左右。而从债务风险积聚样本组，第一大股东持股比例更低一些，达到28%左右，在其对照组中，第一大股东持股比例偏好，达到了35%，这在一定程度上说明了第一大股东持股比例越高，企业的债务风险积聚程度越低。独立董事比例维持在36%～37%，符合公司法对企业治理结构的设定要求。从产权性质来看，上市公司中国有企业占比大约在20%，民营企业的占比越来越高，说明民营企业在我国经济中的重要性越来越高，对我国经济发展起关键性的作用。企业的规模维持在21左右，说明我国企业的规模处于较高水平，我国企业发展更多地追求规模效应。执行总裁的工资取自然对数后维持在13～14，其标准差为0.742，说明每家企业的执行董事的薪水较高但是也有很大的差异。

3. 实证分析

表4-3报告了企业综合负债率、企业盈利能力、企业营运能力对上市公司债务风险积聚的影响。根据表4-3可以看出，企业综合负债率越高，上市公司债务风险积聚程度越高，并且在1%的水平上高度正相关。企业营运能力与上市公司债务风险积聚显著负相关，即企业的营运能力越强，上市公司债务风险积聚程度越低。企业的盈利能力与上市公司债务风险积聚程度显著负相关，即企业的盈利能力越强，上市公司债务风险积聚程度越低。考虑到模型内生性问题，选择动态面板模型降低内生性问题的存在。从表4-3中可以看出，因变量滞后一期在模型

中的系数在 1% 的水平上显著正相关。这说明企业债务风险积聚有一定的惯性，随着时间的推移风险积聚程度增大。表 4 - 3 中列（1）至列（3）分别为企业资产负债率、营运能力、盈利能力对上市公司债务风险积聚程度的影响。列（4）将企业财务特征指标均纳入模型。从实证结果可以看出，不管是单独考察每个财务指标，还是综合考察，企业的资产负债率与上市公司债务风险积聚程度均为正相关，企业的营运能力和盈利能力均与上市公司债务风险积聚程度显著负相关。这也进一步证实了前面提出的假设 1 中的 H1a、H1b、H1c。

表 4 - 3　　企业财务特征对公司债务风险积聚的影响研究（1）

变量名称	动态面板 GMM 模型			
	债务风险积聚样本组			
	（1）	（2）	（3）	（4）
$DRE_{i,t-1}$	0.661 *** (11.578)	0.605 *** (15.362)	0.589 *** (14.875)	0.543 *** (8.696)
$Debser_{i,t}$	0.037 *** (6.224)			0.029 *** (3.241)
$Operate_{i,t}$		- 0.011 *** (4.215)		- 0.008 *** (2.987)
$Profit_{i,t}$			- 0.065 *** (2.369)	- 0.042 *** (2.878)
$TOP1_{i,t}$	- 0.016 * (1.924)	- 0.021 * (1.851)	- 0.010 * (1.831)	- 0.009 * (1.911)
$Indep_{i,t}$	- 0.024 (0.054)	- 0.028 (0.078)	- 0.031 (0.064)	- 0.018 (0.079)
$State_{i,t}$	- 0.116 ** (2.213)	- 0.118 ** (2.342)	- 0.102 ** (2.411)	- 0.088 ** (2.145)
$Salary_{i,t}$	0.074 (0.214)	0.067 (0.337)	0.082 (0.421)	0.053 (0.368)
$Size_{i,t}$	0.001 (0.336)	0.001 (0.412)	0.001 (0.457)	0.001 (0.369)

变量名称	动态面板 GMM 模型			
	债务风险积聚样本组			
	（1）	（2）	（3）	（4）
C	0.034 （1.211）	0.075 （1.021）	0.065 （0.548）	0.052 （0.698）
Quarter	控制	控制	控制	控制
Ind	控制	控制	控制	控制
N	1068	1068	1068	1068

注：*** 表示在 1% 水平上显著；** 表示在 5% 水平上显著；* 表示在 10% 水平上显著，括号内为 t 值。

从控制变量可以看出，第一大股东持股比例越高，企业债务风险积聚程度越低，并且在 10% 的水平上显著。说明当企业的股权越集中时，企业在风险决策中越倾向于规避风险，企业债务风险积聚程度越低。独立董事占董事人数的比例与企业债务风险存在负相关关系，但是并不显著。企业性质与企业债务风险积聚程度呈 5% 水平上的负相关关系，即民营企业的债务风险积聚程度显著高于国有上市公司。企业规模与企业债务风险积聚没有显著的相关性。执行总裁的薪水与企业债务风险积聚程度也没有显著的相关性。以上结果均是在控制时间和行业的基础上完成的。

表 4-4 报告了将实验组进行 PSM 匹配后得到对照组，即未发生债务风险的企业。对总体样本、实验组以及对照组分别进行静态面板回归以及动态面板回归。得到的实证结果如表 4-4 所示。表 4-4 中列（1）、列（4）是以总体作为样本做静态面板和动态面板回归得到的结果，列（2）、列（5）是以实验组为样本做静态面板和动态面板回归得到的实证结果，列（3）、列（6）是对实验组进行 PSM 回归后得到的对照组分别进行静态面板和动态面板回归得到的结果。从回归结果上来看，以总体作为样本时，企业综合负债率与企业债务风险积聚在 5% 的显著水平上正相关，说明企业的综合负债率与企业债务风险高度相关。在以发生债务风险企业作为样本时，企业综合负债率与企业债务风险积聚程度在 1% 的显著水平上正相关，说明在发生企业债务风险积聚的企

业中，企业的综合负债率与企业的债务风险积聚的显著性更高，其正相关关系更强烈，企业的综合负债情况与企业的债务风险积聚存在高度正相关关系。这也验证了本章所提出的 H1a。从总体样本中看，企业的营运能力与企业的盈利能力与企业债务风险积聚程度没有显著的相关性，而以实验组为研究对象时，企业的营运能力与盈利能力与企业的债务风险积聚程度存在显著的负相关关系，在 5% 的水平上显著。以对照组为研究对象时，企业的营运能力与盈利能力同样与企业的债务风险积聚程度没有显著的相关性。这说明从全体来看，企业的债务风险积聚并没有受到企业营运能力与盈利能力的显著影响。但是当企业的债务风险积聚达到一定程度时，企业的营运能力与盈利能力则会发挥明显的作用，如果企业营运能力和盈利能力较强，则会显著降低企业债务风险积聚程度。这也验证了本章提出的 H1b 和 H1c。另外，在实验组中，DAR（-1）的系数显著为正，说明在风险积聚样本组，企业债务风险积聚随着时间的推移存在很强的惯性。

表4-4　　企业财务特征对公司债务风险积聚的影响研究（2）

变量名称	静态面板模型			动态面板模型		
	是否发生风险积聚			是否发生风险积聚		
	（1）	（2）	（3）	（4）	（5）	（6）
$DRE_{i,t-1}$				0.588 *** (7.852)	0.476 *** (3.678)	0.543 *** (8.696)
$Debser_{i,t}$	0.031 ** (2.312)	0.034 ** (2.256)	0.021 ** (2.073)	0.018 ** (2.135)	0.026 ** (2.357)	0.029 *** (3.241)
$Operate_{i,t}$	-0.014 (1.255)	-0.013 (0.662)	-0.009 ** (2.167)	-0.013 (1.203)	-0.011 (1.302)	-0.008 *** (2.987)
$Profit_{i,t}$	-0.031 (0.699)	-0.028 (0.387)	-0.031 ** (2.042)	-0.037 (0.576)	-0.032 (1.236)	-0.042 *** (2.878)
$TOP1_{i,t}$	-0.013 * (1.824)	-0.015 * (1.877)	-0.012 * (1.913)	-0.008 * (1.932)	-0.011 * (1.875)	-0.009 * (1.911)
$Indep_{i,t}$	-0.026 (0.275)	-0.043 (1.235)	-0.037 (0.008)	-0.014 (0.958)	-0.032 (0.752)	-0.018 (0.079)

变量名称	静态面板模型			动态面板模型		
	是否发生风险积聚			是否发生风险积聚		
	（1）	（2）	（3）	（4）	（5）	（6）
$State_{i,t}$	-0.133 （1.352）	-0.095 （0.247）	-0.142 （1.235）	-0.066* （1.875）	-0.079 （1.423）	-0.088** （2.145）
$Salary_{i,t}$	0.096 （1.241）	0.063 （0.332）	0.049 （0.755）	0.082 （1.112）	0.074 （1.320）	0.053 （0.368）
$Size_{i,t}$	0.001 （0.149）	0.001 （0.057）	0.001 （1.344）	0.001 （0.987）	0.001 （0.522）	0.001 （0.369）
C	0.061 （1.283）	0.058 （0.576）	0.043 （1.307）	0.036 （1.063）	0.044 （0.368）	0.052 （0.698）
Quarter	控制	控制	控制	控制	控制	控制
Ind	控制	控制	控制	控制	控制	控制
N	2568	1068	1068	2568	1068	1068

注：*** 表示在1%水平上显著；** 表示在5%水平上显著；* 表示在10%水平上显著，括号内为 t 值。

91

另外，表4-4中显示，不管是以总体作为研究对象还是以实验组、对照组作为研究对象，企业的控制变量股权集中度与企业债务风险程度在10%的水平上显著负相关，这说明企业的股权集中度越高，企业存在的代理问题相对越小，管理层决策时会更多地以企业利益最大化为目的，致使企业债务风险积聚程度降低。独立董事占比与企业债务风险正相关，但是并不显著。在实验组中，企业产权性质与上市公司债务风险积聚程度负相关，说明民营企业占比越高，企业债务风险积聚程度越高。但是在总体样本和对照组中，两者并没有显著的相关性，说明只有发生债务风险积聚程度的企业其产权性质才会对企业债务风险程度发挥出更大的作用。企业规模与企业债务风险积聚程度并没有显著的相关性，说明企业债务风险积聚在大企业和小企业都有同样的概率发生。

4.3.2 企业生命周期对债务风险积聚的影响

1. 样本与数据来源

本书样本选取 2009～2017 年在沪、深上市的 A 股企业，企业生命周期数据来自国泰安数据库现金流量表，公司财务指标数据来自国泰安（CSMAR）数据库。并对样本数据按步骤做如下处理：

（1）选取我国沪、深 A 股上市公司 2009～2017 年季度数据，考虑到金融保险行业具有很强的特殊性，剔除了金融保险行业类的企业。

（2）因为选取的季度数据，有一些企业发布的财务信息存在一定的缺失，并且有一些企业在相应的期间没有发布社会责任报告，将这部分企业进行剔除。

（3）本部分是选取企业发生债务风险积聚作为研究对象，将经过剔除的样本计算出每个企业的债务风险积聚程度年均增长率，增长率大于 0 企业为发生债务风险积聚，作为实验组。

（4）为了控制内生性，本章采取 PSM 方法选取与实验组上市企业资产规模、存货周转率、销售增长率等指标相近的企业作为对照组，经过处理，实验组和对照组的上市公司容量均为 1068 家。

（5）因为数据取值区间为季度，为了降低异常值对模型结果的干扰，对取得的连续数据均进行 1% 的 Winsorize 缩尾处理。相关数据的处理均使用 Excel 2010 与 Stata 14.0 软件。

2. 描述性统计

表 4-5 报告了本节选取变量的描述性统计结果。将样本分为全样本、债务风险积聚样本以及通过 PSM 进行匹配得到的未发生债务风险积聚的样本。从表中可以看出，在全样本企业中，企业的债务风险积聚均值为 0.086，标准差为 0.035，与其均值相比，企业间债务风险积聚的波动性不是特别大。在债务风险积聚样本中，企业债务风险积聚均值为 0.104，标准差为 0.067。在实验组样本中，债务风险积聚程度明显大于全样本企业的债务风险积聚程度，而且企业债务风险积聚程度波动性较大。从整体来看，处于成长期的企业占比在 33% 左右，处于成熟

期的企业占比在 35% 左右，处于衰退期的企业占比约为 18%。而在实验组企业中，衰退期企业的占比较高，达到 22.8%，这也初步说明了企业在衰退期时，企业的债务风险积聚程度更高。从第一大股东持股比例来看，整体来看，第一大股东持股比例维持在 32% 左右。而从债务风险积聚样本组来看，第一大股东持股比例更低一些，达到 28% 左右；在其对照组中，第一大股东持股比例偏好，达到了 35%，这在一定程度上说明了第一大股东持股比例越高，企业的债务风险积聚程度越低。独立董事比例维持在 36% ~ 37%，符合公司法对企业治理结构的设定要求。从产权性质来看，上市公司中国有企业占比大约在 20%，民营企业的占比越来越高，说明民营企业在我国经济中的重要性越来越高，对我国经济发展起关键性的作用。企业的规模维持在 21 左右，说明我国企业的规模处于较高水平，我国企业发展更多的追求规模效应。执行总裁的工资取自然对数后大约维持在 13 ~ 14，其标准差为 0.742，说明每家企业的执行董事的薪水较高但是也有很大的差异。

表 4 - 5　　　　　　　　　样本描述性统计

类型	变量	均值	标准差	1% 分位数	中位数	99% 分位数
总体	DRE	0.086	0.035	0.001	0.074	0.134
	Cycle1	0.331	0.473	0.000	0.000	1.000
	Cycle2	0.316	0.462	0.000	0.000	1.000
	Cycle3	0.183	0.374	0.000	0.000	1.000
	TOP1	0.325	0.114	0.100	0.366	0.464
	Indep	0.365	0.042	0.305	0.376	0.641
	State	0.214	0.452	0.000	0.332	1.000
	Salary	13.226	0.742	10.364	13.575	15.968
	Size	21.754	1.315	19.134	21.369	26.421
实验组	DRE	0.104	0.067	0.005	0.097	0.142
	Cycle1	0.332	0.242	0.000	0.000	1.000
	Cycle2	0.312	0.354	0.000	0.000	1.000
	Cycle3	0.228	0.278	0.000	0.000	1.000
	TOP1	0.287	0.155	0.114	0.352	0.432

类型	变量	均值	标准差	1%分位数	中位数	99%分位数
实验组	Indep	0.369	0.055	0.312	0.401	0.625
	State	0.254	0.334	0.000	0.287	1.000
	Salary	13.425	0.645	10.547	13.884	15.733
	Size	21.442	1.225	19.779	20.654	25.331
对照组	DRE	0.034	0.096	0.001	0.045	0.0784
	Cycle1	0.352	0.247	0.000	0.000	1.000
	Cycle2	0.315	0.305	0.000	0.000	1.000
	Cycle3	0.174	0.366	0.000	0.000	1.000
	TOP1	0.354	0.217	0.121	0.378	0.455
	Indep	0.379	0.068	0.322	0.389	0.675
	State	0.223	0.458	0.000	0.348	1.000
	Salary	13.966	0.524	10.987	13.798	15.642
	Size	21.668	1.240	19.941	22.112	26.354

3. 实证分析

　　表4-6根据上文得到的发生债务风险积聚企业作为研究样本，报告了企业生命周期对上市公司债务风险积聚程度的影响。为了使模型结果更具稳健性，在表4-6中列（1）至列（5）中逐步添加相应的控制变量进行动态回归分析。具体回归结果如表4-6所示。DRE（-1）在模型中均表现为1%的显著性并且符号取正，这说明企业债务风险积聚有一定的惯性，从另一方面也说明了在债务风险积聚样本中，企业的债务风险积聚呈不断增大的状态。企业上期的债务风险积聚程度与企业下期的债务风险积聚程度有相关关系。企业处于成长期与上市公司债务风险积聚在5%的水平上呈显著负相关关系，说明企业处于成长期时，企业的债务风险积聚处于一个较低的水平，此时企业的发展呈现上升趋势，并没有很大地受到企业债务融资的约束。企业处于成长期与上市公司债务风险积聚在10%的水平上显著负相关，说明企业在成熟期时，企业内部有较为充足的现金流，企业发展并没有收到债务融资的过高约束。企业处于衰退期与上市公司债务风险积聚在5%的水平上显著正相

关，说明企业衰退时，企业的债务风险积聚呈不断增大状态。企业处于衰退期时，企业发展受到制约，一般没有前景很好的投资项目，此时企业投资时所承受的风险会加大，说明企业承受的债务风险积聚程度也加大。从实证结果来看也验证了本章提出的假设2，即企业在不同的发展阶段债务风险积聚程度不同，处于衰退期的企业债务风险积聚水平更高。

表4-6　企业生命周期对公司债务风险积聚的影响研究（1）

变量名称	动态面板 GMM 模型				
	债务风险积聚样本组				
	（1）	（2）	（3）	（4）	（5）
$DRE_{i,t-1}$	0.531 *** （6.221）	0.495 *** （3.548）	0.425 *** （11.044）	0.633 *** （5.234）	0.578 *** （7.526）
$Cycle1_{i,t}$	-0.014 ** （1.987）	-0.018 ** （2.004）	-0.009 * （1.856）	-0.013 *** （2.267）	-0.016 ** （2.012）
$Cycle2_{i,t}$	-0.039 * （1.854）	-0.041 * （1.883）	-0.036 * （1.941）	-0.054 * （1.846）	-0.022 * （1.832）
$Cycle3_{i,t}$	0.005 * （1.824）	0.011 ** （2.044）	0.012 * （1.833）	0.006 * （1.874）	0.004 ** （1.915）
$TOP1_{i,t}$	-0.021 * （1.912）	-0.020 * （1.845）	-0.022 ** （2.012）	-0.021 * （1.877）	-0.023 ** （2.102）
$Indep_{i,t}$		-0.031 （1.122）	-0.028 （0.884）	-0.035 （0.563）	-0.033 （0.428）
$State_{i,t}$			-0.211 ** （2.013）	-0.198 * （1.904）	-0.185 ** （2.223）
$Salary_{i,t}$				0.114 （0.075）	0.167 （0.326）
$Size_{i,t}$					0.001 （0.021）

95

变量名称	动态面板 GMM 模型				
	债务风险积聚样本组				
	(1)	(2)	(3)	(4)	(5)
C	0.139 (0.542)	0.155 (0.322)	0.124 (1.403)	0.178 (0.875)	0.136 (0.669)
Quarter	控制	控制	控制	控制	控制
Ind	控制	控制	控制	控制	控制
N	1068	1068	1068	1068	1068

注：*** 表示在 1% 水平上显著；** 表示在 5% 水平上显著；* 表示在 10% 水平上显著，括号内为 t 值。

从控制变量可以看出，第一大股东持股比例越高，企业债务风险积聚程度越低，并且在 5% 的水平上显著。说明当企业的股权越集中时，企业在风险决策中越倾向于规避风险，企业债务风险积聚程度越低。独立董事占董事人数的比例与企业债务风险存在负相关关系，但是并不显著。企业性质与企业债务风险积聚程度在 5% 水平上呈负相关关系，即民营企业的债务风险积聚程度显著高于国有上市公司。企业规模与企业债务风险积聚没有显著的相关性。执行总裁的薪水与企业债务风险积聚程度也没有显著的相关性。以上结果均是在控制时间和行业的基础上完成的。以上结果均建立在控制企业的季度和行业固定效应的基础上，并且通过控制变量的递增，模型的结果稳健性更强。

为了更好地检验企业生命周期不同阶段对上市公司债务风险积聚的影响，本节将上市公司债务风险积聚样本组进一步分类，根据企业所处的生命周期阶段分为成长期、成熟期和衰退期三个不同的阶段。首先针对三个不同的生命周期阶段进行单变量分析，对其均值之间的差异进行显著性检验。根据表 4 – 7 可以得知，上市公司处于成长期的样本数量最多，处于成熟期的企业数量略低于成长期企业数量，而衰退期企业数量最少。而对上市公司债务风险积聚在不同的时期进行单变量分析时发现，企业由成长期发展至衰退期时，企业债务风险积聚程度呈不断增大状态，企业到衰退期时债务风险积聚程度达到最高状态。

表 4 – 7　　　　　　　　　　　　　　单变量分析

变量名称	成长期 (17092)	成熟期 (14184)	衰退期 (8808)	均值差异的 T – 统计量		
				成长期 – 成熟期	成长期 – 衰退期	成熟期 – 衰退期
DRE	0.023	0.034	0.052	1.352	2.558 ***	0.743

注：括号内数字表示样本数量，*** 表示在 1% 水平上显著。

表 4 – 8 报告了将上市公司债务风险积聚组进一步根据企业生命周期分类得到成长期、成熟期、衰退期三个子样本组，对每一组企业进行动态面板实证回归得到的结果。从表 4 – 8 可以看出，成长期企业的债务风险积聚回归结果在 10% 的显著水平上为负，说明上市公司在初创期企业发展存在很多的不确定性，企业投资决策更偏向于低风险、低收益的项目，企业的融资回报率的风险降低，企业承担的债务风险积聚程度处于较低水平。企业处于成熟期的债务风险积聚回归结果为正但是并不显著，这和表 4 – 7 的回归结果存在一定的差异，说明企业处于成熟期时，企业投资选择出现多元化发展，有的企业会偏向于投资于高风险高收益的项目，由此导致企业的债务风险积聚程度提高。而有些处于成熟期的企业内部可以产生充足的现金流，即使有大量的外部投资，其并不需要从外部获取大量融资，致使企业的债务风险积聚程度并不高。企业处于衰退期时，上市公司债务风险积聚回归结果在 10% 的显著水平上正相关，说明上市公司在衰退期相较于成长期和成熟期面临的债务风险积聚程度更高。企业在衰退期时，企业的发展呈下降趋势，企业为了寻求新的业绩增长点可能会选择风险较高的投资项目，致使企业的融资面临更高的风险，企业债务风险积聚程度提高。同时，实证结果说明企业在成长期发展至成熟期到衰退期，企业的债务风险积聚程度会呈现阶段性上升趋势，这进一步验证了本章提出的假设 2，即企业在不同的发展阶段债务风险积聚程度不同，处于衰退期的企业债务风险积聚水平更高。

表 4 – 8　　　　　　　　企业不同生命周期与公司债务风险积聚

变量名称	债务风险积聚样本组		
	成长期	成熟期	衰退期
$DRE_{i,t-1}$	0.474 *** (3.142)	0.368 *** (2.443)	0.452 *** (5.217)

变量名称	债务风险积聚样本组		
	成长期	成熟期	衰退期
$Cycle_{i,t}$	-0.235^* (1.837)	0.148 (0.743)	0.188^* (1.842)
$TOP1_{i,t}$	-0.078^* (1.874)	-0.063 (0.637)	-0.095^* (1.812)
$Indep_{i,t}$	-0.437 (0.375)	-0.279 (0.077)	-0.398 (1.625)
$State_{i,t}$	-0.047^* (1.866)	-0.052 (1.654)	-0.066^* (1.916)
$Salary_{i,t}$	0.022 (0.036)	0.016 (0.475)	0.019 (0.882)
$Size_{i,t}$	9.75×10^{-4} (0.002)	0.001 (0.027)	8.42×10^{-4} (0.065)
C	0.087 (0.036)	0.068 (0.058)	0.075 (0.074)
Quarter	控制	控制	控制
Ind	控制	控制	控制
N	412	456	218

注：*** 表示在 1% 水平上显著；* 表示在 10% 水平上显著，括号内为 t 值。

表 4-9 报告了将实验组进行 PSM 匹配后得到对照组，即未发生债务风险的企业。对总体样本、实验组以及对照组分别进行静态面板回归以及动态面板回归。得到的实证结果如表 4-9 所示。虽然上文进行回归时采用的动态面板回归可以在一定程度上缓解内生性问题，但是并没有彻底解决。为了进一步说明实证结果的稳健性，进一步对实验组进行 PSM 匹配。表 4-9 中列（1）、列（4）是以总体作为样本进行静态面板和动态面板回归得到的结果，列（2）、列（5）是以实验组为样本做静态面板和动态面板回归得到的实证结果，列（3）、列（6）是对实验组进行 PSM 回归后得到的对照组分别进行静态面板和动态面板回归得到的结果。从回归结果上来看，以总体作为样本时，企业处于成长期对

上市公司债务风险积聚程度并没有显著的相关性,而以实验组作为研究对象时,企业处于成长期对上市公司债务风险积聚程度显著负相关。这说明在企业债务风险积聚到一定程度时,企业所处的生命周期阶段对其债务风险才产生显著的影响。企业处于成熟期时,在总体样本和对照组中企业的债务风险积聚回归结果均不显著,在实验组中,处于成熟期的上市公司债务风险积聚回归结果呈显著的负相关关系。说明在债务风险积聚到一定程度的企业中,当企业发展至成熟期时,企业发展处于上升阶段,企业的债务风险积聚程度会下降。当企业处于衰退期时,企业在总体以及实验组样本中,债务风险积聚回归系数均在 10% 的显著水平上正相关,也说明当企业处于衰退阶段时,企业内部的债务风险积聚呈不断上升趋势。实证结果说明本章提出的假设 2,并且回归结果具有很强的稳健性。另外,在实验组中,DRE(-1)的系数显著为正,说明在风险积聚样本组,企业债务风险积聚随着时间的推移存在很强的惯性。另外,表 4-9 中显示,不管是以总体作为研究对象还是以实验组、对照组分别作为研究对象,企业的控制变量股权集中度与企业债务风险程度在 5% 或者 10% 的水平上显著负相关,这说明企业的股权集中度越高,企业存在的代理问题相对越小,管理层决策时会更多地以企业利益最大化为目的,致使企业债务风险积聚程度降低。独立董事占比与企业债务风险正相关,但是并不显著。在实验组中,企业产权性质与上市公司债务风险积聚程度负相关,说明民营企业占比越高,企业债务风险积聚程度越高。但是在总体样本和对照组中,两者并没有显著的相关性,说明只有发生债务风险积聚程度的企业其产权性质才会对企业债务风险程度发挥出更大的作用。企业规模与企业债务风险积聚程度并没有显著的相关性,说明企业债务风险积聚在大企业和小企业都有同样的概率发生。

表 4-9　　企业生命周期对公司债务风险积聚的影响研究 (2)

变量名称	静态面板模型			动态面板模型		
	是否发生风险积聚			是否发生风险积聚		
	(1)	(2)	(3)	(4)	(5)	(6)
$DRE_{i,t-1}$				0.388 *** (5.477)	0.436 *** (3.584)	0.578 *** (4.526)

变量名称	静态面板模型			动态面板模型		
	是否发生风险积聚			是否发生风险积聚		
	（1）	（2）	（3）	（4）	（5）	（6）
$Cycle1_{i,t}$	−0.094 (1.147)	−0.124 (0.876)	−0.093 * (1.976)	−0.022 (0.374)	−0.026 (1.375)	−0.019 ** (2.012)
$Cycle2_{i,t}$	−0.057 (0.572)	−0.062 (0.694)	−0.053 * (1.953)	−0.015 (1.203)	−0.024 (0.756)	−0.022 * (1.832)
$Cycle3_{i,t}$	0.496 * (1.899)	0.447 (0.685)	0.432 * (1.904)	0.005 * (1.879)	0.006 (1.235)	0.004 * (1.915)
$TOP1_{i,t}$	−0.065 * (1.881)	−0.072 * (1.942)	−0.063 ** (2.114)	−0.028 * (1.844)	−0.031 * (1.903)	−0.023 ** (2.102)
$Indep_{i,t}$	−0.120 (0.875)	−0.133 (0.963)	−0.124 (1.047)	−0.036 (1.034)	−0.027 (0.236)	−0.033 (0.428)
$State_{i,t}$	−0.222 * (1.922)	−0.236 (1.456)	−0.241 * (1.854)	−0.188 * (1.863)	−0.201 * (1.936)	−0.185 ** (2.223)
$Salary_{i,t}$	0.375 (0.684)	0.324 (0.978)	0.411 (1.472)	0.195 (0.042)	0.174 (0.173)	0.167 (0.326)
$Size_{i,t}$	0.010 (1.113)	0.011 (0.774)	0.012 (0.698)	0.001 (1.352)	7.65×10^{-4} (0.744)	0.001 (0.021)
C	0.235 (1.356)	0.276 (0.998)	0.254 (1.420)	0.082 (0.987)	0.086 (1.203)	0.136 (0.669)
Quarter	控制	控制	控制	控制	控制	控制
Ind	控制	控制	控制	控制	控制	控制
N	2568	1068	1068	2568	1068	1068

注：*** 表示在1%水平上显著；** 表示在5%水平上显著；* 表示在10%水平上显著，括号内为 t 值。

为了进一步分析导致企业生命周期不同阶段下上市公司债务风险积聚程度不同的原因，发现在不同阶段上市公司在不同生命周期阶段企业特征以及面临的内外部环境都存在较大差异，因此企业会分别采取不同战略措施使企业获得竞争优势。而不同的企业竞争战略是否导致了企业在不同生命周期下债务风险积聚程度的不同，需要进一步通过实证分析来验证。

　　根据上文建立的式（4.10）进行实证研究，首先根据上文的做法，将上市公司债务风险积聚样本组根据现金流组合法分为三个子样本，分别为成长期、成熟期、衰退期三个组别。对企业采取的不同的竞争战略对企业债务风险积聚的影响进行分析，通过对比不同组别之间系数大小与显著性可以得知，企业采取差异化竞争战略会显著促进上市公司债务风险积聚程度。即企业竞争战略与上市公司债务风险积聚程度有显著的正相关关系。当企业处于成长期时，回归系数最小，而企业处于衰退期时，回归系数最大。该回归结果说明相比实施成本领先战略，企业实行竞争战略时，企业的债务风险积聚程度更高。而当企业发展由成长期到衰退期，企业竞争战略对上市公司债务风险积聚程度的影响也呈现不断加大的趋势。在一定程度上说明企业在成长期和成熟期时，更多地采取成本领先战略来获得竞争优势，当企业处于衰退期时，更倾向于采取差异化战略获得竞争优势。这也是企业处于不同生命周期对上市公司债务风险积聚程度造成不同影响的一个作用机制处于不同生命周期阶段的企业采取的经营方式存在差异，当企业发展处于成长期或者成熟期时，企业面临的资源约束等导致其首先采取的发展战略就是成本领先战略，通过提高资源的利用效率来获取竞争优势。成本领先战略对企业来说是一种稳健发展的方式，企业不需要投资于风险高的项目，所以上市公司的融资风险出于较低水平。而企业处于衰退期时，企业面临的选择有限，经常被迫投资新项目，通过差异化战略获取竞争优势。差异化战略面临更高的不确定性，企业的经营风险以及融资风险会随之提高，导致企业的债务风险积聚程度处于较高水平。该实证结果也验证了本章提出的假设 3，即企业从成长期走向衰退期时，竞争战略使得企业债务风险水平由低到高增加。不同生命周期下竞争战略对上市公司债务风险积聚的影响，如表 4 – 10 所示。

表 4 – 10　不同生命周期下竞争战略对上市公司债务风险积聚的影响

变量名称	债务风险积聚样本组		
	成长期	成熟期	衰退期
$DRE_{i,t-1}$	0.334 *** (2.963)	0.325 *** (4.258)	0.386 *** (4.698)

变量名称	债务风险积聚样本组		
	成长期	成熟期	衰退期
$Strategy_{i,t}$	0.218 * (1.975)	0.276 (1.365)	− 0.344 ** (2.121)
$TOP1_{i,t}$	− 0.142 (1.574)	− 0.063 * (1.758)	− 0.131 * (1.799)
$Indep_{i,t}$	− 0.098 (0.442)	− 0.077 (0.145)	− 0.085 (0.028)
$State_{i,t}$	− 0.128 * (1.803)	− 0.147 (1.241)	− 0.206 * (1.796)
$Salary_{i,t}$	0.043 (0.044)	0.047 (0.051)	0.039 (0.036)
$Size_{i,t}$	7.26×10^{-4} (0.175)	9.67×10^{-4} (1.325)	8.22×10^{-4} (0.965)
C	0.147 (1.165)	0.162 (0.768)	0.187 (1.003)
Quarter	控制	控制	控制
Ind	控制	控制	控制
N	412	456	218

注：*** 表示在1%水平上显著；** 表示在5%水平上显著；* 表示在10%水平上显著，括号内为 t 值。

4.3.3　管理层风险偏好对企业债务风险积聚的影响

1. 样本与数据来源

本书样本选取 2009～2017 年在沪、深上市的 A 股企业，本节主要数据来自国泰安（CSMAR）数据库，部分数据通过巨潮网、资讯网等手工收集并整理得到。并对样本数据按步骤做如下处理：

（1）选取我国沪、深 A 股上市公司 2009～2017 年季度数据，考虑到金融保险行业具有很强的特殊性，剔除了金融保险行业类的企业。

（2）因为选取的季度数据，有一些企业发布的财务信息存在一定的缺失，并且有一些企业在相应的期间没有发布社会责任报告，将这部分企业进行剔除。

（3）本部分是选取企业发生债务风险积聚作为研究对象，将经过剔除的样本计算出每个企业的债务风险积聚程度年均增长率，增长率大于 0 企业为发生债务风险积聚，作为实验组。

（4）为了控制内生性，本章采取 PSM 方法选取与实验组上市企业资产规模、存货周转率、销售增长率等指标相近的企业作为对照组，经过处理，实验组和对照组的上市公司容量均为 1068 家。

（5）因为数据取值区间为季度，为了降低异常值对模型结果的干扰，对取得的连续数据均进行 1% 的 Winsorize 缩尾处理。相关数据的处理均使用 Excel 2010 与 Stata 14.0 软件。

2. 描述性统计

表 4 - 11 报告了本节选取变量的描述性统计结果。将样本分为全样本，债务风险积聚样本以及通过 PSM 进行匹配得到的未发生债务风险积聚的样本。从表中可以看出，在全样本企业中，企业的债务风险积聚均值为 0.086，标准差为 0.035，与其均值相比，企业间债务风险积聚的波动性不是特别大。在债务风险积聚样本中，企业债务风险积聚均值为 0.104，标准差为 0.067。在实验组样本中，债务风险积聚程度明显大于全样本企业的债务风险积聚程度，而且企业债务风险积聚程度波动性较大。从整体来看，管理层风险偏好均值为 0.067，其标准差为 0.052，与其均值相比较大，说明每家企业的管理层风险偏好存在较大差别。经过对比分析发现，实验组的管理层风险偏好比整体高，对照组管理层风险偏好比整体低。在一定程度上说明了发生企业债务风险积聚的企业中管理层的风险偏好程度更高一些。从第一大股东持股比例来看，整体来看，第一大股东持股比例维持在 32% 左右。而从债务风险积聚样本组，第一大股东持股比例更低一些，达到 28% 左右，在其对照组中，第一大股东持股比例偏好，达到了 35%，这在一定程度上说明了第一大股东持股比例越高，企业的债务风险积聚程度越低。独立董事比例维持在 36% ~ 37%，符合公司法对企业治理结构的设定要求。在产权性质上来看，上市公司中国有企业占比大约在 20%，民营企业

的占比越来越高，说明民营企业在我国经济中的重要性越来越高，对我国经济发展起关键性的作用。企业的规模维持在 21 左右，说明我国企业的规模处于较高水平，我国企业发展更多地追求规模效应。执行总裁的工资取自然对数后维持在 13 ~ 14，其标准差为 0.742，说明每家企业的执行董事的薪水较高但是也有很大的差异。

表 4 - 11　　　　　　　　样本描述性统计

类型	变量	均值	标准差	1% 分位数	中位数	99% 分位数
总体	DRE	0.086	0.035	0.001	0.074	0.134
	MRA	0.067	0.052	0.002	0.075	0.341
	TOP1	0.325	0.114	0.100	0.366	0.464
	Indep	0.365	0.042	0.305	0.376	0.641
	State	0.214	0.452	0.000	0.332	1.000
	Salary	13.226	0.742	10.364	13.575	15.968
	Size	21.754	1.315	19.134	21.369	26.421
实验组	DRE	0.104	0.067	0.005	0.097	0.142
	MRA	0.087	0.075	0.012	0.099	0.335
	TOP1	0.287	0.155	0.114	0.352	0.432
	Indep	0.369	0.055	0.312	0.401	0.625
	State	0.254	0.334	0.000	0.287	1.000
	Salary	13.425	0.645	10.547	13.884	15.733
	Size	21.442	1.225	19.779	20.654	25.331
对照组	DRE	0.034	0.096	0.001	0.045	0.0784
	MRA	0.061	0.055	0.002	0.064	0.304
	TOP1	0.354	0.217	0.121	0.378	0.455
	Indep	0.379	0.068	0.322	0.389	0.675
	State	0.223	0.458	0.000	0.348	1.000
	Salary	13.966	0.524	10.987	13.798	15.642
	Size	21.668	1.240	19.941	22.112	26.354

3. 实证分析

表 4 - 12 报告了以上文得到的发生债务风险积聚企业作为研究样本，报告了管理层风险偏好对上市公司债务风险积聚程度的影响。为了使模型结果更具稳健性，在列（1）至列（4）中逐步添加相应的控制变量进行动态回归分析。具体回归结果如表 4 - 12 所示。DRE（-1）在模型中均表现为 1% 的显著性并且符号取正，这说明企业债务风险积聚有一定的惯性，说明了在债务风险积聚样本中，企业的债务风险积聚状态呈不断上升的状态。企业上期的债务风险积聚程度与企业下期的债务风险积聚程度有相关关系。管理层风险偏好与上市公司债务风险积聚程度在 5% 的水平上显著正相关，说明管理层风险偏好越强，企业债务风险积聚程度越大。该实证结果验证了本章提出的假设 4，即管理层风险偏好能够显著增加企业债务风险积聚程度。说明管理层作为企业的决策的制定者，其理性程度会显著影响上市公司面临的债务风险程度，当管理层并非传统经济学中的理性经济人时，管理层的非理性行为对企业有显著影响。为了使模型回归结果具有更强的稳健性，将控制变量一次加入模型进行回归分析，得到的回归结果基本一致，说明可实证结果具有很强的稳健性。

表 4 - 12　　管理层风险偏好对公司债务风险积聚的影响研究（1）

变量名称	动态面板 GMM 模型			
	债务风险积聚样本组			
	（1）	（2）	（3）	（4）
$DRE_{i,t-1}$	0. 445 ***	0. 423 ***	0. 375 ***	0. 341 ***
	（4. 596）	（3. 698）	（5. 671）	（2. 789）
$MRA_{i,t}$	0. 047 *	0. 029 *	0. 035 **	0. 047 **
	（3. 774）	（4. 078）	（3. 785）	（4. 217）
$TOP1_{i,t}$	- 0. 511	- 0. 375 *	- 0. 324 *	- 0. 288 *
	（1. 325）	（1. 875）	（1. 923）	（1. 941）
$Indep_{i,t}$		- 0. 066	- 0. 074	- 0. 041
		（0. 223）	（0. 541）	（0. 872）

变量名称	动态面板 GMM 模型			
	债务风险积聚样本组			
	(1)	(2)	(3)	(4)
$State_{i,t}$			-0.146^{**} (2.011)	-0.165^{**} (2.134)
$Salary_{i,t}$				0.001 (0.478)
$Size_{i,t}$	0.001 (0.085)	8.68×10^{-4} (0.034)	6.32×10^{-4} (0.565)	5.14×10^{-4} (0.987)
C	0.055 (0.874)	0.048 (1.245)	0.061 (1.362)	0.052 (0.755)
Quarter	控制	控制	控制	控制
Ind	控制	控制	控制	控制
N	1068	1068	1068	1068

注：*** 表示在 1% 水平上显著；** 表示在 5% 水平上显著；* 表示在 10% 水平上显著，括号内为 t 值。

从控制变量可以看出，第一大股东持股比例越高，企业债务风险积聚程度越低，并且在 10% 的水平上显著。说明当企业的股权越集中时，企业在风险决策中越倾向于规避风险，企业债务风险积聚程度越低。独立董事占董事人数的比例与企业债务风险存在负相关关系，但是并不显著。企业性质与企业债务风险积聚程度在 5% 水平上呈负相关关系，即民营企业的债务风险积聚程度显著高于国有上市公司。企业规模与企业债务风险积聚没有显著的相关性。执行总裁的薪水与企业债务风险积聚程度也没有显著的相关性。以上结果均是在控制时间和行业的基础上完成的。

表 4-13 报告了将实验组进行 PSM 匹配后，对照组和实验组以及样本总体的静态回归和动态面板回归结果。表 4-13 中列（1）、列（4）是以总体企业作为模型回归样本，分别采用了静态固定效应和动态面板 GMM 模型进行回归。

表 4 - 13　　管理层风险偏好对公司债务风险积聚的影响研究（2）

变量名称	静态面板模型			动态面板模型		
	是否发生风险积聚			是否发生风险积聚		
	（1）	（2）	（3）	（4）	（5）	（6）
$DRE_{i,t-1}$				0.414 *** (2.224)	0.475 *** (2.357)	0.341 *** (2.789)
$MRA_{i,t}$	1.355 ** (2.136)	1.476 (0.998)	1.654 *** (3.228)	0.087 ** (2.004)	0.024 (0.685)	0.047 ** (4.217)
$TOP1_{i,t}$	- 0.066 * (1.756)	- 0.078 (0.324)	- 0.057 * (1.952)	- 0.124 * (1.775)	- 0.132 (0.787)	- 0.288 * (1.941)
$Indep_{i,t}$	- 0.117 (0.229)	- 0.139 (1.554)	- 0.144 (0.987)	- 0.097 (0.455)	- 0.114 (1.326)	- 0.041 (0.872)
$State_{i,t}$	- 0.667 (0.404)	- 0.613 (0.761)	- 0.599 * (1.862)	- 0.422 * (1.822)	- 0.399 (0.056)	- 0.165 ** (2.134)
$Salary_{i,t}$	0.014 (0.055)	0.021 (0.034)	0.015 (1.332)	0.011 (0.995)	0.009 (0.412)	0.001 (0.478)
$Size_{i,t}$	9.41×10^{-4} (0.004)	7.33×10^{-4} (0.019)	7.25×10^{-4} (0.022)	5.62×10^{-4} (0.041)	4.66×10^{-4} (0.233)	5.14×10^{-4} (0.987)
C	0.041 (0.332)	0.029 (0.252)	0.036 (0.664)	0.028 (0.037)	0.031 (0.002)	0.052 (0.755)
Quarter	控制	控制	控制	控制	控制	控制
Ind	控制	控制	控制	控制	控制	控制
N	2568	1068	1068	2568	1068	1068

注：*** 表示在 1% 水平上显著；** 表示在 5% 水平上显著；* 表示在 10% 水平上显著，括号内为 t 值。

从回归结果可以看出，以总体作为样本时，管理层风险偏好与企业债务风险积聚程度之间存在显著的正相关关系，在 5% 的水平上显著正相关，在实验组中，正的显著性水平进一步增加为 1%。而在对照组中，管理层风险偏好与上市公司债务风险积聚程度并不存在显著的相关性。虽然表 4 - 13 中动态面板模型在一定程度上可以缓解内生性问题，但是考虑到本书选取的样本只是总体样本中的一小部分，为了使内生性问题得到更充分的解决，继续使用倾向得分匹配PSM方法，对发生企业债务风险积聚的企业进行配对得到对照组。表4-13中列（2）、列（5）样本为未发生债务风险积聚的企业，列（3）、列（6）样本为发生债务风险积聚的企业。在进行配对时，选取的混杂因子为企业资产规模、存货周转率、销售增长率等指标。根据表4-13可知，发生债务风险积聚的样本中，无论是用静态面板还是动态面板，管理层风险偏好对企业债务风险积聚都有显著的正相关性。这进一步验证了本章提出的假设4。而在对照组，未发生债务风险积聚的企业，管理层风险偏好对企业债务风险积聚程度的关系并不显著。说明在未发生债务风险积聚的企业内，管理层风险偏好对企业债务风险水平并没有直接关系。管理层风险偏好只有在企业本身存在较高的债务风险积聚程度的基础上才会体现出显著的作用。这说明当企业内部的债务风险发生积聚时，其对外部环境的敏感性提高。在内外部双重影响下，企业的债务风险积聚会显著提升。另外，在实验组中，DRE（-1）的系数显著为正，说明在风险积聚样本组，企业债务风险积聚随着时间的推移存在很强的惯性。

无论在控制组还是在实验组，从控制变量可以看出，第一大股东持股比例越高，企业债务风险积聚程度越低，并且在10%的水平上显著。说明当企业的股权越集中时，企业在风险决策中越倾向于规避风险，企业债务风险积聚程度越低。独立董事占董事人数的比例与企业债务风险存在负相关关系，但是并不显著。企业性质与企业债务风险积聚程度在5%水平上呈负相关关系，即民营企业的债务风险积聚程度显著高于国有上市公司。企业规模与企业债务风险积聚没有显著的相关性。执行总裁的薪水与企业债务风险积聚程度也没有显著的相关性。以上结果均是在控制时间和行业的基础上完成的。

从上文实证分析中可以发现，管理层特征与企业债务风险积聚程度存在显著的相关性，而企业治理中学者们最关注的关于管理层的就是其代理问题，传统方式下解决代理问题最好的途径之一就是激励，通过让管理层持股对其进行激励。管理层是否持股是否也会影响管理层风险偏好对公司债务风险积聚程度的作用效果需要进一步进行研究。将上市公司债务风险积聚组作为样本，并根据高管是否持股将样本分为高管持股组和高管非持股组进行动态面板回归分析。具体回归结果如表4-14所示。根据回归结果显示，高管非持股组，管理层风险偏好对上市公司债务风险积聚程度并没有显著的相关性。而在高管持股组，管理层风险偏好与上市公司债务风险积聚程度呈显著正相关关系。这说明，高管持股组的企业与高管非持股的企业相比，代理问题得到了一定程度缓解。在高管非持股组，管理层即使具有较高的风险偏好，但是由于代理问题比较严重，管理层并没有将企业的利益与自我利益结合在一起，管理层的工作目标并不是企业利益最大化，这时候管理层风险即使存在较高的风险偏好也不会对其工作决策产生很大的影响，此时管理层追求的是保证基本业绩的完成，得到自己应获得的酬劳。在高管持股企业中，管理层拥有企业的股票，此时企业的利益与高管的利益是一致的，管理层风险偏好会在更大程度上影响对企业做出的决策，当管理层风险偏好较强时，为了使企业的绩效得到提升，管理层会更多地投资于风险较高的项目，致使企业债务风险积聚程度增加。实证结果验证了本章提出的假设 5，即管理层持股会促进管理层风险偏好对企业债务风险积聚的正向影响。

表 4 - 14　高管持股、管理层风险偏好与公司债务风险积聚（1）

变量	债务风险积聚组（实验组）	高管持股分组	
		Manager = 0	Manager = 1
$DRE_{i,t-1}$	0. 341 *** (2. 789)	0. 412 *** (2. 669)	0. 435 *** (5. 218)
$MRA_{i,t}$	0. 047 ** (4. 217)	0. 088 (0. 524)	0. 097 ** (1. 887)
$TOP1_{i,t}$	− 0. 288 * (1. 941)	− 0. 332 (1. 473)	− 0. 412 * (1. 823)
$Indep_{i,t}$	− 0. 041 (0. 872)	− 0. 117 (0. 222)	− 0. 136 (0. 347)
$State_{i,t}$	− 0. 165 ** (2. 134)	− 0. 228 (1. 333)	− 0. 216 * (1. 853)
$Salary_{i,t}$	0. 001 (0. 987)	0. 012 (0. 065)	0. 009 (0. 087)
$Size_{i,t}$	$5. 14 \times 10^{-4}$ (0. 175)	$6. 32 \times 10^{-4}$ (0. 002)	$5. 69 \times 10^{-4}$ (0. 014)

变量	债务风险积聚组（实验组）	高管持股分组	
		Manager = 0	Manager = 1
C	0.052 (0.755)	0.014 (0.036)	0.023 (0.065)
Quarter	控制	控制	控制
Ind	控制	控制	控制
N	1068	947	121

注：*** 表示在 1% 水平上显著；** 表示在 5% 水平上显著；* 表示在 10% 水平上显著，括号内为 t 值。

在上文的实证分析中得到上市公司债务风险积聚程度受到企业股权集中度以及产权性质的影响，这两个方面也是公司治理中备受关注的问题之一。将上市公司债务风险积聚组进一步根据股权集中度分为两组：股权集中度高于均值的为高股权集中度组；反之为低股权集中度组。将这三组样本做动态面板回归，研究在三类不同样本中，管理层风险偏好对上市公司债务风险的影响。具体回归结果如表 4 – 15 所示。根据回归结果显示，在低股权集中度组中，管理层风险偏好与上市公司债务风险积聚程度呈显著的正相关关系，而在高股权集中度组中，管理层风险偏好与上市公司债务风险积聚并没有显著的相关性。这说明在低股权集中度的企业中，股东对管理层的监督没有充分发挥出作用，高管在企业具有很大的决策权，所以管理层风险偏好对上市公司的债务风险积聚程度的作用可以充分地发挥出来。而在高股权集中度样本组中，高管更多地受到大股东的牵制，其风险偏好对企业债务风险积聚的影响并不显著。具体的回归结果如表 4 – 15 所示。

表 4 – 15　　股权集中度、管理层风险偏好与公司债务风险积聚（1）

变量	债务风险积聚组（实验组）	股权集中度	
		高股权集中度	低股权集中度
$DRE_{i,t-1}$	0.341 *** (2.789)	0.447 *** (2.968)	0.472 *** (5.364)

变量	债务风险积聚组（实验组）	股权集中度	
		高股权集中度	低股权集中度
$MRA_{i,t}$	0.047 ** (4.217)	0.068 (1.241)	0.055 ** (1.988)
$TOP1_{i,t}$	− 0.288 * (1.941)	− 0.169 (0.367)	− 0.114 * (1.769)
$Indep_{i,t}$	− 0.041 (0.872)	− 0.142 (0.145)	− 0.139 (0.028)
$State_{i,t}$	− 0.165 ** (2.134)	− 0.066 (0.526)	− 0.087 * (1.831)
$Salary_{i,t}$	0.001 (0.987)	0.002 (0.003)	0.001 (0.014)
$Size_{i,t}$	5.14×10^{-4} (0.175)	9.36×10^{-4} (0.011)	9.45×10^{-4} (0.032)
C	0.052 (0.755)	0.069 (0.044)	0.074 (0.236)
Quarter	控制	控制	控制
Ind	控制	控制	控制
N	1068	534	534

注：*** 表示在1%水平上显著；** 表示在5%水平上显著；* 表示在10%水平上显著，括号内为 t 值。

表4-16报告了区分企业产权性质后，高管是否持股对管理层风险偏好与公司债务风险积聚的影响。根据表4-16回归结果可以发现，在非国有样本组中，在高管持股的情况下，管理层风险偏好对上市公司债务风险积聚有显著的正相关关系。在高管不持股的情况下，管理层风险偏好对上市公司债务风险积聚没有显著的相关性。在国有样本组中，无论高管是否持股，管理层风险偏好对上市公司债务风险积聚程度均不存在显著的相关性。这主要是因为，在民营企业中，由于市场竞争异常激烈，高管更倾向于通过尽快提升股价来获得其资本收益，而不是通过更好地提升企业业绩获取长期收益，这种非理性投机行为使得企业管理层

风险加大，对上市公司债务风险积聚有促进作用。而在国有企业中，国有上市公司的控制权更多地被国家掌控，高管对企业的影响作用较小，管理层风险偏好不能充分地在国有企业中起到作用。另外，在国有企业中，管理层风险偏好与上市公司债务风险积聚的关系可能不呈现为线性关系，这最终导致在国有企业中，管理层风险偏好与上市公司债务风险之间没有显著的相关性。

表4-16　　高管持股、管理层风险偏好与公司债务风险积聚（2）

变量名称	State = 1		State = 0	
	Manager = 0	Manager = 1	Manager = 0	Manager = 1
$DRE_{i,t-1}$	0.347 *** (6.998)	0.334 *** (4.754)	0.298 *** (3.247)	0.289 *** (4.162)
$MRA_{i,t}$	0.066 (0.699)	0.059 (1.203)	0.048 (0.479)	0.053 ** (2.114)
$TOP1_{i,t}$	−0.036 (1.247)	−0.057 * (1.736)	−0.049 (0.469)	−0.061 * (1.841)
$Indep_{i,t}$	0.112 (0.475)	0.143 (0.078)	0.987 (0.015)	0.135 (1.024)
$State_{i,t}$	−0.233 (0.745)	−0.277 * (1.864)	−0.188 (0.268)	−0.241 ** (2.155)
$Salary_{i,t}$	0.001 (0.041)	0.002 (0.072)	0.001 (0.065)	0.001 (0.048)
$Size_{i,t}$	0.001 (0.098)	9.66×10^{-4} (0.415)	8.74×10^{-4} (0.033)	8.52×10^{-4} (0.025)
C	0.014 (1.332)	0.022 (0.787)	0.025 (0.475)	0.018 (1.234)
Quarter	控制	控制	控制	控制
Ind	控制	控制	控制	控制
N	329	45	618	76

注：*** 表示在1%水平上显著；** 表示在5%水平上显著；* 表示在10%水平上显著，括号内为 t 值。

　　进一步地，当区分企业的产权性质后，在国有企业和民营企业中，股权集中度对管理层风险偏好与上市公司债务风险积聚之间的关系是否存在影响需要进一步进行实证分析，具体的回归结果如表 4 - 17 所示。回归结果显示，在民营企业中，低股权集中度组中，管理层风险偏好对上市公司债务风险积聚程度存在显著的正相关关系。而在高股权集中度组中，管理层风险偏好与上市公司债务风险并没有显著的相关性。这说明在低股权集中度的企业中，股东对管理层的监督没有充分发挥出作用，高管在企业具有很大的决策权，所以管理层风险偏好对上市公司的债务风险积聚程度的作用可以充分地发挥出来。而在高股权集中度样本组中，高管更多地受到大股东的牵制，其风险偏好对企业债务风险的影响并不显著。而在国有企业样本组中，无论是高股权集中度还是低股权集中度组，管理层风险偏好对上市公司债务风险积聚均没有显著的相关性，这和上文的研究结论具有相似性。即在国有企业中，国有上市公司的控制权更多地被国家掌控，高管对企业的影响作用较小，管理层风险偏好不能充分地在国有企业中起到作用。另外，在国有企业中，管理层风险偏好与上市公司债务风险积聚的关系可能不呈现为线性关系，这最终导致在国有企业中，管理层风险偏好与上市公司债务风险之间没有显著的相关性。

表 4 - 17　　股权结构、管理层风险偏好与公司债务风险积聚（2）

变量名称	State = 1		State = 0	
	高股权集中度	低股权集中度	高股权集中度	低股权集中度
$DRE_{i,t-1}$	0. 257 *** (3. 221)	0. 399 *** (2. 168)	0. 316 *** (5. 471)	0. 228 *** (4. 676)
$MRA_{i,t}$	0. 155 (0. 887)	0. 162 (1. 069)	0. 157 (1. 332)	0. 149 ** (2. 698)
$Indep_{i,t}$	- 0. 445 (1. 203)	- 0. 476 (0. 099)	- 0. 325 (0. 167)	- 0. 412 (1. 354)
$State_{i,t}$	- 0. 036 (0. 142)	- 0. 024 (1. 214)	- 0. 051 ** (1. 823)	- 0. 047 ** (1. 997)

变量名称	State = 1		State = 0	
	高股权集中度	低股权集中度	高股权集中度	低股权集中度
$Salary_{i,t}$	0.001 (0.012)	0.002 (0.041)	0.001 (0.065)	0.001 (0.013)
$Size_{i,t}$	0.001 (0.075)	5.44×10^{-4} (0.082)	4.16×10^{-4} (0.065)	5.29×10^{-4} (0.043)
C	0.113 (0.157)	0.068 (0.087)	0.074 (0.665)	0.082 (0.324)
Quarter	控制	控制	控制	控制
Ind	控制	控制	控制	控制
N	187	187	347	347

注：*** 表示在 1% 水平上显著；** 表示在 5% 水平上显著；括号内为 t 值。

4.3.4 内生性问题与稳健性检验

1. 内生性问题

上文进行实证研究时使用动态面板 GMM 模型，引入了被解释变量的滞后一期。并进一步采用 PSM 方法对发生企业债务风险积聚的企业进行配对，找到对照组进行回归。在很大程度上控制了可能存在的内生性问题，但是这些方法解决得都不彻底。为了更好地解决内生性问题，本节选择了企业竞争战略 Strategy 的工具变量：同年度同行业其他上市公司的无形资产比率的均值。因为企业实施差异化战略会促进上市公司债务风险积聚，而导致其促进上市公司债务风险积聚的原因主要是实施差异化战略的企业在研发、创新、专利等方面有很大的投入，因此在实施差异化战略的企业内部其无形资产的占比比较高，而选取的工具变量满足对上市公司差异化战略有显著影响，但是又不直接影响企业债务风险积聚。基于工具变量的具体回归结果如表 4 - 18 所示。结果发现，选取工具变量代替企业竞争战略后，在企业成长期，无形资产占比越高，企业债务风险积聚程度越低，说明成长期与债务风险积聚呈负相关关系，而在衰退期，无形资产占比越高企业债务风险积聚程度越高，说明衰退期企业的债务风险积聚程度为正相关。这和上文检验得出的结果具有一致性。

表 4 - 18　　　　　　　基于工具变量的回归结果（2SLS）

变量名称	债务风险积聚样本组		
	成长期	成熟期	衰退期
$Strategy_{i,t}$	0.079 * （1.875）	0.096 （0.698）	- 0.088 ** （2.214）
$TOP1_{i,t}$	- 0.226 （0.698）	- 0.258 * （1.723）	- 0.241 * （1.884）
$Indep_{i,t}$	- 0.114 （0.085）	- 0.162 （0.036）	- 0.265 （0.124）
$State_{i,t}$	- 0.017 * （1.744）	- 0.023 （0.375）	- 0.016 * （1.852）
$Salary_{i,t}$	0.152 （1.004）	0.122 （0.754）	0.0131 （0.469）
$Size_{i,t}$	9.65×10^{-4} （0.022）	8.33×10^{-4} （0.147）	9.75×10^{-4} （0.325）
C	0.223 （0.374）	0.245 （0.524）	0.285 （0.099）
Quarter	控制	控制	控制
Ind	控制	控制	控制
N	412	456	218

注：** 表示在 5% 水平上显著；* 表示在 10% 水平上显著，括号内为 t 值。

2. 稳健性检验

为了使上文得出的实证结果更具有稳健性，本部分主要进行稳健性检验。同时为了排除行业差异对上市公司企业债务风险积聚的影响，本节选取最大的债务风险积聚行业——制造业作为本节研究样本，对样本进行动态面板回归分析。

表 4 - 19 检验了制造业企业财务特征对上市公司债务风险积聚的影响，该部分回归结果与表 4 - 3 以全部债务风险积聚样本得出的回归结果类似，与其回归系数符号是一致的，而且回归结果具有显著性。进一步说明了表 4 - 3 的结果具有很强的稳健性，也进一步验证了本章提出的 H1a、H1b、H1c，即企业资产负债率越高，企业债务风险积聚程度越强。企业营运能力越强，企业债务风险积聚程度越低。企业盈利能力越强，企业债务风险积聚程度越低。但是在制造业中，回归系数值更大一些，说明在制造业中企业财务特征对上市公司债务风险积聚程度的影响更大一些。

表 4 - 19　企业财务特征对公司债务风险积聚的影响研究（制造业）

变量名称	动态面板 GMM 模型			
	债务风险积聚样本组			
	(1)	(2)	(3)	(4)
$DRE_{i,t-1}$	0.332 *** (5.996)	0.412 *** (4.375)	0.396 *** (5.216)	0.347 *** (8.741)
$Debser_{i,t}$	0.112 *** (2.665)			0.136 *** (3.641)
$Operate_{i,t}$		-0.008 *** (2.442)		-0.005 *** (2.653)
$Profit_{i,t}$			-0.012 *** (4.331)	-0.032 *** (3.106)
$TOP1_{i,t}$	-0.114 * (1.778)	-0.127 * (1.754)	-0.116 * (1.863)	-0.106 * (1.741)
$Indep_{i,t}$	-0.047 (1.203)	-0.039 (1.041)	-0.035 (0.554)	-0.042 (0.257)
$State_{i,t}$	-0.021 ** (2.036)	-0.033 ** (2.144)	-0.046 ** (2.169)	-0.32 ** (2.166)
$Salary_{i,t}$	0.114 (0.574)	0.123 (1.320)	0.142 (0.336)	0.128 (0.541)

变量名称	动态面板 GMM 模型			
	债务风险积聚样本组			
	（1）	（2）	（3）	（4）
$Size_{i,t}$	0.001 （0.022）	0.001 （0.014）	0.001 （0.142）	0.001 （0.136）
C	0.112 （0.996）	0.974 （0.754）	0.123 （0.365）	0.086 （1.222）
Quarter	控制	控制	控制	控制
Ind	控制	控制	控制	控制
N	752	752	752	752

注：*** 表示在 1% 水平上显著；** 表示在 5% 水平上显著；* 表示在 10% 水平上显著，括号内为 t 值。

　　由于上市公司债务风险积聚程度受到内外部环境的双重影响，本章主要以企业内部财务状况和企业内部治理为视角研究企业内部因素对上市公司债务风险积聚的影响。而企业外部宏观因素同时作用的情况下，其回归结果是否与上文分析一致需要进一步做稳健性检验。所以，本节将货币发行增速 M2 加入回归模型，进行稳健性检验。回归结果如表 4 - 20 所示，从表中可以看出，在外部因素同时作用的情况下，企业资产负债率、营运能力与盈利能力对上市公司债务风险积聚的影响与表 4 - 3 中的实证结果具有一致性，且在一定的水平上显著。其他控制变量中，企业产权性质对上市公司债务风险积聚影响的显著性水平降低，其他结果与上文一致，说明表 4 - 3 检验结果具有稳健性。

表 4 - 20　　企业财务特征对公司债务风险积聚的影响研究

变量名称	动态面板 GMM 模型			
	债务风险积聚样本组			
	（1）	（2）	（3）	（4）
$DRE_{i,t-1}$	0.527 *** （4.685）	0.554 *** （6.589）	0.468 *** （4.221）	0.436 *** （3.698）

续表

变量名称	动态面板 GMM 模型			
	债务风险积聚样本组			
	（1）	（2）	（3）	（4）
$Debser_{i,t}$	0.058 *** (3.642)			0.016 *** (2.787)
$Operate_{i,t}$		−0.037 *** (2.336)		−0.012 *** (3.167)
$Profit_{i,t}$			−0.028 *** (2.884)	−0.033 *** (3.143)
$TOP1_{i,t}$	−0.022 * (1.903)	−0.025 * (1.866)	−0.024 * (1.851)	−0.023 * (1.916)
$Indep_{i,t}$	−0.044 (0.475)	−0.051 (0.698)	−0.056 (1.023)	−0.058 (0.363)
$State_{i,t}$	−0.069 ** (2.142)	−0.085 ** (2.075)	−0.074 ** (2.062)	−0.068 ** (2.066)
$Salary_{i,t}$	0.036 (1.342)	0.042 (0.585)	0.047 (0.334)	0.039 (0.396)
$Size_{i,t}$	0.001 (0.054)	0.001 (0.063)	0.001 (0.081)	0.001 (0.241)
M2	0.242 (0.585)	0.352 (0.475)	0.318 (0.695)	0.325 (0.254)
C	0.045 (1.142)	0.036 (1.133)	0.032 (0.326)	0.041 (0.544)
Quarter	控制	控制	控制	控制
Ind	控制	控制	控制	控制
N	1068	1068	1068	1068

注： *** 表示在 1% 水平上显著； ** 表示在 5% 水平上显著； * 表示在 10% 水平上显著，括号内为 t 值。

　　表 4 - 21 检验了制造业企业财务特征对上市公司债务风险积聚的影响，该部分回归结果与表 4 - 6 以全部债务风险积聚样本得出的回归结果类似，具其回归系数符号是一致的，而且回归结果具有显著性。进一步说明了表 4 - 6 的结果具有很强的稳健性，也进一步验证了本章提出的假设 2，即企业在不同的发展阶段债务风险积聚程度不同，处于衰退期的企业债务风险积聚水平更高。但是在制造业中，回归系数值偏低，说明在制造业中企业生命周期对上市公司债务风险积聚程度的影响比其他行业小。

表 4 - 21　　企业生命周期对公司债务风险积聚的影响研究（制造业）

变量名称	动态面板 GMM 模型				
	债务风险积聚样本组				
	（1）	（2）	（3）	（4）	（5）
$DRE_{i,t-1}$	0.412 *** (5.629)	0.436 *** (4.785)	0.427 *** (3.652)	0.374 *** (3.529)	0.387 *** (2.785)
$Cycle1_{i,t}$	- 0.026 ** (2.068)	- 0.024 ** (2.035)	- 0.023 * (1.807)	- 0.028 *** (2.299)	- 0.027 ** (2.041)
$Cycle2_{i,t}$	- 0.056 * (1.821)	- 0.057 * (1.832)	- 0.061 * (1.922)	- 0.058 * (1.826)	- 0.062 * (1.865)
$Cycle3_{i,t}$	0.014 * (1.833)	0.022 ** (2.079)	0.018 * (1.846)	0.019 * (1.895)	0.023 ** (1.941)
$TOP1_{i,t}$	- 0.037 * (1.955)	- 0.035 * (1.874)	- 0.039 ** (2.069)	- 0.034 * (1.843)	- 0.033 ** (2.035)
$Indep_{i,t}$		- 0.043 (1.187)	- 0.045 (0.396)	- 0.046 (0.485)	- 0.042 (0.875)
$State_{i,t}$			- 0.088 ** (2.068)	- 0.086 * (1.906)	- 0.077 ** (2.087)
$Salary_{i,t}$				0.263 (0.875)	0.285 (0.435)
$Size_{i,t}$					0.001 (0.062)

变量名称	动态面板 GMM 模型				
	债务风险积聚样本组				
	(1)	(2)	(3)	(4)	(5)
C	0.152 (0.336)	0.146 (0.375)	0.136 (1.269)	0.129 (0.521)	0.143 (0.332)
Quarter	控制	控制	控制	控制	控制
Ind	控制	控制	控制	控制	控制
N	752	752	752	752	752

注：*** 表示在 1% 水平上显著；** 表示在 5% 水平上显著；* 表示在 10% 水平上显著，括号内为 t 值。

由于上市公司债务风险积聚程度不仅受到内部企业所处生命周期的影响，本章主要以企业内部财务状况和企业内部治理为视角研究企业内部因素对上市公司债务风险积聚的影响。而企业外部宏观因素同时作用的情况下，其回归结果是否与上文分析一致需要进一步做稳健性检验。所以，本节将货币发行增速 M2 加入回归模型，进行稳健性检验。具体回归结果如表 4 - 22 所示，从表中可以看出在外部因素同时作用的情况下，企业生命周期对上市公司债务风险积聚的影响与表 4 - 6 中的实证结果具有一致性，且在一定的水平上显著。其他控制变量的结果与上文一致，说明表 4 - 6 检验结果具有稳健性，也进一步验证了上文提出的假设 2。

表 4 - 22   企业生命周期对公司债务风险积聚的影响研究

变量名称	动态面板 GMM 模型				
	债务风险积聚样本组				
	(1)	(2)	(3)	(4)	(5)
$DRE_{i,t-1}$	0.365 *** (4.241)	0.332 *** (4.587)	0.324 *** (3.165)	0.371 *** (3.667)	0.308 *** (4.522)
$Cycle1_{i,t}$	− 0.053 ** (1.936)	− 0.049 ** (2.029)	− 0.051 * (1.842)	− 0.052 *** (2.298)	− 0.056 ** (2.057)

续表

变量名称	动态面板 GMM 模型				
	债务风险积聚样本组				
	（1）	（2）	（3）	（4）	（5）
$Cycle2_{i,t}$	-0.039^* (1.854)	-0.041^* (1.883)	-0.036^* (1.941)	-0.054^* (1.846)	-0.022^* (1.832)
$Cycle3_{i,t}$	0.005^* (1.824)	0.011^{**} (2.044)	0.012^* (1.833)	0.006^* (1.874)	0.004^{**} (1.915)
$TOP1_{i,t}$	-0.021^* (1.912)	-0.020^* (1.845)	-0.022^{**} (2.012)	-0.021^* (1.877)	-0.023^{**} (2.102)
$Indep_{i,t}$		-0.031 (1.122)	-0.028 (0.884)	-0.035 (0.563)	-0.033 (0.428)
$State_{i,t}$			-0.211^{**} (2.013)	-0.198^* (1.904)	-0.185^{**} (2.223)
$Salary_{i,t}$				0.114 (0.075)	0.167 (0.326)
$Size_{i,t}$					0.001 (0.021)
M2	0.223 (0.322)	0.587 (0.987)	0.621 (0.365)	0.447 (0.421)	0.477 (0.012)
C	0.139 (0.542)	0.155 (0.322)	0.124 (1.403)	0.178 (0.875)	0.136 (0.669)
Quarter	控制	控制	控制	控制	控制
Ind	控制	控制	控制	控制	控制
N	1068	1068	1068	1068	1068

注：***表示在1%水平上显著；**表示在5%水平上显著；*表示在10%水平上显著，括号内为 t 值。

表4-23检验了制造业企业财务特征对上市公司债务风险积聚的影响，该部分回归结果与表4-12以全部债务风险积聚样本得出的回归结果类似，与其回归系数符号是一致的，而且回归结果具有显著性。进一

步说明了表 4 – 12 的结果具有很强的稳健性，也进一步验证了本章提出的假设 4，即管理层风险偏好对上市公司债务风险积聚有显著的正向影响。但是在制造业中，回归系数值偏低，说明在制造业中管理层风险偏好对上市公司债务风险积聚程度的影响比其他行业小。

表 4 – 23　　　管理层风险偏好对公司债务风险积聚的影响研究（制造业）

| 变量名称 | 动态面板 GMM 模型 | | | |
| | 债务风险积聚样本组 | | | |
	（1）	（2）	（3）	（4）
$DRE_{i,t-1}$	0.445 *** (4.596)	0.423 *** (3.698)	0.375 *** (5.671)	0.341 *** (2.789)
$MRA_{i,t}$	0.047 * (3.774)	0.029 * (4.078)	0.035 ** (3.785)	0.047 ** (4.217)
$TOP1_{i,t}$	− 0.511 (1.325)	− 0.375 * (1.875)	− 0.324 * (1.923)	− 0.288 * (1.941)
$Indep_{i,t}$		0.066 (0.223)	0.074 (0.541)	0.041 (0.872)
$State_{i,t}$			− 0.146 ** (2.011)	− 0.165 ** (2.134)
$Salary_{i,t}$				0.001 (0.478)
$Size_{i,t}$	0.001 (0.085)	8.68×10^{-4} (0.034)	6.32×10^{-4} (0.565)	5.14×10^{-4} (0.987)
C	0.055 (0.874)	0.048 (1.245)	0.061 (1.362)	0.052 (0.755)
Quarter	控制	控制	控制	控制
Ind	控制	控制	控制	控制
N	752	752	752	752

注：　*** 表示在 1% 水平上显著；** 表示在 5% 水平上显著；* 表示在 10% 水平上显著，括号内为 t 值。

　　由于上市公司债务风险积聚程度不仅受到管理层风险偏好的影响，本章主要以企业内部财务状况和企业内部治理为视角研究企业内部因素对上市公司债务风险积聚的影响。而在企业外部宏观因素同时作用的情况下，其回归结果是否与上文分析一致需要进一步做稳健性检验。所以，本节将货币发行增速 M2 加入回归模型，进行稳健性检验。具体回归结果如表 4 - 24 所示，从表中可以看出，在外部因素同时作用的情况下，管理层风险偏好对上市公司债务风险积聚的影响与表 4 - 12 中的实证结果具有一致性，且在一定的水平上显著。其他控制变量的结果与上文一致，说明表 4 - 12 检验结果具有稳健性，也进一步验证了上文提出的假设 4。

表 4 - 24　　管理层风险偏好对公司债务风险积聚的影响研究

变量名称	动态面板 GMM 模型			
	债务风险积聚样本组			
	（1）	（2）	（3）	（4）
$DRE_{i,t-1}$	0.433 *** (2.969)	0.452 *** (3.785)	0.547 *** (4.591)	0.516 *** (5.269)
$MRA_{i,t}$	0.039 * (3.774)	0.029 * (4.078)	0.035 ** (3.785)	0.047 ** (4.217)
$TOP1_{i,t}$	- 0.622 (1.325)	- 0.375 * (1.875)	- 0.324 * (1.923)	- 0.288 * (1.941)
$Indep_{i,t}$		0.066 (0.223)	0.074 (0.541)	0.041 (0.872)
$State_{i,t}$			- 0.146 ** (2.011)	- 0.165 ** (2.134)
$Salary_{i,t}$				0.001 (0.478)
$Size_{i,t}$	0.001 (0.085)	8.68×10^{-4} (0.034)	6.32×10^{-4} (0.565)	5.14×10^{-4} (0.987)
M2	0.223 (0.322)	0.587 (0.987)	0.621 (0.365)	0.447 (0.421)

变量名称	动态面板 GMM 模型			
	债务风险积聚样本组			
	（1）	（2）	（3）	（4）
C	0.055 （0.795）	0.048 （1.245）	0.061 （1.362）	0.052 （0.755）
Quarter	控制	控制	控制	控制
Ind	控制	控制	控制	控制
N	1068	1068	1068	1068

注：*** 表示在 1% 水平上显著；** 表示在 5% 水平上显著；* 表示在 10% 水平上显著，括号内为 t 值。

4.4 本章小结

本章选取 2009～2017 年我国沪、深 A 股上市公司中发生债务风险积聚的上市公司作为研究样本，研究了企业自身财务特征以及治理因素对上市公司债务风险发生积聚的影响因素。本章主要选取企业财务特征、企业生命周期、管理层风险偏好这三个方面研究微观层面上市公司债务风险积聚的原因。本章的研究结论主要有以下五点：第一，在企业财务特征方面，企业的资产负债率与上市公司债务风险积聚呈显著正相关关系，企业盈利能力以及营运能力与上市公司债务风险积聚呈显著负相关关系。说明企业负债融资占比越低、盈利能力、营运能力越强的企业债务风险积聚程度越低。第二，企业所处的生命周期阶段对上市公司债务风险积聚也有显著影响。企业处于成长期对上市公司债务风险积聚呈显著负相关关系，企业处于成熟期时与其债务风险积聚没有显著的相关性，而企业处于衰退期对上市公司债务风险积聚呈显著正相关关系。说明企业从成长期发展至成熟期到最后的衰退期，在不同的经营阶段，企业债务风险积聚有不同特点，从整体上看，其积聚程度不断加强。第三，企业处于不同生命周期对其债务风险积聚产生影响的原因是在不同经营阶段，企业面临的内外部约束不同，企业为了获取竞争优势所采取的竞争战略有差别，处于成长期和成熟期的企业更多地选择成本领先战略，而处于衰退期的企业更偏向于选择差异化战略。在实施不同战略的背后，企业经营面临不同的风险。差异化战略会显著导致企业的债务风险积聚，而成本领先战略下，企业面临的风险相对较小，债务风险积聚程度较小。第四，管理层是企业决策制定者，其理性程度直接影响企业的发展。很多学者已经打破理性经济人的研究假设，研究管理层的非理性行为对企业的影响。没有学者对管理层风险偏好程度对上市公司债务风险积聚的影响进行研究。本节研究得出管理层风险偏好与上市公司债务风险呈显著的正相关关系。第五，代理问题长期以来是学者关注的焦点问题，而管理层持股是缓解代理问题的有效措施之一，管理层持股对管理层风险偏好与上市公司债务风险积聚的关系存在一定的影响，研究得出，管理层持股对管理层风险偏好与上市公司债务风险积聚之间的关系有显著的促进作用，而在非管理层持股的企业，管理层风险偏好与上市公司债务风险积聚没有显著的相关性。进一步将上市公司债务风险积聚样本组根据产权性质分类后，发现在民营企业中，管理层风险偏好对上市公司债务风险积聚有显著的促进作用，而在国有企业中，这种关系并不显著。

第5章 行业发展对上市公司债务风险积聚的影响研究

5.1 理论分析与假设提出

产品市场竞争是企业在市场经济制度下，以追求自身最大利益为目标，为了占据更多的市场份额而与同行业其他企业进行竞争的过程。产品市场竞争是企业所处的重要的外部中观环境。企业产品实现竞争需要满足两个条件：一是市场上提供同类产品的企业不是单一存在的。二是企业发展的终极目的都是获取自身利益最大化。关于产品市场竞争的重要的理论之一就是有效竞争理论。该理论认为市场中的企业无论其处于行业中地位如何，都需要通过产品创新或者不断模仿才能够不断在市场竞争中生存下去。产品市场竞争是企业面临的最直接的外部环境，其对企业可以从多个路径产生影响。一方面，产品市场竞争可以作为企业的一种外部监督机制，因为企业竞争可以增加企业的信息透明度，降低信息不对称程度，使企业外部利益相关者更及时地掌握企业更多的信息，进而减少了监督企业的成本。另一方面，哈特（Hart，1983）提出竞争环境加剧使得经营不善的企业面临更强的破产清算的风险，企业为了避免被淘汰的威胁，需要加强管理。赫曼琳（Hermalin，1992）提出产品市场竞争也会通过影响管理者的收入对企业内部产生影响。在竞争环境较高的行业中，企业资源会流向决策水平高的管理者，通过提高专业水平高的管理者的薪酬激励决策水平高的企业。克里斯蒂（Christie，2003）得出产品市场竞争会促使外部环境建立对企业职业经理人的声誉机制，管理者只有更加努力的工作，提高专业水平，降低决策失误，才能在声誉机制中生存。竞争性的外部环境建立了一套直接的适者生存的机制，对组织惰性①有更强的监督作用。将效益低下的大企业及时淘汰。同时竞争性行业环境相当于在企业外部形成了由利益相关者组成的监督机制。在该利益相关者体制内，包含的利益主体如外部所有者、债权人、企业顾客、媒体等都会对可以及时对企业进行监督，减少管理者产生的道德风险。这种机制可以在最大限度上监督企业管理者的决策行为。企业的财务决策者也出于对个人薪酬收入、市场声誉等方面的影响，做出满足企业利益最大化目标的行为。如果产品市场的竞争程度比较小，外部市场竞争对企业的监督作用有限，很难发挥外部治理的作用。

通过上述分析可以发现，产品市场竞争通过信息效应、监督机制、声誉机制、破产威胁等来缓解企业的代理问题，进而影响企业内部治理。具体对企业债务风险积聚的影响机制具体如下：首先，企业的竞争环境越激烈，企业破产低风险越大。当产品市场竞争很激烈时，企业管理者只有更加努力工作才能使企业避免被淘汰，进而避免了管理者的机会主义行为，使企业绩效提升。在激烈的市场竞争下，企业面临的经营风险比较高，需要企业开拓新的利润增长点，需要获得大量的资金。此时，负债较低的企业会选择增加负债以获得更多的债务收益，使企业的债务比例保持在适度水平。其次，当企业面临的市场竞争很激烈时，产品销量下降，存货周转率降低。为了促销，企业增大商业信用，应收账款周转率降低，影响企业资金的回收，如果企业的债务水平仍处于较高水平，很容易导致企业债务风险发生积聚。因此，处于产品市场竞争激烈的环境中会促使债务水平较高的企业减少其债务融资，以趋向于目标资本结构。最后，博尔顿（Bolton，1990）等认为如果企业面临较低的融资约束，在产品市场竞争中能够对面临较高融资约束的企业进行掠夺。当企业的资产负债率过高时，很可能成为其他债务水平较低的企业的掠夺对象，其市场份额被蚕食。所以，当产品市场竞争激烈时，企业会尽量使其资本结构处于最优状态，从而降低了企业债务风险积聚程度。基于以上分析，本章提出假设 1：

H1：产品市场竞争程度越大，企业债务风险积聚程度越小。

我国目前正处于转型阶段，企业性质可以分为国有企业和民营企

---

① 组织惰性：管理学术语，是一种固化内存于组织之中的保持或维护现有工作活动模式与习惯的工作。

业。这两种类型的企业在内部治理上都存在不同的特点，例如在企业的经营决策、股本结构、代理成本等都存在很大差异。林和利（Lin and Li，2008）通过实证分析发现，当发展中国家处于转型时期时，处于激烈的产品市场竞争中的国有企业经常会得到政府的财政补贴。凡克（Faccio，2006）通过研究发现国有控股企业更容易得到国有银行的贷款。国有银行在提供贷款时更多地受到政策的约束而非营利的目的而对国有企业提供更多地银行贷款。祝继高（2015）通过研究也发现在产品市场竞争中，即使国有企业处于弱势，但是由于政府对国有企业提供更多的补助，使得国有企业继续生存。邵敏（2011）研究发现，国有企业会更多地受到地方政府的偏爱，获得更多的地方补助。而民营企业在充分的市场竞争中，不断提高了自身绩效以免遭淘汰，在这个过程中具备了竞争中的不可替代性的优势。"物竞天择，适者生存"的法则是生物生存的本质规律，而产品市场的竞争也遵循同样的法则。虽然国有企业在市场竞争中受到政府更多的补助，但是否可以长久依赖该补助生存还是一个未知数。杨其静（2011）通过研究发现，虽然国有企业可以获得更多的政府补助，但是企业为了维系与政府这种联系经常需要消耗大量的资源，相对忽视了对自身能力的提升。而民营企业天生就不具备与政府紧密相连的优势，会花费更多的精力与时间用于自身建设。所以，很多其他研究也表明，民营企业的经营绩效要显著优于国有企业。而且，当国有企业经营出现危机时，政府会为这种经营失败进行买单，导致国有企业形成一种不利于自身发展的预期：国有企业在经营不利的情况下依然可以生存下去，国企的管理者需要承担的责任很小，使得企业的道德风险问题更加严重（盛明泉，2012）。但是对于民营企业，一切盈亏必须由自己承担，企业的命运完全由市场来决定，所以其发展的唯一出路是在市场竞争中保持竞争优势才能立于不败之地。民营企业会更集中精力用来提升自我能力。因此，在同样的市场竞争压力下，民营企业会更注重内部治理水平的提升，做出更有利于企业发展的财务决策，降低企业的债务风险积聚程度。所以，本章提出假设2：

H2：产品市场竞争越激烈，相比于国有企业，民营企业的债务风险积聚水平相对更低。

企业股权集中度作为企业股权结构的重要组成部分，对企业债务风险积聚程度也有重要影响。产品市场竞争越激烈，企业外部利益相关者与企业内部之间的信息不对称程度越低，进而降低企业的债务风险积聚程度。而企业股权集中度的高低也会直接影响企业内部的代理问题。当企业股权集中度低时，企业所有者与企业管理者之间存在较为严重的代理问题，而代理问题的加重使得企业信息不对称程度加重，在一定程度上抑制了激烈的产品市场竞争所带来的信息透明。而当股权高度集中时，企业管理层对企业具有更强的掌控力，从而企业代理问题降低，缓解了企业与外部所有者之间的信息不对称问题。企业的管理者受到更强的监管，其行为将会更符合企业追求利益最大化的目标。所以在股权集中度低的企业中，产品市场竞争对企业债务风险积聚降低的效果将会降低，没有在股权集中度高的企业中的力度大。因此，本书提出假设 3：

H3：股权集中度越高，产品市场竞争对企业债务风险积聚的负相关性越强。

行业景气度也是属于企业行业环境的组成部分之一，对企业债务风险积聚有重要影响。任泽平和陈昌盛（2012）研究得出企业所在的行业景气度高时，行业整体的产品需求增加、市场活跃度提高；当企业所处的行业不景气时，整个行业表现出需求降低、生产能力剩余甚至出现企业发生亏损的现象。以往学者关于行业景气度对微观企业的研究不多，而且很少以行业景气度作为主要的研究对象。以往学者关于行业景气度的研究多集中于对企业内部投资、企业资产定价以及管理层薪资等方面，没有涉及对企业债务风险积聚的研究。但是由于行业景气度是企业所处的最直接的中观环境，其对企业的投融资会有重要影响。吴娜（2013）通过研究发现，行业景气度较高时，外部投资者对该行业企业的整体发展更乐观，企业在这种情况下获得融资的概率较大，外部融资顺畅。企业可以有更多的精力用于提升企业内部的业绩，提升企业业绩，进而企业内部的债务风险积聚程度较低。连玉君（2010）研究发现当企业所处的行业景气度较低时，投资者对企业未来的发展不看好，企业在外部获得资金的概率大幅度降低，造成企业融资风险加大，企业之间的风险传染效应加大，进而导致企业债务风险积聚程度加大。根据上述的分析，本章提出假设 4：

H4：企业所处的行业景气度越高，上市公司的债务风险积聚程度越低。

根据企业股东的性质可以将上市公司分为国有企业和非国有企业，这两类企业在外部融资方面呈现不同特点。信贷配给理论站在商业银行视角说明我国银行给企业提供信贷时，往往更偏向于国有企业，往往忽视非国有企业，使得我国非国有企业经常面临融资困境。非国有企业的融资不足而且其融资的成本更高。这种情况在行业经济不景气的情况下更为严重。当企业所处的行业经济不景气时，银行等金融机构对行业内的非国有企业未来发展预期更为悲观。这种情况下，非国有企业获得的信贷融资更加困难，即非国有企业面临更强的融资约束。在行业不景气的情况下，非国有企业的经营绩效降低，面临的融资约束更强，企业面临的债务风险积聚程度也会更大。所以，基于上述分析，提出假设5：

H5：相比国有企业，企业所处行业景气度越低，非国有企业的债务风险积聚程度越强。

5.2　研究设计

5.2.1　主要变量与说明

1. 上市公司债务风险积聚程度（DRE）

上市公司债务风险积聚程度DRE代表了上市企业债务风险的密度，参考袁海红（2015）等测度产业积聚程度（产业风险/区域面积）的方法，采用企业债务风险（1/DR）/企业净资产（lnE）指标衡量企业债务风险积聚程度（DRE）。参考相关文献，Alexander Bathory模型是用来表示企业抵御债务风险的能力（debt risk）。该值越小，企业状况越差。所以，本书选取1/DR作为企业债务风险的指标，Alexander Bathory模型具体计算公式如式（5.1）所示：

$$DR = SZL + SY + GL + YF + YZ \tag{5.1}$$

式（5.1）中，SZL为（税前利润＋折旧＋递延税款）/流动负债；SY为税前利润/营运资本；GL为股东利益/流动负债；YF为有形资产净值/负债总额；YZ为营运资本/总资产。

2. 产品市场竞争（PMC）

由于企业定价资料等难以直接获得，不能直接用企业交叉价格弹性来衡量产品市场竞争程度。赫芬达尔指数（HHI 指数）代表了行业内企业的集中度，该指数是相对值指标，该值的大小不会随着行业内企业数量的增多而发生变化。具体的计算公式为：$HHI = \sum_{i=1}^{n} (X_i/X)^2$，其中，n 为行业内企业数量，$X_i$ 第 i 个企业的规模，X 为市场总体规模。为了衡量企业产品市场竞争程度，取赫芬达尔指数的倒数（1/HHI）来表示产品市场竞争程度，当赫芬达尔指数越大时，企业所在行业的集中度越强，市场的垄断性也更强，产品市场竞争激烈程度越弱。即 1/HHI 的值越大，产品市场竞争程度越大；反之，1/HHI 的值越小，产品市场竞争程度越小。该指标产品市场竞争程度指标用 PMC1 来表示。

产品市场竞争程度也可以由行业内企业营业收入的集中度来表示。用行业内营业收入排名前四的企业的收入总和比全行业收入总和取倒数来表示（PMC2）。因为行业内前四大企业收入占比越小，产品市场竞争越激烈，表示企业面临的外部产品竞争越强。所以，对该值取倒数后，PMC2 值越大，企业竞争越激烈。

3. 股权集中度（TOP1）

借鉴李婧和贺小刚（2012）的做法，本章选取第一大股东持股比例作为企业股权集中度的测度指标。该指标越大，表示企业股权集中度越强；反之，该指标越小，企业股权集中度越低。

4. 产权性质（Nation）

企业产权性质（Nation）为二元虚拟变量，当企业为国有时，其取值为 1；当企业为民营性质时，取值为 0。

5. 行业景气度（MROA）

借鉴陈武朝（2013）、薛爽（2008）等学者的指标选取，本章根据证券监督委员会对行业分类的划分，将行业分为 19 个不同类别，并以此确定行业景气度的大小。本章选取行业总资产收益率（MROA）用来衡量每个行业的景气程度。针对每个行业总资产收益率每个季度的均值作为行业景气度。

6. 控制变量

参考曾庆生（2011）等的研究，我们选取股权制衡度 EQB、企业独立性 Indep、两职是否合一 Double、企业规模 Size、CEO 年薪 Salary等指标作为控制变量。同时控制季度和行业变量。具体的变量指标如表 5-1 所示。

表 5-1 本章变量定义

变量名称	变量定义及说明
DRE	公司债务风险积聚程度，DAR = 1/（DR×lnE），1/DR 表示企业债务风险，E 代表企业的净资产量
PCM1	表示产品市场竞争程度，选取 1/HHI 表示。 $HHI = \sum_{i=1}^{n} (X_i/X)^2$，n 为行业内企业数量，$X_i$ 第 i 个企业的规模，X 为市场总体规模
PCM2	表示产品市场竞争程度，行业内排名前四的收入总额比总行业收入总额后取倒数
TOP1	表示股权集中度，选用第一大股东持股比例表示
Nation	表示企业产权性质，当企业为国有企业时，取值为 1；反之，取值为 0
MROA	表示企业所处的行业景气度，选取行业资产收益率衡量每个行业的景气程度
EQB	表示股权制衡度，即其他股东对第一大股东的制约和监督作用，股权制衡可以降低代理成本。选取第二大股东的持股比例作为股权制衡度的代理指标
Indep	表示独立董事比例，独立董事比例 = 独立董事/董事会人数
Double	表示上市公司两职是否合一，两职合一可以提高决策效率，两职分离有利于职责分工。当两职合一时，取值为 1；反之，取值为 0
Salary	表示首席执行官的工资，取首席执行官季度薪资自然对数
Size	表示企业规模，取企业资产的自然对数
Quarter	表示季度虚拟变量，当变量属于该季度时，取值为 1；反之为 0
Ind	表示行业虚拟变量，当变量属于该行业时，取值为 1；反之为 0

5.2.2　模型与估计方法

1. 基于倾向性得分配对方法的样本筛选

根据第 2 章的分析，对企业发生债务风险积聚和未发生债务风险积聚的样本进行了分离。由于企业的债务风险积聚也存在反过来对产品市场竞争状况以及行业景气度产生影响，虽然这种影响可能并不显著。而且在研究企业的债务风险积聚的中观影响因素时，虽然控制了行业和时间等变量，但是还有可能存在一些遗漏变量。参考相关学者的研究，可以采用双重差分方法。该方法可以有效减少内生性问题，但是方法在使用性上有很大局限性。因此，鉴于方法的适用性，本章采取倾向性的分配方法来降低实证模型中潜在的内生性，来筛选产品市场竞争以及行业景气度对企业的债务风险积聚的影响。具体到本章的研究，即产品市场竞争程度、企业所处的行业景气度与企业债务风险积聚程度的关系及其作用路径的研究，需要找到与发生企业债务风险积聚尽可能相似但是其企业内部的债务风险又未发生积聚的样本。两个样本之间存在的唯一不同点即是否发生了企业债务风险积聚，经过对比分析研究得出产品市场竞争以及企业所处行业景气程度是否有显著影响。具体的操作流程与第 3 章一致，此处不再赘述。

根据上市企业债务风险是否发生积聚将样本划分成实验组（存在企业债务风险积聚）和控制组（不存在企业债务风险积聚）。由于发生企业债务风险积聚的行业相对未发生风险积聚的行业较少，经进一步统计，发生债务风险积聚的企业数量少于未发生风险积聚企业的数量。选择发生债务风险积聚的企业对其进行配对，找到与每一家发生债务风险积聚企业特征相似，但是未发生债务风险积聚的企业。即选取同年度所有发生债务风险的企业中倾向匹配得分最接近的一家企业作为配对样本。

2. 动态面板 GMM 模型

本章对样本采用 GMM 模型进行实证分析。动态面板 GMM 模型引入被解释变量的滞后项作为解释变量，可以在一定程度上反映个体动态变化的惯性及调整过程。另外，通过选择变量的滞后项作为工具变量，可以在一定程度上克服解释变量的内生性问题。构造动态面板，应用 GMM 模型进行回归，基本回归模型如下：

$$Y_{it} = c + \alpha_1 Y_{it-1} + \alpha_2 X_{i,t} + \sum \alpha \, Controls_{i,t} + \varepsilon_{it} \qquad (5.2)$$

其中，Y 是上市公司债务风险积聚程度，用企业的 $1/DR \times \ln E$ 值表示，$X_{i,t}$ 表示本章选取的中观解释变量，分别为产品市场竞争、企业所处行业景气程度，$Controls_{i,t}$ 是控制变量，i 代表样本企业，t 代表季度。

同时，本章为了研究债务风险积聚组和非债务风险积聚组，将选取的债务风险积聚样本进行配对后选取非债务风险积聚对照组。分别用 fxz^1 和 fxz^0 来表示。则式（5.2）可以进一步表示为：

$$fxz^1 = c + \alpha_1 fxz^1_{it-1} + \alpha_2 X_{i,t} + \sum \alpha \, Controls_{i,t} + \varepsilon_{it} \qquad (5.3)$$

$$fxz^0 = c + \alpha_1 fxz^0_{it-1} + \alpha_2 X_{i,t} + \sum \alpha \, Controls_{i,t} + \varepsilon_{it} \qquad (5.4)$$

3. 产品市场竞争对企业债务风险积聚的影响

以往学者对产品市场竞争程度对企业债务风险积聚的影响方面的研究不多，更多的研究集中于产品市场竞争对企业内部投资决策、管理层薪酬的影响方面。但是产品市场作为企业所处的直接的外部环境，对企业债务风险积聚有直接影响。本书将企业股权制衡度、独立董事比例、企业规模、两职是否合一、执行总裁的薪水、行业、季度作为控制变量以控制其对企业债务风险积聚的影响，以找到对上市公司债务风险积聚有显著影响的行业因素。通过国内外学者对企业债务风险的研究得知，上市公司外部产品市场竞争程度都是重要的影响因素，但是以往的研究对内生性问题的关注并不是很多，本章在原有研究的基础上进一步考虑模型内生性问题，研究产品市场竞争对企业债务风险积聚的影响。本章的回归模型如式（5.5）所示：

$$DRE_{it} = c + \alpha_1 DRE_{it-1} + \alpha_2 PCM1/PCM2_{i,t} + \sum \alpha \, Controls_{i,t} + \varepsilon_{it}$$

$$(5.5)$$

式（5.5）中，DRE 是被解释变量企业债务风险积聚程度，$PCM1/PCM2_{i,t}$ 代表产品市场竞争程度，Controls 为控制变量，主要包括企业规模、独立董事比例、股权制衡度、两职是否合一、首席执行官薪水、行业、季度等，i 表示上市公司，t 表示时间。

4. 行业景气度对上市公司债务风险积聚的影响

安德森等（Anderson et al. , 2003）得出关于企业债务风险积聚的研究大多数是集中在对企业微观因素的研究，例如企业特征、企业治理以及债权人保护等方面，很少有学者站在行业视角研究行业景气度对企业债务风险积聚程度的影响。为了弥补这部分的研究空白，本部分以行业景气度为视角，分析企业所处不同行业景气程度对债务风险积聚水平的影响。另外，为了进一步控制模型的内生性问题，本书选用了动态面板模型来考察企业所处行业景气程度对企业债务风险积聚程度的影响，并进一步利用上文介绍的 PSM 方法，对发生企业债务风险积聚的样本组进行一对一配对，找到未发生债务风险积聚但其他方面特征与债务风险积聚组相似的对照组，做进一步分组研究。通过建立式（5.6）来研究企业生命周期对上市公司债务风险积聚的影响。

$$\text{DRE}_{it} = c + \alpha_1 \, \text{DRE}_{it-1} + \alpha_2 \, \text{MROA}_{i,t} + \sum \alpha \, \text{Controls}_{i,t} + \varepsilon_{it}$$

$$(5.6)$$

式（5.6）中，DRE 为被解释变量，企业债务风险积聚程度，$\text{MROA}_{i,t}$ 代表行业景气程度，Controls 为控制变量，主要包括企业规模、独立董事比例、股权制衡度、两职是否合一、首席执行官薪水、行业、季度等，i 表示上市公司，t 表示时间。

5.3　实　证　分　析

5.3.1　产品市场竞争对债务风险积聚的影响

1. 样本与数据来源

本节样本选取 2009～2017 年在沪、深上市的 A 股企业，上市公司财务指标数据来自国泰安（CSMAR）数据库，赫芬达尔指数、企业产权性质指标来自 Wind 数据库。并对样本数据按步骤做如下处理：

（1）选取我国沪、深 A 股上市公司 2009～2017 年季度数据，考虑到金融保险行业具有很强的特殊性，剔除了金融保险行业类的企业。

（2）因为选取的季度数据，有一些企业发布的财务信息存在一定的缺失，并且有一些企业在相应的期间没有发布社会责任报告，将这部分企业进行剔除。

（3）本部分是选取企业发生债务风险积聚作为研究对象，将经过剔除的样本计算出每个企业的债务风险积聚程度年均增长率，年均增长率大于 0 企业为发生债务风险积聚，作为实验组。

（4）为了控制内生性，本章采取 PSM 方法选取与实验组上市企业资产规模、存货周转率、销售增长率等指标相近的企业作为对照组，经过处理，实验组和对照组的上市公司容量均为 1068 家。

（5）因为数据取值区间为季度，为了降低异常值对模型结果的干扰，对取得的连续数据均进行 1% 的 Winsorize 缩尾处理。相关数据的处理均使用 Excel 2010 与 Stata 14.0 软件。

2. 描述性统计

表 5-2 报告了选取变量的描述性统计结果。将样本分为全样本、债务风险积聚样本以及通过 PSM 进行匹配得到的未发生债务风险积聚的样本。从表 5-2 中可以看出，在全样本企业中，企业的债务风险积聚均值为 0.086，标准差为 0.035，与其均值相比，企业间债务风险积聚的波动性不是特别大。在债务风险积聚样本中，企业债务风险积聚均值为 0.104，标准差为 0.067。在实验组样本中，债务风险积聚程度明显大于全样本企业的债务风险积聚程度，而且企业债务风险积聚程度波动性较大。从整体上看，产品市场竞争（PMC1）均值为 13.452，其标准差为 11.336，与其均值相比，该值较大。说明企业所处的行业不同，其面临的竞争程度差异较大。在发生债务风险积聚的实验组中，产品市场竞争均值为 11.885，而未发生债务风险积聚的对照组该均值为 13.845，初步说明上市公司所处的行业产品市场竞争程度越激烈，企业债务风险积聚程度越低。初步验证了本章的假设 1。

表5－2　　　　　　　　　　　　　样本描述性统计

类型	变量	均值	标准差	1%分位数	中位数	99%分位数
总体	DRE	0.086	0.035	0.001	0.074	0.134
	PCM1	13.452	11.336	1.658	12.326	29.631
	PCM2	2.263	0.252	1.224	2.458	5.621
	TOP1	0.325	0.114	0.100	0.366	0.464
	Nation	0.214	0.452	0.000	0.332	1.000
	MROA	8.462	2.335	－1.854	9.375	15.226
	EQB	14.221	32.125	1.000	23.664	1074.257
	Indep	0.365	0.042	0.305	0.376	0.641
	Double	0.075	0.236	0.000	0.000	1.000
	Salary	13.226	0.742	10.364	13.575	15.968
	Size	21.754	1.315	19.134	21.369	26.421
实验组	DRE	0.104	0.067	0.005	0.097	0.142
	PCM1	11.885	11.658	1.667	10.365	24.337
	PCM2	2.116	0.142	1.225	2.147	4.886
	TOP1	0.287	0.155	0.114	0.352	0.432
	Nation	0.254	0.334	0.000	0.287	1.000
	MROA	8.032	3.046	－1.745	8.124	14.227
	EQB	10.365	36.558	1.000	19.544	954.332
	Indep	0.369	0.055	0.312	0.401	0.625
	Double	0.053	0.255	0.000	0.000	1.000
	Salary	13.425	0.645	10.547	13.884	15.733
	Size	21.442	1.225	19.779	20.654	25.331
对照组	DRE	0.034	0.096	0.001	0.045	0.0784
	PCM1	13.845	11.869	1.735	13.763	29.636
	PCM2	2.669	10.447	1.235	2.696	5.586
	TOP1	0.354	0.217	0.121	0.378	0.455
	Nation	0.223	0.458	0.000	0.348	1.000

类型	变量	均值	标准差	1%分位数	中位数	99%分位数
对照组	MROA	10.278	1.769	4.578	10.558	15.062
	EQB	15.388	30.252	1.000	25.698	1033.265
	Indep	0.379	0.068	0.322	0.389	0.675
	Double	0.076	0.213	0.000	0.000	1.000
	Salary	13.966	0.524	10.987	13.798	15.642
	Size	21.668	1.240	19.941	22.112	26.354

从第一大股东持股比例来看，整体来看，第一大股东持股比例维持在32%左右。而从债务风险积聚样本组，第一大股东持股比例更低一些，达到28%左右，在其对照组中，第一大股东持股比例偏高，达到了35%，这在一定程度上说明了第一大股东持股比例越高，企业的债务风险积聚程度越低。独立董事比例维持在36%～37%，符合《中华人民共和国公司法》对企业治理结构的设定要求。在产权性质上来看，上市公司中国有企业占比大约在20%，民营企业的占比越来越高，说明民营企业在我国经济中的重要性越来越高，对我国经济发展起关键性的作用。企业的规模维持在21左右，说明我国企业的规模处于较高水平，我国企业发展更多地追求规模效应。执行总裁的工资取自然对数后维持在13～14，其标准差为0.742，说明每家企业的执行董事的薪水较高但是也有很大的差异。

3. 实证分析

表5-3以上文得到的发生债务风险积聚企业作为研究样本，报告了产品市场竞争度对上市公司债务风险积聚程度的影响。为了使模型结果更具稳健性，在表5-3中列（1）至列（4）中逐步添加相应的控制变量进行动态回归分析。DRE（-1）在模型中均表现为1%的显著性并且符号取正，这说明企业债务风险积聚有一定的惯性，说明了在债务风险积聚样本中，企业的债务风险积聚呈不断的增大状态。企业上期的债务风险积聚程度与企业下期的债务风险积聚程度有相关关系。企业所处的行业产品市场竞争程度与上市公司债务风险积聚程度在5%的水平上显著负相关，说明当企业所处的行业产品市场竞争越激烈，上市公司

债务风险积聚程度越低。这也验证了本章提出的假设 1。原因可能在于上市公司所处行业竞争激烈程度的增加减少了外部利益相关者与上市公司内部的信息不对称，对上市公司的监督更加有效、成本更低，使得管理层产生的代理成本降低。管理层的目标与上市公司利益最大化目标相一致。

表 5 - 3　　产品市场竞争对公司债务风险积聚的影响研究

变量名称	动态面板 GMM 模型			
	债务风险积聚样本组			
	（1）	（2）	（3）	（4）
$DRE_{i,t-1}$	0. 342 *** （7. 635）	0. 351 *** （5. 421）	0. 336 *** （3. 554）	0. 326 *** （6. 361）
$PCM1_{i,t}$	- 0. 037 * （1. 835）	- 0. 032 ** （2. 047）	- 0. 031 ** （2. 085）	- 0. 029 ** （2. 022）
$EQB_{i,t}$	- 0. 026 * （1. 836）	- 0. 025 （0. 699）	0. 028 （0. 548）	- 0. 024 * （1. 841）
$Indep_{i,t}$		- 0. 002 （1. 651）	- 0. 004 * （1. 823）	- 0. 003 * （1. 815）
$Double_{i,t}$			- 0. 033 * （1. 827）	- 0. 039 * （1. 831）
$Salary_{i,t}$				- 0. 046 （1. 658）
$Size_{i,t}$	0. 001 （0. 056）	0. 001 （1. 219）	0. 001 （0. 477）	0. 001 （1. 369）
C	0. 064 （1. 361）	0. 052 （0. 896）	0. 036 （0. 421）	0. 046 （1. 095）
Quarter	控制	控制	控制	控制
Ind	控制	控制	控制	控制
N	1068	1068	1068	1068

　　注：*** 表示在 1% 水平上显著；** 表示在 5% 水平上显著；* 表示在 10% 水平上显著，括号内为 t 值。

从控制变量可以看出，股权制衡度越强，企业债务风险积聚程度越低，并且在10%的水平上显著。说明当企业的股权制衡度高时，股东对上市公司决策监管性更强，企业债务风险积聚程度越低。独立董事占董事人数的比例与企业债务风险存在负相关关系，但是并不显著。企业性质与企业债务风险积聚程度在5%水平上呈负相关关系，即民营企业的债务风险积聚程度显著高于国有上市公司。企业规模与企业债务风险积聚没有显著的相关性。执行总裁的薪水与企业债务风险积聚程度也没有显著的相关性。以上结果均建立在控制企业的季度和行业固定效应的基础上，并且通过控制变量的递增，模型的结果稳健性更强。

表5-4报告了将上市公司债务风险积聚组进一步根据企业产权性质进行分类为国有企业和民营企业，对每一类分组进行动态面板回归得到的结果。从表5-4可以看出，在全样本企业中，上市公司所处行业竞争程度与上市公司债务风险积聚程度在5%的水平上显著负相关。当企业为国有企业时，产品市场竞争对企业债务风险积聚程度的影响并不显著，当企业为民营企业时，产品市场竞争对企业债务风险积聚仍然在5%的水平上显著。该实证结果说明企业为国有控股影响了产品市场竞争对上市公司债务风险积聚的抑制作用，而政府控股导致产品市场对上市公司债务风险负相关程度降低的作用路径还有待进一步验证。

表5-4   产品市场竞争、产权性质与公司债务风险积聚

变量名称	债务风险积聚样本组		
	全样本	国有企业	民营企业
$DRE_{i,t-1}$	0.326 *** (6.361)	0.258 *** (2.668)	0.409 *** (3.678)
$PCM1_{i,t}$	-0.029 ** (2.022)	-0.036 (1.232)	-0.032 ** (2.087)
$EQB_{i,t}$	-0.024 * (1.841)	-0.034 (0.787)	-0.029 * (1.806)
$Indep_{i,t}$	-0.003 * (1.815)	-0.004 (0.775)	-0.006 * (1.825)

变量名称	债务风险积聚样本组		
	全样本	国有企业	民营企业
$Double_{i,t}$	-0.039^* （1.831）	-0.032 （1.214）	-0.031^* （1.874）
$Salary_{i,t}$	-0.046 （1.658）	-0.037 （0.665）	-0.035 （0.487）
$Size_{i,t}$	0.001 （1.369）	0.001 （1.528）	8.33×10^{-4} （0.887）
C	0.046 （1.095）	0.033 （1.025）	0.027 （0.236）
Quarter	控制	控制	控制
Ind	控制	控制	控制
N	1068	615	453

　　注：*** 表示在 1% 水平上显著；** 表示在 5% 水平上显著；* 表示在 10% 水平上显著，括号内为 t 值。

　　将企业债务风险积聚样本组分为全样本、国有企业样本组和民营企业样本组三个样本组进行固定效应检验。表 5 - 5 报告了个样本的主检验回归结果。在进行模型回归前，为了避免纳入交乘项导致模型出现多重共线性问题，本部分将对模型中出现的交乘项进行中心化处理。并且通过方差膨胀因子检验也验证了模型的非多重共线性问题。

　　表 5 - 5 报告显示了在全样本中，产品市场竞争程度与国有企业的交互项回归系数在 1% 的水平上显著为负，并且与未加入交互项之前的回归系数相比，产品市场竞争对企业债务风险积聚的负影响减弱。这说明当企业为国有企业时，即政府对企业的过多干预抑制了产品市场对企业债务风险积聚程度的降低。表 5 - 5 中列（3）报告显示，在民营企业，即非政府干预的企业中，其交互项与上市公司债务风险积聚程度呈显著负相关关系。然而，在列（2），国有企业样本组中，显著交互项与上市公司债务风险积聚程度不存在显著相关性。通过以上实证结果说明，国有企业中由于存在政府的大力干预，导致产品市场竞争对上市公司债务风险积聚的降低作用削弱。这也进一步验证了本章提出的假设

2。说明市场机制仍然存在有效性不足的线性，政府作用力度较大可能是导致企业债务风险积聚的主要因素，并没有起到预期的调节作用。

表 5 - 5　　企业产权性质的调节效应检验（针对不同样本组）

变量名称	债务风险积聚样本组		
	全样本	实验组	对照组
	（1）	（2）	（3）
$PCM1_{i,t}$	- 0.063 ** (3.659)	0.048 ** (3.478)	0.053 ** (3.265)
$PCM1_{i,t} \times Nation_{i,t}$	- 0.032 * (1.829)	- 0.026 * (1.825)	- 0.028 * (1.812)
$EQB_{i,t}$	- 0.026 * (1.836)	- 0.023 (0.578)	- 0.025 * (1.836)
$Indep_{i,t}$	- 0.152 (0.697)	- 0.169 (0.089)	- 0.157 (1.271)
$Double_{i,t}$	- 0.036 * (1.827)	- 0.039 (1.179)	- 0.034 * (1.863)
$Salary_{i,t}$	0.035 (0.697)	0.039 (0.559)	0.034 (0.521)
$Size_{i,t}$	9.75×10^{-4} (0.039)	0.001 (0.046)	8.42×10^{-4} (0.064)
C	0.039 (0.145)	0.042 (0.165)	0.041 (0.136)
Quarter	控制	控制	控制
Ind	控制	控制	控制
N	1068	615	453

注：** 表示在 5% 水平上显著；* 表示在 10% 水平上显著，括号内为 t 值。

表 5 - 6 报告了将上市公司债务风险积聚组进一步根据企业股权集中度进行分类为高股权集中度和低股权集中度样本组，对每一类分组进行动态面板回归得到的结果。从表 5 - 6 可以看出，在全样本企业中，

上市公司所处行业竞争程度与上市公司债务风险积聚程度在 5% 的水平上显著负相关。当企业为低股权集中度组时，产品市场竞争对企业债务风险积聚程度的影响并不显著；当企业为高股权集中度组时，产品市场竞争对企业债务风险积聚仍然在 10% 的水平上显著。该实证结果说明企业股权结构是否集中可以对产品市场竞争对上市公司债务风险积聚的负相关性产生影响，股权集中度越高，越有利于产品市场竞争发挥对企业债务风险积聚的抑制作用。这可能说明产品市场竞争激烈与上市公司股权集中度高都有利于上市公司降低其代理成本。产品市场竞争和企业提高股权集中度在一定程度上都降低了企业的代理成本，降低了企业的信息不对称。这进一步验证了本章提出的假设 3，即股权集中度越高，产品市场竞争对企业债务风险积聚的负相关性越强。

表 5-6　　　产品市场竞争、股权集中度与公司债务风险积聚

变量名称	债务风险积聚样本组		
	全样本	高股权集中度组	低股权集中度组
$DRE_{i,t-1}$	0.326 *** (6.361)	0.321 *** (2.887)	0.355 *** (3.558)
$PCM1_{i,t}$	-0.029 ** (2.022)	0.033 (1.236)	0.027 * (1.887)
$EQB_{i,t}$	-0.024 * (1.841)	-0.022 (1.325)	-0.018 * (1.866)
$Indep_{i,t}$	-0.003 * (1.815)	-0.006 (1.021)	-0.004 * (1.833)
$Double_{i,t}$	-0.039 * (1.831)	-0.042 (0.987)	-0.045 * (1.842)
$Salary_{i,t}$	-0.046 (1.658)	-0.032 (1.332)	0.031 (1.243)
$Size_{i,t}$	0.001 (1.369)	0.001 (1.247)	7.52×10^{-4} (0.658)

143

变量名称	债务风险积聚样本组		
	全样本	高股权集中度组	低股权集中度组
C	0.046 (1.095)	0.033 (1.254)	0.026 (0.587)
Quarter	控制	控制	控制
Ind	控制	控制	控制
N	1068	477	591

注：*** 表示在1%水平上显著；* 表示在10%水平上显著，括号内为 t 值。

表 5 - 7 报告了将实验组进行 PSM 匹配后得到对照组，即未发生债务风险的企业。对总体样本、实验组以及对照组分别进行静态面板回归以及动态面板回归。虽然上文进行回归时采用的动态面板回归可以在一定程度上缓解内生性问题，但是并没有彻底解决。为了进一步说明实证结果的稳健性，进一步对实验组进行 PSM 匹配。表 5 - 7 中列（1）、列（4）是以总体作为样本进行静态面板和动态面板回归得到的结果，列（2）、列（5）是以实验组为样本做静态面板和动态面板回归得到的实证结果，列（3）、列（6）是对实验组进行 PSM 回归后得到的对照组分别进行静态面板和动态面板回归得到的结果。从回归结果来看，以总体作为样本时，产品市场竞争对上市公司债务风险积聚程度并没有显著的相关性，而以实验组作为研究对象时，产品市场竞争对上市公司债务风险积聚程度显著负相关。这说明在企业债务风险积聚到一定程度时，外部产品市场竞争才会对其债务风险才产生显著的影响。实证结果说明本章提出的假设2，并且回归结果具有很强的稳健性。另外，在实验组中，DRE（−1）的系数显著为正，说明在风险积聚样本组，企业债务风险积聚随着时间的推移存在很强的惯性。另外，表 4 - 9 中显示，不管是以总体作为研究对象还是以实验组、对照组作为研究对象，企业的控制变量股权制衡度与企业债务风险程度在5%或者10%的水平上显著负相关，这说明企业的股权制衡度越高，企业存在的代理问题相对越小，管理层决策时会更多地以企业利益最大化为目的，致使企业债务风险积聚程度降低。独立董事占比与企业债务风险正相关，但是并不显著。在实验组中，企业产权性质与上市公司债务风险积聚程度负相关，

说明民营企业占比越高，企业债务风险积聚程度越高。但是在总体样本和对照组中，两者并没有显著的相关性，说明只有发生债务风险积聚程度的企业其产权性质才会对企业债务风险程度发挥出更大的作用。企业规模与企业债务风险积聚程度并没有显著的相关性，说明企业债务风险积聚在大企业和小企业都有同样的发生概率。

表 5 - 7　　　　产品市场竞争对公司债务风险积聚的影响研究

变量名称	静态面板模型			动态面板模型		
	是否发生风险积聚			是否发生风险积聚		
	（1）	（2）	（3）	（4）	（5）	（6）
$DRE_{i,t-1}$				0.326 *** (6.361)	0.369 *** (2.685)	0.311 *** (3.547)
$PCM1_{i,t}$	-0.023 (1.224)	-0.024 * (1.827)	-0.017 (0.325)	-0.029 ** (2.034)	-0.026 ** (2.014)	-0.021 (1.325)
$EQB_{i,t}$	-0.023 * (1.855)	-0.018 (1.277)	-0.012 (0.913)	-0.024 * (1.832)	-0.021 * (1.824)	-0.013 (0.278)
$Indep_{i,t}$	-0.006 (0.368)	-0.004 (1.225)	-0.007 (0.008)	-0.003 * (1.815)	-0.007 (0.568)	-0.005 * (1.823)
$Double_{i,t}$	-0.028 (1.547)	-0.032 (1.252)	-0.031 (1.275)	-0.039 * (1.854)	-0.028 (1.341)	-0.024 * (1.826)
$Salary_{i,t}$	-0.028 (1.328)	-0.034 (0.582)	-0.029 (0.778)	-0.046 (0.368)	-0.032 (1.424)	-0.035 (0.478)
$Size_{i,t}$	0.001 (0.214)	0.001 (0.875)	0.001 (0.652)	0.001 (0.474)	0.001 (0.358)	0.001 (0.351)
C	0.046 (1.354)	0.058 (0.368)	0.043 (1.658)	0.052 (0.747)	0.033 (0.578)	0.036 (1.325)
Quarter	控制	控制	控制	控制	控制	控制
Ind	控制	控制	控制	控制	控制	控制
N	2568	1068	1068	1068	1068	1068

注：*** 表示在 1% 水平上显著；** 表示在 5% 水平上显著；* 表示在 10% 水平上显著，括号内为 t 值。

5.3.2　行业景气度对债务风险积聚的影响

1. 样本与数据来源

本书样本选取 2009～2017 年在沪、深上市的 A 股企业，行业景气度数据来自 Wind 数据库，公司财务指标数据来自国泰安（CSMAR）数据库。并对样本数据按步骤做如下处理：

（1）选取我国沪、深 A 股上市公司 2009～2017 年季度数据，考虑到金融保险行业具有很强的特殊性，剔除了金融保险行业类的企业。

（2）因为选取的季度数据，有一些企业发布的财务信息存在一定的缺失，并且有一些企业在相应的期间没有发布社会责任报告，将这部分企业进行剔除。

（3）本部分是选取企业发生债务风险积聚作为研究对象，将经过剔除的样本计算出每个企业的债务风险积聚程度年均增长率，增长率大于 0 企业为发生债务风险积聚，作为实验组。

（4）为了控制内生性，本章采取 PSM 方法选取与实验组上市企业资产规模、存货周转率、销售增长率等指标相近的企业作为对照组，经过处理，实验组和对照组的上市公司容量均为 1068 家。

（5）因为数据取值区间为季度，为了降低异常值对模型结果的干扰，对取得的连续数据均进行 1% 的 Winsorize 缩尾处理。相关数据的处理均使用 Excel 2010 与 Stata 14.0 软件。

2. 描述性统计

表 5－8 报告了选取变量的描述性统计结果。将样本分为全样本、债务风险积聚样本以及通过 PSM 进行匹配得到的未发生债务风险积聚的样本。表 5－8 中可以看出，在全样本企业中，企业的债务风险积聚均值为 0.086，标准差为 0.035，与其均值相比，企业间债务风险积聚的波动性不是特别大。在债务风险积聚样本中，企业债务风险积聚均值为 0.104，标准差为 0.067。在实验组样本中，债务风险积聚程度明显大于全样本企业的债务风险积聚程度，而且企业债务风险积聚程度波动性较大。从整体上看，行业景气程度为 8.462，其标准差为 2.335，与其均值

相比，该值在适度范围内，说明行业景气度变化程度不是很大。在发生债务风险积聚的实验组中，行业景气度均值为 8.032，而未发生债务风险积聚的对照组该均值为 10.278，初步说明上市公司所处的行业景气度越高，企业债务风险积聚程度越低。初步验证了本章提出的假设 1。

表 5 - 8　　　　　　　　　　　样本描述性统计

类型	变量	均值	标准差	1% 分位数	中位数	99% 分位数
总体	DRE	0.086	0.035	0.001	0.074	0.134
	TOP1	0.325	0.114	0.100	0.366	0.464
	Nation	0.214	0.452	0.000	0.332	1.000
	MROA	8.462	2.335	-1.854	9.375	15.226
	EQB	14.221	32.125	1.000	23.664	1074.257
	Indep	0.365	0.042	0.305	0.376	0.641
	Double	0.075	0.236	0.000	0.000	1.000
	Salary	13.226	0.742	10.364	13.575	15.968
	Size	21.754	1.315	19.134	21.369	26.421
实验组	DRE	0.104	0.067	0.005	0.097	0.142
	TOP1	0.287	0.155	0.114	0.352	0.432
	Nation	0.254	0.334	0.000	0.287	1.000
	MROA	8.032	3.046	-1.745	8.124	14.227
	EQB	10.365	36.558	1.000	19.544	954.332
	Indep	0.369	0.055	0.312	0.401	0.625
	Double	0.053	0.255	0.000	0.000	1.000
	Salary	13.425	0.645	10.547	13.884	15.733
	Size	21.442	1.225	19.779	20.654	25.331
对照组	DRE	0.034	0.096	0.001	0.045	0.0784
	TOP1	0.354	0.217	0.121	0.378	0.455
	Nation	0.223	0.458	0.000	0.348	1.000
	MROA	10.278	1.769	4.578	10.558	15.062
	EQB	15.388	30.252	1.000	25.698	1033.265

类型	变量	均值	标准差	1%分位数	中位数	99%分位数
对照组	Indep	0.379	0.068	0.322	0.389	0.675
	Double	0.076	0.213	0.000	0.000	1.000
	Salary	13.966	0.524	10.987	13.798	15.642
	Size	21.668	1.240	19.941	22.112	26.354

从第一大股东持股比例来看，整体来看，第一大股东持股比例维持在32%左右。而从债务风险积聚样本组，第一大股东持股比例更低一些，达到28%左右，在其对照组中，第一大股东持股比例偏高，达到了35%，这在一定程度上说明了第一大股东持股比例越高，企业的债务风险积聚程度越低。独立董事比例维持在36%~37%，符合公司法对企业治理结构的设定要求。在产权性质上来看，上市公司中国有企业占比大约在20%，民营企业的占比越来越高，说明民营企业在我国经济中的重要性越来越高，对我国经济发展起关键性的作用。企业的规模维持在21左右，说明我国企业的规模处于较高水平，我国企业发展更多地追求规模效应。执行总裁的工资取自然对数后维持在13~14，其标准差为0.742，说明每家企业的执行董事的薪水较高但是也有很大的差异。

3. 实证分析

表5-9根据上文得到的发生债务风险积聚企业作为研究样本，报告了行业景气程度对上市公司债务风险积聚程度的影响。为了使模型结果更具稳健性，在表5-3中列（1）至列（4）中逐步添加相应的控制变量进行动态回归分析。DRE（-1）在模型中均表现为1%的显著性并且符号取正，这说明企业债务风险积聚有一定的惯性，说明了在债务风险积聚样本中，企业的债务风险积聚呈不断的增大状态。企业上期的债务风险积聚程度与企业下期的债务风险积聚程度有相关关系。企业所处的行业景气程度与上市公司债务风险积聚程度在5%的水平上显著负相关，说明当企业所处的行业景气程度越好，上市公司债务风险积聚程度越低。这也验证了本章提出的假设4。原因可能在于当上市公司所处的行业景气度越高时，企业面临的外部投融资环境都较为宽松，银行对

企业的贷款审批不是特别严格。上市公司的盈利能力也良好，上升期的企业的债务风险积聚程度降低。所以，当行业景气度较高时，上市公司债务风险积聚程度降低。从控制变量可以看出，股权制衡度越强，企业债务风险积聚程度越低，并且在 5% 的水平上显著。说明当企业的股权制衡度高时，股东对上市公司决策监管性更强，企业债务风险积聚程度越低。独立董事占董事人数的比例与企业债务风险存在负相关关系，但是并不显著。企业性质与企业债务风险积聚程度呈 5% 水平上的负相关关系，即民营企业的债务风险积聚程度显著高于国有上市公司。企业规模与企业债务风险积聚没有显著的相关性。执行总裁的薪水与企业债务风险积聚程度也没有显著的相关性。以上结果均建立在控制企业的季度和行业固定效应的基础上，并且通过控制变量的递增，模型的结果稳健性更强。

表 5-9　　　行业景气度对公司债务风险积聚的影响研究 (1)

变量名称	动态面板 GMM 模型				
	债务风险积聚样本组				
	(1)	(2)	(3)	(4)	(5)
$DRE_{i,t-1}$	0.269 ** (2.066)	0.312 *** (4.215)	0.364 *** (4.658)	0.275 *** (7.411)	0.294 *** (5.619)
$MROA_{i,t}$	-0.035 * (1.841)	-0.032 ** (2.023)	-0.029 * (1.833)	-0.031 ** (2.067)	-0.035 * (1.876)
$EQB_{i,t}$	-0.061 (1.341)	-0.054 (1.249)	-0.059 * (1.855)	-0.062 * (1.802)	-0.057 * (1.871)
$Indep_{i,t}$		-0.247 (1.365)	-0.236 (0.947)	-0.249 (0.352)	-0.257 * (1.795)
$Double_{i,t}$			-0.341 * (1.869)	-0.365 * (1.807)	-0.295 ** (2.086)
$Salary_{i,t}$				-0.246 (1.332)	-0.215 (0.685)
$Size_{i,t}$					0.001 (1.421)

变量名称	动态面板 GMM 模型				
	债务风险积聚样本组				
	（1）	（2）	（3）	（4）	（5）
C	0.074 （1.236）	0.044 （0.642）	0.049 （1.152）	0.053 （0.784）	0.064 （0.614）
Quarter	控制	控制	控制	控制	控制
Ind	控制	控制	控制	控制	控制
N	1068	1068	1068	1068	1068

注：*** 表示在1%水平上显著；** 表示在5%水平上显著；* 表示在10%水平上显著，括号内为 t 值。

表5-10报告了将上市公司债务风险积聚组进一步根据企业产权性质进行分类为国有企业和民营企业，对每一类分组进行动态面板回归得到的结果。从表5-10可以看出，在全样本企业中，上市公司所处行业景气程度与上市公司债务风险积聚程度在10%的水平上显著负相关。当企业为民营企业时，行业景气程度对企业债务风险积聚程度的影响并不显著；当企业为国有企业时，行业景气程度对企业债务风险积聚仍然在10%的水平上负显著。该实证结果说明企业为民营控股影响了行业景气程度对上市公司债务风险积聚的抑制作用，而非国有控股导致行业景气度对上市公司债务风险负相关程度降低的原因在于，当上市公司为民营企业时，由于没有政府资金的支持，行业景气度下降使得企业债务风险积聚受到更大的影响。这也进一步验证了本章提出的假设5，即相比国有企业，企业所处行业景气度越低，非国有企业的债务风险积聚程度越强。

表5-10 　　　　　行业景气度、产权性质与公司债务风险积聚

变量名称	债务风险积聚样本组		
	全样本	国有企业	民营企业
$DRE_{i,t-1}$	0.294*** （5.619）	0.226*** （3.415）	0.253*** （4.682）

续表

变量名称	债务风险积聚样本组		
	全样本	国有企业	民营企业
$MROA_{i,t}$	-0.035^* (1.876)	-0.047^* (1.803)	-0.043 (0.472)
$EQB_{i,t}$	-0.057^* (1.871)	-0.042 (0.369)	-0.035^* (1.803)
$Indep_{i,t}$	-0.257^* (1.795)	-0.224 (0.437)	-0.261 (1.562)
$Double_{i,t}$	-0.295^{**} (2.086)	-0.187 (1.475)	-0.142^* (1.826)
$Salary_{i,t}$	-0.215 (0.685)	0.155 (0.652)	0.206 (0.254)
$Size_{i,t}$	0.001 (1.421)	0.001 (0.874)	9.42×10^{-4} (0.365)
C	0.064 (0.614)	0.055 (0.362)	0.051 (0.341)
Quarter	控制	控制	控制
Ind	控制	控制	控制
N	1068	615	453

注：***表示在 1% 水平上显著；**表示在 5% 水平上显著；*表示在 10% 水平上显著，括号内为 t 值。

表 5 - 11 报告了将实验组进行 PSM 匹配后得到对照组，即未发生债务风险的企业。对总体样本、实验组以及对照组分别进行静态面板回归以及动态面板回归。虽然上文进行回归时采用的动态面板回归可以在一定程度上缓解内生性问题，但是并没有彻底解决。为了进一步说明实证结果的稳健性，对实验组进行 PSM 匹配。表 5 - 7 中列（1）、列（4）是以总体作为样本进行静态面板和动态面板回归得到的结果，列（2）、列（5）是以实验组为样本做静态面板和动态面板回归得到的实证结果，列（3）、列（6）是对实验组进行 PSM 回归后得到的对照组分别进行静态面板和动态面板回归得到的结果。从回归结果来看，以总体作

为样本时，行业景气程度对上市公司债务风险积聚程度并没有显著的相关性，而以实验组作为研究对象时，行业景气程度对上市公司债务风险积聚程度显著负相关。这说明在企业债务风险积聚到一定程度时，外部行业景气程度才会对其债务风险才产生显著的影响。实证结果说明本章提出的假设 2，并且回归结果具有很强的稳健性。另外，在实验组中，DRE（-1）的系数显著为正，说明在风险积聚样本组，企业债务风险积聚随着时间的推移存在很强的惯性。另外，表 5-11 中显示，不管是以总体作为研究对象还是以实验组、对照组作为研究对象，企业的控制变量股权制衡度与企业债务风险程度在 5% 或 10% 的水平上显著负相关，这说明企业的股权制衡度越高，企业存在的代理问题相对越小，管理层决策时会更多地以企业利益最大化为目的，致使企业债务风险积聚程度降低。独立董事占比与企业债务风险正相关，但是并不显著。在实验组中，企业产权性质与上市公司债务风险积聚程度负相关，说明民营企业占比越高，企业债务风险积聚程度越高。但是在总体样本和对照组中，两者并没有显著的相关性，说明只有发生债务风险积聚程度的企业其产权性质才会对企业债务风险程度发挥出更大的作用。企业规模与企业债务风险积聚程度并没有显著的相关性，说明企业债务风险积聚在大企业和小企业都有同样的发生概率。

表 5-11　　行业景气度对公司债务风险积聚的影响研究（2）

变量名称	静态面板模型			动态面板模型		
	是否发生风险积聚			是否发生风险积聚		
	（1）	（2）	（3）	（4）	（5）	（6）
$DRE_{i,t-1}$				0.287 ** (2.051)	0.323 *** (2.987)	0.294 *** (3.672)
$MROA_{i,t}$	-0.027 (0.578)	-0.023 (0.698)	-0.022 * (1.833)	-0.027 * (1.854)	-0.024 (1.307)	-0.035 * (1.876)
$EQB_{i,t}$	-0.043 * (1.802)	-0.045 (1.437)	-0.042 * (1.813)	-0.048 * (1.832)	-0.041 (1.215)	-0.057 * (1.871)
$Indep_{i,t}$	-0.244 (0.568)	-0.243 (1.547)	-0.237 * (1.825)	-0.214 (0.485)	-0.232 (0.735)	-0.257 * (1.795)

续表

变量名称	静态面板模型			动态面板模型		
	是否发生风险积聚			是否发生风险积聚		
	（1）	（2）	（3）	（4）	（5）	（6）
$Double_{i,t}$	−0.225 （1.022）	−0.237 （0.647）	−0.212 （1.214）	−0.243* （1.875）	−0.239 （1.223）	−0.295** （2.086）
$Salary_{i,t}$	−0.194 （1.268）	−0.182 （1.373）	−0.185 （1.355）	−0.176 （1.352）	−0.187 （1.040）	−0.215 （0.685）
$Size_{i,t}$	0.001 （0.547）	0.001 （0.245）	0.001 （0.874）	0.001 （0.367）	0.001 （0.525）	0.001 （1.421）
C	0.041 （1.322）	0.032 （0.845）	0.035 （0.689）	0.042 （0.674）	0.037 （0.524）	0.064 （0.614）
Quarter	控制	控制	控制	控制	控制	控制
Ind	控制	控制	控制	控制	控制	控制
N	2568	1068	1068	2568	1068	1068

注：*** 表示在 1% 水平上显著；** 表示在 5% 水平上显著；* 表示在 10% 水平上显著，括号内为 t 值。

5.3.3　内生性问题与稳健性检验

1. 内生性问题

上文进行实证研究时使用动态面板 GMM 模型，引入了被解释变量的滞后一期，并进一步采用 PSM 方法对发生企业债务风险积聚的企业进行配对，找到对照组进行回归。在很大程度上控制了可能存在的内生性问题，但是这些方法解决得都不彻底。为了更好地解决内生性问题，本节试图找到产品市场竞争的工具变量。通过以下回归模型：

$$PCM_{it} = c + \alpha_2 Lev_{i,t} + \sum \alpha\, Controls_{i,t} + \varepsilon_{it}$$

其中，Lev 表示资本结构，将期末负债占比上期末总资产计算得到。根据以往学者的研究发现资本结构是联系产业组织与公司金融的交叉点。杨雯（2009）就曾提出资本结构决策在受到产品市场竞争影响的同时反过来影响产品市场竞争状况，因此我们通过以上模型进行最小二乘

回归计算得出残差 ε，作为产品市场竞争的替代变量。具体的回归结果如表 5 – 12 所示。结果发现，选取工具变量代替产品市场竞争后，回归结果与之前得出的结果一致，说明在控制内生性问题后，上文得出的结果依然具有稳健性，即产品市场竞争与上市公司债务风险积聚程度负相关。

表 5 – 12　　　　　　　基于工具变量的回归结果（2SLS）

变量名称	2SLS			
	债务风险积聚样本组			
$PCM1_{i,t}$	− 0. 026 * （1. 842）	− 0. 028 * （1. 805）	− 0. 031 ** （2. 065）	− 0. 034 ** （2. 014）
$EQB_{i,t}$	− 0. 010 （1. 125）	− 0. 014 （1. 236）	0. 012 （0. 352）	− 0. 013 * （1. 831）
$Indep_{i,t}$		− 0. 045 （1. 547）	− 0. 044 * （1. 842）	− 0. 046 * （1. 816）
$Double_{i,t}$			− 0. 023 * （1. 814）	− 0. 021 * （1. 826）
$Salary_{i,t}$				− 0. 025 （1. 561）
$Size_{i,t}$	0. 001 （1. 524）	0. 001 （1. 347）	0. 001 （0. 458）	0. 001 （1. 237）
C	0. 034 （1. 528）	0. 028 （0. 647）	0. 021 （0. 685）	0. 046 （1. 348）
Quarter	控制	控制	控制	控制
Ind	控制	控制	控制	控制
N	1068	1068	1068	1068

注：** 表示在 5% 水平上显著；* 表示在 10% 水平上显著，括号内为 t 值。

2. 稳健性检验

为了使上文得出的实证结果更具有稳健性，本部分主要进行稳健性检验。同时为了排除行业差异对上市公司企业债务风险积聚的影响，本节选取最大的债务风险积聚行业——制造业作为本节研究样本，对样本进行动态面板回归分析。

表5-13检验了制造业产品市场竞争对上市公司债务风险积聚的影响，该部分回归结果与上文表5-3以全部债务风险积聚样本得出的回归结果类似，具其回归系数符号是一致的，而且回归结果具有显著性。进一步说明了表5-3的结果具有很强的稳健性，也进一步验证了本章提出的假设1，即产品市场竞争越激烈，上市公司债务风险积聚程度越低。但是在制造业中，回归系数值更大一些，说明在制造业中产品市场竞争对上市公司债务风险积聚程度的影响更大一些。

表5-13 产品市场竞争对公司债务风险积聚的影响研究（制造业）

变量名称	动态面板 GMM 模型			
	债务风险积聚样本组			
$DRE_{i,t-1}$	0.532 *** (5.624)	0.541 *** (3.452)	0.527 *** (2.689)	0.516 *** (4.521)
$PCM1_{i,t}$	0.037 * (1.824)	0.034 * (1.813)	0.038 * (1.872)	0.035 ** (2.015)
$EQB_{i,t}$	-0.125 (0.357)	-0.147 (0.585)	0.136 * (1.821)	-0.134 * (1.833)
$Indep_{i,t}$		-0.125 * (1.805)	-0.143 ** (2.067)	-0.136 ** (2.878)
$Double_{i,t}$			-0.132 * (1.812)	-0.149 * (1.804)
$Salary_{i,t}$				-0.245 (0.365)
$Size_{i,t}$	0.001 (1.254)	0.001 (1.341)	0.001 (0.847)	0.001 (0.407)
C	0.031 (0.874)	0.033 (1.475)	0.029 (0.847)	0.027 (0.497)
Quarter	控制	控制	控制	控制
Ind	控制	控制	控制	控制
N	752	752	752	752

注：*** 表示在1%水平上显著；** 表示在5%水平上显著；* 表示在10%水平上显著，括号内为 t 值。

155

由于上市公司债务风险积聚程度受到中观和宏观环境的双重影响，本章主要以产品市场竞争状况和行业景气度为视角研究企业内部因素对上市公司债务风险积聚的影响。而在企业宏观因素同时作用的情况下，其回归结果是否与上文分析一致需要进一步做稳健性检验。所以，本节将货币发行增速 M2 加入回归模型，进行稳健性检验。具体回归结果如表 5 – 14 所示，从表中可以看出在宏观因素同时作用的情况下，产品市场竞争状况对上市公司债务风险积聚的影响与表 5 – 3 中的实证结果具有一致性，且在一定的水平上显著。其他控制变量中，企业股权制衡度对上市公司债务风险积聚影响的显著性水平降低，其他结果与上文一致，说明上表 5 – 3 检验结果具有稳健性。

表 5 – 14　　产品市场竞争对公司债务风险积聚的影响研究（1）

变量名称	动态面板 GMM 模型			
	债务风险积聚样本组			
$DRE_{i,t-1}$	0.342 *** (7.635)	0.351 *** (5.421)	0.336 *** (3.554)	0.317 *** (3.541)
$PCM1_{i,t}$	– 0.037 * (1.835)	– 0.032 ** (2.047)	– 0.031 ** (2.085)	– 0.021 ** (2.044)
$EQB_{i,t}$	– 0.026 * (1.836)	– 0.025 (0.699)	0.028 (0.548)	– 0.016 * (1.834)
$Indep_{i,t}$		– 0.002 (1.651)	– 0.004 * (1.823)	– 0.002 * (1.828)
$Double_{i,t}$			– 0.033 * (1.827)	– 0.021 * (1.843)
$Salary_{i,t}$				– 0.024 (1.217)
M2				0.024 (0.424)
$Size_{i,t}$	0.001 (0.056)	0.001 (1.219)	0.001 (0.477)	0.001 (1.021)

变量名称	动态面板 GMM 模型			
	债务风险积聚样本组			
C	0.064 (1.361)	0.052 (0.896)	0.036 (0.421)	0.043 (1.274)
Quarter	控制	控制	控制	控制
Ind	控制	控制	控制	控制
N	1068	1068	1068	1068

注：*** 表示在 1% 水平上显著；** 表示在 5% 水平上显著；* 表示在 10% 水平上显著，括号内为 t 值。

为了进一步验证产品市场竞争在指标选取上对模型结果产生影响，进一步选取 PCM2 替代 PCM1 重新进行回归分析。具体实证回归结果见表 5 – 15。从表 5 – 15 回归结果可以发现，以 PCM2 作为产品市场竞争的替代指标后，产品市场竞争对上市公司债务风险积聚依然呈显著的负相关影响。进一步说明了表 5 – 3 的结果具有很强的稳健性，也进一步验证了本章提出的假设 1。

表 5 – 15　　产品市场竞争对公司债务风险积聚的影响研究（2）

变量名称	动态面板 GMM 模型			
	债务风险积聚样本组			
$DRE_{i,t-1}$	0.465 *** (3.254)	0.435 *** (3.145)	0.421 *** (2.689)	0.435 *** (2.879)
$PCM1_{i,t}$	− 0.014 * (1.835)	− 0.012 ** (2.042)	− 0.013 * (1.842)	− 0.012 ** (2.021)
$EQB_{i,t}$	− 0.043 * (1.806)	− 0.041 (1.322)	0.036 (1.305)	− 0.035 (1.806)
$Indep_{i,t}$		− 0.167 (1.122)	− 0.135 * (1.875)	− 0.142 * (1.863)
$Double_{i,t}$			− 0.047 * (1.832)	− 0.041 * (1.827)

变量名称	动态面板 GMM 模型			
	债务风险积聚样本组			
$Salary_{i,t}$				-0.041 (1.103)
M2				0.052 (0.325)
$Size_{i,t}$	0.001 (0.142)	0.001 (1.274)	0.001 (0.562)	0.001 (1.174)
C	0.057 (0.658)	0.049 (0.487)	0.042 (0.436)	0.038 (0.987)
Quarter	控制	控制	控制	控制
Ind	控制	控制	控制	控制
N	1068	1068	1068	1068

注：*** 表示在 1% 水平上显著；** 表示在 5% 水平上显著；* 表示在 10% 水平上显著，括号内为 t 值。

表 5-16 检验了制造业行业景气度对上市公司债务风险积聚的影响，该部分回归结果与表 5-9 以全部债务风险积聚样本得出的回归结果类似，与其回归系数符号是一致的，而且回归结果具有显著性，进一步说明了表 5-9 的结果具有很强的稳健性，也进一步验证了本章提出的假设 4，即行业景气度越低，企业债务风险积聚水平更高。但是在制造业中，回归系数值偏低，说明在制造业中行业景气度对上市公司债务风险积聚程度的影响比其他行业小。

表 5-16　行业景气度对公司债务风险积聚的影响研究（制造业）

变量名称	动态面板 GMM 模型				
	债务风险积聚样本组				
$DRE_{i,t-1}$	0.242 ** (2.074)	0.236 *** (3.874)	0.261 *** (3.978)	0.222 *** (4.215)	0.227 *** (4.397)
$MROA_{i,t}$	-0.025 * (1.832)	-0.023 ** (2.054)	-0.021 * (1.821)	-0.024 ** (2.045)	-0.026 * (1.857)

续表

变量名称	动态面板 GMM 模型				
	债务风险积聚样本组				
$EQB_{i,t}$	-0.035 (1.142)	-0.032 (1.257)	-0.039 * (1.827)	-0.032 * (1.826)	-0.037 * (1.812)
$Indep_{i,t}$		-0.368 (1.227)	-0.342 (0.685)	-0.326 (0.697)	-0.336 * (1.802)
$Double_{i,t}$			-0.064 * (1.834)	-0.072 * (1.813)	-0.065 ** (2.024)
$Salary_{i,t}$				-0.087 (1.074)	-0.068 (0.798)
$Size_{i,t}$					0.001 (1.369)
C	0.028 (1.035)	0.026 (0.598)	0.042 (1.174)	0.043 (0.487)	0.036 (0.669)
Quarter	控制	控制	控制	控制	控制
Ind	控制	控制	控制	控制	控制
N	752	752	752	752	752

注：***表示在 1% 水平上显著；**表示在 5% 水平上显著；*表示在 10% 水平上显著，括号内为 t 值。

　　由于上市公司债务风险积聚程度不仅受到中观层面即行业因素的影响，本章主要以产品市场竞争程度和行业景气度为视角研究企业内部因素对上市公司债务风险积聚的影响。而企业宏观因素同时作用的情况下，其回归结果是否与上文分析一致需要进一步做稳健性检验。所以，本节将货币发行增速 M2 加入回归模型，进行稳健性检验。具体回归结果如表 5-17 所示，从表中可以看出在宏观因素同时作用的情况下，行业景气度对上市公司债务风险积聚的影响与表 5-9 中的实证结果具有一致性，且在一定的水平上显著。其他控制变量结果与上文一致，说明表 5-9 检验结果具有稳健性。也进一步验证了本章提出的假设 2。

表 5－17　　　　行业景气度对公司债务风险积聚的影响研究（3）

变量名称	动态面板 GMM 模型				
	债务风险积聚样本组				
$DRE_{i,t-1}$	0.269 ** (2.066)	0.312 *** (4.215)	0.364 *** (4.658)	0.275 *** (7.411)	0.135 *** (2.689)
$MROA_{i,t}$	－0.035 * (1.841)	－0.032 ** (2.023)	－0.029 * (1.833)	－0.031 ** (2.067)	－0.037 * (1.826)
$EQB_{i,t}$	－0.061 (1.341)	－0.054 (1.249)	－0.059 * (1.855)	－0.062 * (1.802)	－0.026 * (1.828)
$Indep_{i,t}$		－0.247 (1.365)	－0.236 (0.947)	－0.249 (0.352)	－0.132 * (1.836)
$Double_{i,t}$			－0.341 * (1.869)	－0.365 * (1.807)	－0.136 ** (2.076)
$Salary_{i,t}$				－0.246 (1.332)	－0.169 (0.698)
$Size_{i,t}$					0.001 (0.987)
M2					0.167 (1.697)
C	0.074 (1.236)	0.044 (0.642)	0.049 (1.152)	0.053 (0.784)	0.062 (0.374)
Quarter	控制	控制	控制	控制	控制
Ind	控制	控制	控制	控制	控制
N	1068	1068	1068	1068	1068

注：*** 表示在 1% 水平上显著；** 表示在 5% 水平上显著；* 表示在 10% 水平上显著，括号内为 t 值。

5.4　本章小结

本章运用 2009～2017 年的我国沪、深 A 股上市公司中发生债务风险积聚的上市公司作为研究样本，研究了中观层面企业债务风险发生积聚的影响因素。本章主要从产品市场竞争程度与行业景气度两个方面研究了中观层面对上市公司债务风险积聚的关系进行了研究。本章的研究结论主要有以下三点：第一，在产品市场竞争程度方面，企业债务风险积聚显著受到所处的行业竞争环境的影响。企业所处的行业的竞争程度越激烈，企业债务风险积聚程度越小。这说明产品市场竞争可以有效发挥外部治理效应，通过减少企业信息不对称、代理成本等显著降低企业债务风险积聚程度。第二，产品市场竞争属于发挥了市场对企业的作用力量，当企业的性质为国有企业时，就存在政府和市场两种力量的较量。研究得出，当企业为民营企业时，产品市场竞争可以显著降低企业债务风险积聚程度，但是在国有企业中，该影响并不显著。这说明市场对企业治理效应的发挥远远低于政府的干预效果。而产品市场竞争效果的发挥与企业股权结构也有很大的关系。对上市公司债务风险积聚组进一步分类为高股权集中度组和低股权集中度组进行动态面板回归分析，发现在高股权集中度组中，产品市场竞争对上市公司债务风险积聚的抑制作用更强。这说明高股权集中度组进一步减少了企业的代理成本，降低了企业债务风险积聚。第三，在行业景气程度上，行业景气程度对企业债务风险积聚有显著的正向影响，行业景气程度可以抑制企业债务风险积聚程度的增加。对样本企业进一步根据产权性质进行分组后发现，相对于国有企业，民营上市公司债务风险积聚程度对行业景气程度表现出更强的敏感性。即民营企业债务风险积聚程度受到行业景气程度的影响更大。以上结论在控制内生性问题以及进行稳健性检验后仍然保持一致，证明了回归结论的稳健性。

第6章 宏观经济波动对企业债务风险积聚的影响研究

6.1 理论分析与假设提出

近年来，全球经济学发展领域出现最多的词语就是"新常态"。国内外对新常态含义的解释有所不同。我国对新常态定义为中国在经济发展速度上将持续保持在中高速阶段。在改革开放十几年里，我国经济增速年均值保持在 10% 以上，在 2012 年后经济增速降低到个位数。从 2012 年开始，我国经济增长步入新常态，持续到 2018 年，经济增速一直缓慢持续下降至 6% ~7%。这一时期，我国经济政策不断发生变动。过去经济增长的主要方式是出口和投资，为了提升经济增长速度，国家通过调整经济结构来促进经济的增长。经济不断增长的动力已经由过去的冶金、造船、化工、建材等行业转变为国内消费，更多地集中在新能源、新科技、新通讯、新金融行业领域。新常态下，通过优化人力资源和提升技术水平，来提高全社会的劳动生产率，拉动经济增长的关键点是创新。当前，我国经济正处于转轨的关键时期，各种不确定因素对宏观政策提出了更高的要求，政府出台政策的频率加大。

居伦等（Gulen et al.，2016）中对经济政策不确定性进行了明确的定义，是参与经济活动的企业和人无法对现行经济政策未来动向进行准确的预知，并且会导致宏观经济的波动频率增大，经济环境变得更加复杂。企业作为宏观经济的重要组成部分，外界的宏观经济政策以及其变动对企业的经营发展有着巨大的影响（Korajczyk and Levy，2003）。经济波动外生性很强，往往不能完全受政府控制，所以经济政策发生变动的频率也较高而且不受主观控制。所以研究宏观经济政策对企业行为的影响具有重大的现实意义。2008 年金融危机后，中国出台了一系列的宏观经济政策，包括"4 万亿""降准降息""供给侧结构性改革""去杠杆"等。这些政策的出台在一定程度上促进了我国经济的发展，但与此同时，也增大了经济政策的不确定性。在此背景下，我国学者大量开始研究宏观经济政策对企业行为的影响（Korajczyk and Levy，2003；黎文靖和李耀淘，2014），但是较少涉及对经济政策调整的研究。经济政策稳定可以为企业提供较明确的预期，而经济政策不确定性加大也使企业的不稳定感增强。当经济政策不确定性增强时，企业的融资活动（李凤羽和杨墨竹，2015）、企业分配活动等都会受到显著影响。

企业债务风险最初起源于企业的融资活动。第一，2009 年以来，我国企业通过投资方式来拉动经济增长。这种经济增长驱动方式使得企业总融资规模有了显著上升，作为债务融资工具的信贷、债券、非标融资等规模都得到大幅度提升。在 2013 年后，货币政策的趋紧也使得社会的融资成本得到提升。企业融资成本的提升会进一步导致企业债务风险积聚程度加大。第二，企业的利益相关者包括债权人等对企业进行评价时会将经济政策不确定性作为重要的方面进行考量。一方面，根据信息不对称理论，经济政策不确定性增大的同时也加剧了企业的信息不对称程度，企业利益相关者对企业信息的判断难度增大。企业债权人会为企业的信息风险增加提供贷款的风险溢出收益，即戈什等（Ghosh et al.，2009）认为企业债务所承担的成本增大。另一方面，雷蒙等（Lemmon et al.，2003）认为经济政策不确定性增加也加大了企业外部利益相关者监管企业的成本，增大了外部利益相关者及时发现企业不良事件的难度。在经济政策不确定性较大的环境下，企业自身发展前景的不明朗性也会加大，这时企业向外界传递不良信息的概率增大。外界利益相关者通过对不良信息的判断会加大对企业的融资约束，企业融资困难增大的同时会进一步导致企业投资的效率降低，最终增加企业的经营风险，进一步使得企业的盈利能力降低，企业的偿债能力减弱，企业的债务风险积聚程度进一步加大（冯丽艳等，2016）。第三，在公司治理视角，戈什等（Ghosh et al.，2009）认为，高管为了降低经济政策不确定性对企业造成的影响，会使用很多其他方式来降低企业盈余的波动程度，对企业盈利的变动使得企业股价不稳定性增加，降低企业的价值。而企业未来盈余的不稳定性越大，企业高管预测将来可能产生的收益情况面临的不确定也会加大，企业的不稳定性增加。企业面临的贷款利率也会上升（姚立杰等，2010）。而企业面临的贷款利率提高即意味着企业的债务成本上升，在同等盈利情况下，企业的债务风险积聚程度也会加大。第四，在企业经营的视角上，经济政策不确定性对企业的经营活动也造成了一定的困难。企业很难在错综复杂的经济政策下准确对自身产品和市场进行定位，很容易做出错误的决策，经营绩效的波动性增大，企业经营风险增加（牛建波等，2012）。随着企业经营风险的增加，外部利益相关者对企业提供资金要求的回报也随之增加（林钟高等，2015），会造成企业债务成本加大，企业的债务风险积聚程度随之加大。由于经济政策不确定性的变动并不受公司层面债务融资风险积聚程度变动的影响，所以具有相对的外生性，可以有效避免反向因果关系所产生的内生性问题。根据以上的论述，提出假设1：

H1：经济政策不确定性增加提高了企业的债务风险积聚程度。

经济政策不确定性对企业债务风险积聚程度的影响路径需要进一步研究。通过以上的分析，经济政策变动是通过内外部两个方面对企业的债务风险积聚程度起作用的。一方面，经济政策不确定性增加的同时，企业面临的外部融资环境也会受到强烈的影响。弗朗西斯等（Francis et al.，2014）得出银行将会采取紧缩的货币政策来降低对企业的贷款量，并且对企业经营状况，融资情况等都进行更加全面的审核，从而减少对企业的资金提供量，找出更优质的企业，使得企业的债务融资规模下降。同时银行等也会提高对企业融资的成本，两方面的力量相关作用，使得企业的债务风险积聚程度有可能会增大。另一方面，经济政策不确定性的增加对企业的内部经营也会产生一定的动荡。施托克和沃森（Stock and Watson，2012）等就针对2008年美国金融危机进行研究，发现经济政策不确定性导致其经济恢复缓慢的主要原因之一。布鲁姆等（Bloom et al.，2007）认为经济政策不确定性使得企业的经营的不稳定性增强，企业盈利能力的稳定性减弱，企业的现金流量波动性加大。因此，经济政策不确定性增加使得企业的经营风险加大，企业的偿债能力降低，企业的债务风险积聚程度增加。根据对以上经济政策不确定性影响企业债务风险积聚程度的路径分析提出假设2、假设3：

H2：企业面临的融资约束程度越高，经济政策不确定性提高对企业债务风险积聚增大的作用越高。

H3：企业的经营不确定性程度越大，经济政策不确定性提高对企业债务风险积聚增大的作用越强。

企业债务风险积聚是受到企业自身行为、所在行业的发展状况和宏观经济波动状况的影响的。阿尔特曼（Altman，1983）发现，宏观经济的发展状况会影响企业的债务风险积聚程度。当宏观经济发展衰退时，企业的债务风险积聚程度会增大。宏观经济中的经济增长速度、宏观股价指数的波动程度、国家的货币政策等都和企业是否会陷入债务危机存在显著相关性。威尔逊（Wilson，1997）认为企业的信用风险确实和经济周期存在显著关系。在经济衰退时期，银行的信贷政策趋于紧缩，造成企业的违约率上升，企业的债务风险进一步积聚。荷巴（Bae，2002）以金融危机作为自然实验，研究发现宏观经济对企业债务风险积聚程度的影响是通过银行与企业之间的关系发挥作用的。宏观经济周期以及信贷政策周期和企业的财务风险有显著关系。在经济发展状况良好以及信贷政策宽松时，企业发生财务危机的风险降低（吕俊和李梓房，2008）。在经济上升期，信贷水平扩张，企业的负债率提升至较高规模，就会积存很大的债务风险，在随后经济衰退期，早期积存的债务风险就会显现出来。但是我国学者对宏观经济波动与企业债务风险积聚程度关系的研究较少。很多学者从实证以及理论方面研究了宏观经济波动和信用风险以及企业信用评级迁移的关系，并且帕特里克等（Patrick et al.，2012）发现企业的信用风险呈现一定的逆经济周期性。即经济发展前景好时，企业信用风险会降低；反之，企业的信用风险增加。综上所述，国外学者通过实证和理论分析得出企业的债务风险积聚程度呈现一定的逆周期性特征。但是国内对这方面的研究比较缺乏，没有学者将我国企业作为具体的研究样本，研究中国宏观经济的波动对企业的债务风险积聚程度的影响关系。

根据上述论述，本章从宏观经济波动的视角研究企业的债务风险积聚的决定因素。并研究宏观经济影响企业债务风险积聚的具体路径。提出假设4：

H4：上市公司债务风险积聚程度呈现逆经济周期性。

6.2 研 究 设 计

6.2.1 主要变量与说明

1. 经济政策不确定性（EPU$_t$）

研究经济政策不确定性面临的最大困难在于找到度量经济政策不确定性的替代变量。贝克等（Baker et al.，2016）采取文本分析方法，将新闻媒体对经济政策包括货币政策、财政税收政策等的评价进行分析，构建出月度经济政策不确定性指数。该指数在一定程度上可以全面地衡量出国家整体各方面的宏观经济政策的不确定性程度，比以往指标的选取更准确（Gulen and Ion，2016）。本书也采用贝克等（2016）发布的关于中国的经济政策不确定性月度指数作为经济政策不确定性的替代变量。鉴于本书数据的时间跨度均为季度，需要首先将月度数据计算成季度数据（Gulen and Ion，2016），根据下列计算方式来转化：

$$EPU_t = (3EPU_m + 2EPU_{m-1} + EPU_{m-2})/6 \tag{6.1}$$

式（6.1）中，m 分别取值 3、6、9、12。

2. 融资约束程度（KZ 指数）

在经济政策不确定性环境下，企业面临的外部的融资环境也会有较高的不确定性。外部环境的不确定性也会增加金融机构的风险，银行可能会采取降低贷款量以及获取更优质的客户等措施降低风险（Bordo et al.，2016），企业的债务融资能力会下降。与此同时，面对经济政策不确定性，银行会提高对企业的贷款成本，使得企业的债务成本上升。在这两种力量作用下，企业面临的外部融资约束程度的提高非但没有使得企业的债务风险积聚程度降低，反而使得企业的风险积聚程度增加得更多。为了更好地研究这一作用机制，本章选用卡普兰等（Kaplan et al.，1997）中选用的 KZ 指数代表企业面临的融资约束程度。

具体的计算方式如下：

$$KZ = -1.002 \times Cashflow - 39.368 \times Dividends - 1.315 \times Cash$$
$$+3.139 \times Leverage + 0.283 \times Tobin'q \qquad (6.2)$$

其中，Cashflow 代表公司每个年度经营活动现金流量，Dividends 代表企业发放的现金年股利，Cash 代表企业内部的年均现金，Leverage 代表企业的年度资产负债率。本章进一步根据 KZ 指数将企业进行分组，KZ 指数高于均值的为融资约束程度高的一组；反之为融资约束程度低的组。

3. 经营不确定性 （Imu）

宏观经济政策不确定性程度高时，企业的内部经营也会随之受到较大影响。施托克和沃森（Stock and Watson，2012）通过研究明确指出2008 年美国金融危机后，经济恢复缓慢的主要原因之一就是经济政策的频繁变动。布鲁姆等（Bloom et al.，2007）由于经济政策的波动性过高，企业的经营不确定性也显著增加，导致企业未来可以获得的现金流风险增加。鉴于此，本章选取企业现金流的不确定性程度作为企业经营不确定性的代理变量。本章选取季度内企业每个月股票的回报率的方差的开方作为具体的计算方式。其中大于均值的作为高经营不确定性组；反之，为低经营不确定性组。

4. 宏观经济波动 （$GAP_{t,i}$）

本章使用 H－P 滤波法对宏观经济波动数据进行处理，$GAP_{t,i}$用来衡量我国在第 t 期的经济产出缺口，即代表宏观经济波动程度。根据潘敏（2012）中对数据的处理方法，将宏观经济周期中的长期因素利用 H－P 滤波法剔除，当计算出的产出缺口为正时，宏观经济波动指标取值为 1；当计算出的产出缺口为负时，宏观经济波动指标取值为 0。

5. 控制变量

研究经济政策不确定性时，为了控制宏观经济因素在时间的变动以及受到企业所处行业特征的影响，选取季度固定效应和行业固定效应作为控制变量。另外，为了控制企业的个体异质性导致的债务风险积聚程度变化，本章还选取了代表企业偿债能力、企业盈利水平、企业规模以

167

及企业流动性等方面的指标作为控制变量，以控制住企业的个体差异所造成的影响。主要的变量分别为企业的银行借款率、资产收益率、销售利润率、企业资产规模、企业的流动资产占比。具体的变量如表 6 – 1 所示。为了避免潜在的序列相关性问题以及异方差问题，对变量进行了相关性分析。并且对模型中的回归系数标准差进一步做异方差和"聚类（Cluster）"方式的处理。皮尔逊相关系数分析，如表 6 – 2 所示。

表 6 – 1   本章变量定义

变量名称	变量定义及说明
DRE	公司债务风险积聚程度，$DRE = 1/[DR \times Ln(E)]$，DR 表示企业可以承担的风险，E 代表企业的权益资本量
EPU	贝克等（Baker et al., 2016）建立的中国经济政策不确定性指数月度数据并依公式 $EPU_t = (3EPU_m + 2EPU_{m-1} + EPU_{m-2})/6$，m 分别取值 3、6、9、12，转化为季度数据
KZ 指数	表示企业面临的融资约束程度，$KZ = -1.002 \times Cashflow - 39.368 \times Dividends - 1.315 \times Cash + 3.139 \times Leverage + 0.283 \times Tobin'q$ 计算数值后，大于均值取值为 1，小于均值取值为 0
Imu	表示经营不确定性，选取季度内企业每个月股票的回报率的标准差。算出后对所有数据取均值，大于均值取值为 1；反之，为 0
GAP	表示宏观经济产出缺口，产出缺口为正，取值为 1；反之，为 0
Bank	银行借款 =（长期借款 + 短期借款）/总资产
ROA	资产收益率 = 净利润/总资产
Grow	销售收入增长率 =（当期销售收入 – 上期销售收入）/上期销售收入
liqu	表示企业流动性，流动资产/总资产
Size	表示企业规模，取企业资产的自然对数
Quarter	表示季度虚拟变量，当变量属于该季度时，取值为 1；反之为 0
Ind	表示行业虚拟变量，当变量属于该行业时，取值为 1；反之为 0

表6-2

皮尔逊相关系数分析

变量名称	DRE	EPU	KZ指数	Imu	GAP	Bank	ROA	Grow	liqu	Size	Quarter	Ind
DRE	1.000											
EPU	0.392*	1.000										
KZ指数	0.171*	0.089*	1.000									
Imu	0.092*	0.032*	0.137*	1.000								
GAP	0.303*	0.109*	0.238*	-0.133*	1.000							
Bank	0.074*	0.048*	0.010	-0.036*	0.276*	1.000						
ROA	-0.127*	-0.186*	-0.019*	-0.021*	0.040*	-0.082*	1.000					
Grow	0.167*	0.087*	0.172*	-0.076*	0.216*	-0.159*	0.005	1.000				
liqu	0.171*	0.089*	0.089*	-0.016	0.119*	0.025*	0.049*	0.078*	1.000			
Size	0.150*	0.105*	0.075*	-0.063*	0.250*	0.079*	0.073*	0.176*	0.086*	1.000		
Quarter	0.267*	0.232*	0.134*	-0.047*	0.187*	0.074*	0.184*	0.184*	0.103*	0.352*	1.000	
Ind	0.131*	0.076*	0.178*	-0.100*	0.203*	0.080*	0.096*	0.183*	0.058*	0.189*	0.296*	1.000

注：＊表示在5%的水平上显著。

6.2.2　模型与估计方法

1. 基于倾向性得分配对方法的样本筛选

根据前面第2章的分析，针对不同行业以及地区，对企业发生债务风险积聚和未发生债务风险积聚的样本进行了分离。由于企业的债务风险积聚也存在反过来对宏观经济波动以及经济政策不确定程度产生影响，虽然这种影响可能并不显著；而且在研究企业的债务风险积聚的宏观影响因素时，虽然控制了行业和时间等变量，但是还有可能存在一些遗漏变量。参考相关学者的研究，可以采用双重差分方法，分析外生事件对企业行为的影响。该方法可以有效减少内生性问题，但是方法在使用性上有很大局限性。因此，鉴于方法的适用性，本章采取倾向性的分配方法来降低实证模型中潜在的内生性。来筛选经济政策不确定性以及宏观经济波动对企业的债务风险积聚的影响。为了解决内生性问题，使回归结果的稳健性与可信性增加，本章采用倾向性得分法选取债务风险积聚样本的对照组，降低内生性问题对实证结果的干扰。本章采用"倾向性得分匹配"，具体步骤同第3章一致，此处不再赘述。

2. H－P滤波法

霍德里克和普莱斯考特（Hodrick and Prescott，1980）在分析第二次世界大战之后美国经济恢复程度时，首次提出了用经济景气度来度量宏观经济波动程度。在之后的几十年里，很多学者也采用该方法做了大量研究（孔庆辉，2011；孙工声，2009；张依茹，2012）。H－P滤波法将时间序列数据采用空间状态进行分析，将波动方差进行极小化。H－P滤波类似于一个高通滤波器（High－Pass Filter），利用了时间序列的谱分析方法作为理论基础。谱分析方法的原理是把时间序列作为不同频率的组成部分叠加在一起，时间序列的高通滤波通过将时间序列中的不同频率的组成部分进行分离，找出其中频率值最大的部分，将频率值较小的部分剔除，即将长期趋势项进行剔除，从而将短期的随机波动部分筛选出来进行度量。H－P滤波法的具体原理如下：

假设一个宏观经济时间序列表示为 $X = (x_1, x_2, x_3, \cdots, x_n)$，其

中的趋势项部分为 $H = (h_1, h_2, h_3, \cdots, h_n)$，其中，n 代表样本数量。根据 H - P 滤波法的原理，将 $X_t(t = 1, 2, \cdots, n)$ 进行分解：

$$x_t = h_t + c_t \tag{6.3}$$

式（6.3）中，h_t、c_t 是不可观测值。

上述经济时间序列 X_t 中的趋势要素 h_t 是不可观测的。h_t 是下面方程求解最小化问题的解：

$$\min\left\{ \sum_{t=1}^{n} (x_t - h_t)^2 + \varphi \sum_{t=1}^{n} [B(L)h_t]^2 \right\} \tag{6.4}$$

其中，B（L）是指延迟算子多项式，具体的形式为式（6.5）：

$$B(L) = (L^{-1} - 1) - (1 - L) \tag{6.5}$$

通过将 B(L) 代入式（6.4），最初的问题转变为求下面函数的最小值问题，即：

$$\min\left\{ \sum_{t=1}^{n} (x_t - h_t)^2 + \varphi \sum_{t=1}^{n} [(h_{t+1} - h_t) - (h_t - h_{t-1})]^2 \right\} \tag{6.6}$$

对式（6.6）求 x_1, x_2, x_3, $\cdots$, x_n 的一阶偏导，将取得的偏导等于零，即：

171

$$h_1 : c_2 = \varphi(h_1 - 2h_2 + h_3)$$
$$h_2 : c_2 = \varphi(-2h_2 + 5h_2 - 4h_3 + h_4)$$
$$\cdots\cdots$$
$$h_t : c_t = \varphi(h_{t-2} - 4h_{t-1} + 6h_t - 4h_{t+1} + h_4)$$
$$\cdots\cdots$$
$$h_{n-1} : c_{n-1} = \varphi(h_{n-3} - 4h_{n-2} + 5h_{n-1} - 2h_n)$$
$$h_n : c_n = \varphi(h_{n-2} - 2h_{n-1} + h_n)$$

上述分析也可以通过矩阵来表示，即：

$$c = \varphi Th \tag{6.7}$$

$$T = \begin{bmatrix} 1 & -2 & 1 & 0 & & & & \\ -2 & 5 & 4 & 1 & 0 & \cdots & \cdots & \cdots & \cdots \\ 1 & -4 & 6 & -4 & 1 & 0 & \cdots & \cdots & 0 \\ \cdots & \cdots & \cdots & & \ddots & & 4 & 1 & 0 \\ 0 & \cdots & \cdots & & -4 & & 6 & 4 & 1 \\ 0 & \cdots & \cdots & \cdots & 1 & & -4 & 5 & -2 \\ 0 & \cdots & \cdots & & 0 & & 1 & -2 & 1 \end{bmatrix} \tag{6.8}$$

T 如矩阵式（6.7）所示，为 T × T 阶系数矩阵。

通过式（6.3）和式（6.7）代入得到：

$$x_t - h_t = \varphi T h_t \qquad (6.9)$$

进一步将式（6.9）进行整理，可以得到式（6.10），即：

$$h_t = (\varphi T + 1)^{-1} h_t \qquad (6.10)$$

通过式（6.8）分析得知，矩阵 T 每列之和为 0。因此，根据式（6.7）可知，短期波动的和为 0。即：

$$\sum_{t=1}^{n} c_t = 0 \qquad (6.11)$$

根据式（6.4）中的最小化问题，利用 $\varphi \sum_{t=1}^{n} [B(L)h_t]^2$ 对宏观经济中的趋势项进行调整，该趋势项随着 φ 的增加也会增加。φ 从另一方面代表了趋势项的波动的不稳定性程度。根据上面的推理，当 $\varphi = 0$ 时，$x_t = h_t$，此时也能够满足式（6.3）中的求最小化问题的条件。随着 φ 的增加，趋势项也会越来越光滑；当 φ 趋向于无穷大时，h_t 会趋向于线性函数，H-P 滤波即转化为 ols 趋势。根据统计学原理，非平稳时间序列可以分为几个非平稳项和几个平稳项，所以，φ 可以取任意值。φ 选取的值的大小影响趋势项与实际的宏观经济时间序列之间的拟合程度和趋势 H 平滑度的选择。而 φ 的最优解为 σ_1^2 / σ_2^2，其中 σ_1^2、σ_2^2 分别代表宏观经济时间序列 X 中的趋势项和周期项的方差。

3. 动态面板 GMM 模型

本章对样本采用 GMM 模型进行实证分析。动态面板 GMM 模型引入因变量的滞后项作为自变量，可以反映出经济活动的变化。另外，通过选择变量的滞后项作为工具变量，可以在一定程度上克服解释变量的内生性问题。构造动态面板，应用 GMM 模型进行回归，基本的回归模型如下：

$$Y_{it} = c + \alpha_1 Y_{it-1} + \alpha_2 EPU_{i,t} + \sum \alpha \, Controls_{i,t} + \varepsilon_{it} \qquad (6.12)$$

其中，Y 是上市公司债务风险积聚程度，用企业的 $1/DR \times Ln(E)$ 值表示，$EPU_{i,t}$ 经济政策不确定性程度，$Controls_{i,t}$ 是控制变量，i 代表样本企业，t 代表季度。

同时，本章为了研究债务风险积聚组和非债务风险积聚组，将选取的债务风险积聚样本进行配对后选取非债务风险积聚对照组。分别用

fxz^1 和 fxz^0 来表示。则式（6.12）可以进一步表示为：

$$fxz^1 = c + \alpha_1 fxz^1_{it-1} + \alpha_2 EPU_{i,t} + \sum \alpha \, Controls_{i,t} + \varepsilon_{it} \qquad (6.13)$$

$$fxz^0 = c + \alpha_1 fxz^0_{it-1} + \alpha_2 EPU_{i,t} + \sum \alpha \, Controls_{i,t} + \varepsilon_{it} \qquad (6.14)$$

4. 经济政策不确定性与上市公司债务风险积聚

本章以上市公司债务风险积聚程度作为因变量，选取经济政策不确定性指数作为解释变量。利用动态面板 GMM 模型研究经济政策不确定性对上市公司债务风险积聚程度的影响，即本章提出的假设 1。验证经济政策不确定性是否对上市公司债务风险积聚有显著的正向关系。该假设选取以式（6.15）进行实证分析。为了能将内生性问题下降到最低限度，本书按上述倾向性得分匹配方法对发生债务风险积聚的公司进行配对，设立实验组和对照组。在此基础上，进行式（6.15）的模型回归。

$$DRE_{it} = c + \alpha_1 DRE_{it-1} + \alpha_2 EPU_{i,t} + \sum \alpha \, Controls_{i,t} + \varepsilon_{it}$$

$$(6.15)$$

其中，DRE 是上市公司债务风险积聚程度，用企业的 $1/DR \times Ln(E)$ 值表示，$EPU_{i,t}$ 经济政策不确定性程度，$Controls_{i,t}$ 是控制变量，本节主要选取了企业的偿债能力、营运能力、企业的规模、企业的行业特征等变量进行控制。i 代表样本企业，t 代表季度。

5. 经济政策不确定性对上市公司债务风险积聚影响作用渠道

通过上节对经济政策不确定性与上市公司债务风险积聚的关系研究，进一步明确经济政策不确定性产生影响的作用渠道。经过前文的分析，外部经济政策不确定时，企业面临的外部融资环境和企业内部经营稳定性受到很大影响。这两方面是否是导致经济政策不确定性对上市公司债务风险积聚产生影响的作用渠道，将样本分为高融资约束组、低融资约束组，高经营不确定性组、低经营不确定性组。利用线性概率模型对作用渠道进行考察，将经济政策不确定性进行也分为两组，高于均值的取值为 1；反之，为 0。并对组间差距显著性进行检验。

$$DRE_{it}\_or = \alpha_0 + \alpha_2 EPU_{i,t} + \alpha_4 Controls_{i,t} + \sum Quarter + \sum Ind + \varepsilon_{it}$$

$$(6.16)$$

其中，DRE_or 是上市公司债务风险积聚程度，用企业的 $1/DR \times Ln(E)$

值表示，并对其进行分组，大于均值取值为 1；反之为 0。$EPU_{i,t}$ 经济政策不确定性程度，$KZ_{i,t}$ 代表企业面临的外部融资约束，$Controls_{i,t}$ 是控制变量，$Imu_{i,t}$ 代表了企业经营不确定性，本节主要选取了企业的偿债能力、营运能力、企业的规模、企业的行业特征等变量进行控制。i 代表样本企业，t 代表季度。Quarter 和 Ind 分别表示控制了季度和行业。

6. 宏观经济波动与上市公司债务风险积聚

在对宏观经济波动性研究中，国内外学者大量采用了 Logistics 模型作为研究工具（罗炜等，2011；李琦等，2011）。该模型之所以适用于宏观经济研究，主要源于宏观经济变量的代理指标通常为二元虚拟变量。本节参考相关学者研究宏观经济波动与上市公司债务风险积聚的关系时的做法，主要采用了 Logit 模型进行研究。为了验证假设 4，本节采用式（6.17）进行回归检验，研究宏观经济波动对企业债务风险积聚造成的影响。本节与前面的研究类似，对样本进行倾向性得分匹配后进行回归检验。

$$DRE_{it} = c + + \alpha_1 GAP_{i,t} + \alpha_5 Controls_{i,t} + \sum Quarter + \sum Ind + \varepsilon_{it}$$

$$(6.17)$$

其中，DRE 是上市公司债务风险积聚程度，用企业的 $1/DR \times Ln(E)$ 值表示，$GAP_{i,t}$ 宏观经济波动性，经济处于上升期，其取值为 1；反之，$GAP_{i,t}$ 取值为 0。$Controls_{i,t}$ 是控制变量，本节主要选取了企业的偿债能力、营运能力、企业的规模、企业的行业特征等变量进行控制。Quarter 和 Ind 分别表示控制了季度和行业。i 代表样本企业，t 代表季度。

6.3 实 证 分 析

6.3.1 经济政策不确定性与企业债务风险积聚

1. 样本与数据来源

本书样本选取 2009～2017 年在沪、深上市的 A 股企业，经济政策不确定性指标数据使用贝克等（Baker et al.，2016）构建的中国经济不确定性指数①。公司财务指标数据来自国泰安（CSMAR）数据库。并对样本数据按步骤做如下处理：

（1）选取我国沪、深 A 股上市公司 2009～2017 年季度数据，考虑到金融保险行业具有很强的特殊性，剔除了金融保险行业类的企业。

（2）因为选取的季度数据，有一些企业发布的财务信息存在一定的缺失，并且有一些企业在相应的期间没有发布社会责任报告，将这部分企业进行剔除。

（3）本部分是选取企业发生债务风险积聚作为研究对象，将经过剔除的样本计算出每个企业的债务风险积聚程度年均增长率，增长率大于 0 企业为发生债务风险积聚，作为实验组。

（4）为了控制内生性，本章采取 PSM 方法选取与实验组上市企业资产规模、存货周转率、销售增长率等指标相近的企业作为对照组，经过处理，实验组和对照组的上市公司容量均为 1068 家。

（5）因为数据取值区间为季度，为了降低异常值对模型结果的干扰，对取得的连续数据均进行 1% 的 Winsorize 缩尾处理。相关数据的处理均使用 Excel 2010 与 Stata 14.0 软件。

2. 描述性统计

表 6-3 报告了总体样本、发生债务风险积聚的样本和其对照组样本的描述性统计结果。表 6-3 包含了各个变量的最大值、最小值、标准差、分位数等。根据表 6-3 可以看出在总体样本中，债务风险积聚程度均值为 0.0864，在债务风险积聚样本中，债务风险积聚均值为 0.104，明显高于未发生债务风险积聚的样本。经济政策不确定性指数是属于宏观经济变量，其均值为 1.943，明显高于中位数，标准差相较于均值较大，说明我国经济政策变动略大。也为我们研究经济政策不确定性对企业债务风险积聚提供了宏观环境基础。KZ 指数代表了企业面临外部融资约束程度，根据实验组和对照组的数据分析得知，发生债务风险积聚的企业面临的融资约束更大，而且其不同企业面临融资约束的波动性也更大。Imu 表示企业的经营不确定性，从下表中可以得知在总

175

---

① 数据来自贝克等（2016）发布经济不确定性指数的网站（http：//www. policyuncer-tainty. com/china_monthly. html），网站定期公布不同国家与地区的经济不确定性指数。

体样本中，经营不确定性均值为 0.475，该值偏小。说明整体来看，企业经营稳定性较好。在债务风险积聚样本中，该均值为 0.586，说明企业债务风险积聚较高的经营不稳定性更强。对比分析 Bank 值可以发现，企业债务风险积聚较高时，其银行借款占比明显高于未发生债务风险积聚的企业。

表 6 - 3 样本描述性统计

类型	变量	均值	标准差	1% 分位数	中位数	99% 分位数
总体	DRE	0.086	0.035	0.001	0.074	0.134
	EPU	1.943	0.821	0.073	1.178	3.355
	KZ 指数	0.687	0.521	0.000	1.000	1.000
	Imu	0.475	0.442	0.000	0.000	1.000
	Bank	0.199	0.164	0.000	0.182	0.676
	ROA	0.011	0.022	- 0.065	0.009	0.082
	Grow	0.175	0.884	- 0.843	0.042	4.879
	liqu	0.548	0.234	0.077	0.572	0.946
	Size	21.754	1.315	19.134	21.369	26.421
实验组	DRE	0.104	0.057	0.005	0.097	0.142
	EPU	1.943	0.821	0.073	1.178	3.355
	Imu	0.586	0.534	0.000	1.000	1.000
	KZ 指数	0.674	0.423	0.000	1.000	1.000
	Bank	0.334	0.242	0.000	0.345	1.000
	ROA	0.005	0.035	- 0.099	0.007	0.064
	Grow	0.014	0.897	- 1.246	0.006	2.454
	liqu	0.402	0.229	0.051	0.416	0.754
	Size	21.442	1.225	19.779	20.654	25.331
对照组	DRE	0.034	0.096	0.001	0.045	0.078
	EPU	1.943	0.821	0.073	1.178	3.355
	KZ 指数	0.511	0.447	0.000	0.000	1.000
	Imu	0.397	0.403	0.000	0.000	1.000

续表

类型	变量	均值	标准差	1%分位数	中位数	99%分位数
对照组	Bank	0.154	0.132	0.000	0.142	1.000
	ROA	0.012	0.024	−0.031	0.010	0.086
	Grow	0.243	0.778	−0.813	0.058	4.652
	liqu	0.536	0.241	0.079	0.549	0.931
	Size	21.668	1.240	19.941	22.112	26.354

最后，可以看出企业的流动性在不同的样本中也存在明显的差异。在债务风险积聚样本中，企业的流动性均值为 0.402，小于未发生债务风险积聚的样本均值 0.536。说明当企业的债务风险积聚程度较高时，企业内部的流动资产会缩减，可以实现变现的流动资产更偏向于偿还企业较高的债务。所以，企业内部的流动资产量较高。

3. 实证分析

表 6-4 以上文得到的发生债务风险积聚企业作为研究样本，报告了经济政策不确定性对上市公司债务风险积聚程度的影响。为了使模型结果更具稳健性，在列（1）至列（4）中逐步添加相应的控制变量进行动态回归分析。具体回归结果如表 6-4 所示。DRE（-1）在模型中均表现为 1% 的显著性并且符号取正，这说明企业债务风险积聚在时间上有一定的惯性，从另一方面也说明了在债务风险积聚样本中，企业的债务风险随着时间推移呈不断的积聚状态。企业上期的债务风险积聚程度与企业下期的债务风险积聚程度有相关关系。EPU 指数均在 1% 的水平上显著为正，说明经济政策不确定性会促使企业的债务风险积聚程度加大。验证了本章提出的假设 1，即经济政策不确定性增加提高了企业的债务风险积聚程度。说明经济政策不确定性确实为增加企业外部环境的不确定性，增加了利益相关者与企业内部的信息不对称程度，使得企业做出经济决策的风险增加，企业的债务风险积聚程度加大。具体的影响路径需要下文进一步分析。

表 6 – 4　　　　经济政策不确定性对公司债务风险积聚的影响研究

变量名称	动态面板 GMM 模型			
	债务风险积聚样本组			
	(1)	(2)	(3)	(4)
$DRE_{i,t-1}$	0.713 *** (28.777)	0.684 *** (31.388)	0.626 *** (7.899)	0.748 *** (14.961)
$EPU_{i,t}$	0.297 *** (5.299)	0.183 *** (4.754)	0.235 *** (3.128)	0.177 *** (2.899)
$Bank_{i,t}$	0.293 *** (2.263)	0.367 *** (6.584)	0.389 *** (11.122)	0.402 *** (7.956)
$ROA_{i,t}$		– 0.053 * (1.87)	– 0.147 * (1.83)	– 0.122 ** (2.10)
$Grow_{i,t}$			– 0.482 *** (18.09)	– 0.445 *** (15.64)
$liqu_{i,t}$				– 0.278 *** (6.41)
$Size_{i,t}$	0.233 * (1.84)	0.378 (1.14)	0.426 (1.36)	0.339 (1.04)
C	0.249 (0.582)	0.263 (0.365)	0.294 * (1.932)	0.325 * (1.879)
Quarter	控制	控制	控制	控制
Ind	控制	控制	控制	控制
N	1068	1068	1068	1068

注：*** 表示在 1% 水平上显著；** 表示在 5% 水平上显著；* 表示在 10% 水平上显著，括号内为 t 值。

在控制变量中，Bank 系数和 Size 系数均为正，Bank 系数在 1% 的水平上显著，Size 系数没有通过显著性检验。说明企业的银行借款占比会显著影响企业的债务风险积聚程度，且银行借款占比越高，企业的债务风险积聚程度越高。而企业的规模与企业的债务风险积聚程度没有直接关系，说明无论大企业还是小企业，均有出现债务风险积聚的可能。

ROA、Grow 和 liqu 的系数都为负，且 ROA 系数在 5% 的水平上显著，Grow 系数和 liqu 系数在 10% 的水平上显著。说明企业的资产收益率越高、收益增长率越高、流动资产占比越高企，企业债务风险积聚程度越低。企业的盈利能力以及流动能力的提高会显著降低企业债务风险积聚程度。以上结果均建立在控制企业的季度和行业固定效应的基础上，并且通过控制变量的递增，模型的结果稳健性更强。

　　表 6-5 报告了将实验组进行 PSM 匹配后，对照组和实验组以及样本总体的静态回归和动态面板回归结果。表 6-5 中列（1）至列（4）是以总体企业作为模型回归样本，分别采用了静态固定效应和动态面板模型进行回归。从回归结果可以看出，以总体作为样本时，经济政策不确定性与企业债务风险积聚程度之间并不存在显著性关系。这主要是因为在总体样本中，有一部分企业的债务风险并没有呈现积聚状态，而经济政策不确定性在此时可以被作为外生变量，对其影响较小，但是此时企业的银行借款占比、企业的收益增长率以及企业的流动性依然对企业的债务风险积聚程度有显著影响。虽然表 6-4 中动态面板 GMM 模型在一定程度上可以缓解内生性问题，但是考虑到本书选取的样本只是总体样本中的一小部分，为了使内生性问题得到更充分的解决，继续使用倾向得分匹配 PSM 方法，对发生企业债务风险积聚的企业进行配对得到对照组。表 6-4 中列（2）、列（5）样本为未发生债务风险积聚的企业。列（3）、列（6）样本为发生债务风险积聚的企业。在进行配对时，选取的混杂因子为企业资产规模、存货周转率、销售增长率等指标。根据表 6-5 可知，发生债务风险积聚的样本中，无论是用静态面板还是动态面板，经济政策不确定性对企业债务风险积聚都有显著的负相关性。这进一步验证了本章的假设 1。而在对照组，未发生债务风险积聚的企业，经济政策不确定性对企业债务风险积聚程度的关系并不显著。说明在未发生债务风险积聚的企业内，经济政策不确定性对企业债务风险水平并没有直接关系。经济政策不确定性只有在企业本身存在较高的债务风险积聚程度的基础上才会体现出显著的作用。这说明当企业内部的债务风险发生积聚时，其对外部环境的敏感性提高。在内外部双重影响下，企业的债务风险积聚会显著提升。另外，在实验组中，DRE（-1）的系数显著为正，说明在风险积聚样本组，企业债务风险积聚随着时间的推移存在很强的惯性。

表 6 – 5   经济政策不确定性对公司债务风险积聚的影响研究

变量名称	静态面板模型			动态面板模型		
	是否发生风险积聚			是否发生风险积聚		
	(1)	(2)	(3)	(4)	(5)	(6)
$DRE_{i,t-1}$				0.654 (1.21)	0.548 (0.21)	0.748 *** (14.961)
$EPU_{i,t}$	0.148 (0.52)	0.273 (1.321)	0.213 ** (2.073)	0.048 (1.26)	0.066 (0.279)	0.177 *** (2.899)
$Bank_{i,t}$	0.373 *** (7.21)	0.209 *** (3.16)	0.357 *** (5.21)	0.466 *** (9.97)	0.547 *** (4.29)	0.402 *** (7.95)
$ROA_{i,t}$	-0.398 *** (2.79)	-0.476 ** (2.31)	-0.212 ** (2.04)	-0.110 *** (4.79)	-0.315 ** (2.59)	-0.122 ** (2.10)
$Grow_{i,t}$	-0.501 (1.42)	-0.614 ** (2.03)	-0.673 (1.07)	-0.157 *** (7.63)	-0.376 *** (3.41)	-0.445 *** (15.64)
$liqu_{i,t}$	-0.806 *** (7.21)	-0.432 (1.47)	-0.307 *** (2.67)	-0.146 *** (3.35)	-0.032 ** (2.07)	-0.278 *** (6.41)
$Size_{i,t}$	0.544 (1.03)	0.422 ** (2.11)	0.642 (1.36)	0.813 (0.68)	0.771 * (1.94)	0.839 (1.04)
C	0.616 (1.28)	0.582 (1.35)	0.483 (1.37)	0.632 (1.06)	0.475 ** (2.01)	0.325 ** (2.57)
Quarter	控制	控制	控制	控制	控制	控制
Ind	控制	控制	控制	控制	控制	控制
N	2568	1068	1068	2568	1068	1068

注: *** 表示在1%水平上显著; ** 表示在5%水平上显著; * 表示在10%水平上显著, 括号内为 t 值。

无论在控制组还是在实验组, 控制变量 Bank 系数和 Size 系数均为正, Bank 系数在1%的水平上显著, Size 系数没有通过显著性检验。说明企业的银行借款占比会显著影响企业的债务风险积聚程度, 且银行借款占比越高, 企业的债务风险积聚程度越高。而企业的规模与企业的债务风险积聚程度没有直接关系, 说明无论大企业还是小企业, 均有出现债务风险积聚的可能。ROA、Grow 和 liqu 的系数都为负, 且 ROA 系数在1%的水平上显著, Grow 系数和 liqu 系数在1%、5%的水平上显著。

说明企业的资产收益率越高、收益增长率越高、流动资产占比越高企，企业债务风险积聚程度越低。企业的盈利能力以及流动能力的提高会显著降低企业债务风险积聚程度。

通过上表的回归模型可以验证经济政策不确定性增大会显著增加企业债务风险积聚程度。但是经济政策不确定性对企业债务风险作用的具体渠道在实证上还需要进一步验证。通过上文的理论分析得知经济政策不确定性增大的同时会影响企业外部融资环境、企业内部经营环境。致使企业面临的融资约束增加以及企业经营不确定性增加，最终导致企业的债务风险积聚程度增加。具体的作用是否与预期的两个作用渠道相同还需要进一步检验。通过式（6.16）进行实证分析得到实证结果如表 6 - 6 所示，根据下表回归结果可以得知：将样本组按企业受到的融资约束程度分为高融资约束组、低融资约束组。为了检验企业经营不确定性受到的影响，将样本分为高经营不确定性组和低融资约束组。通过对比研究高低两组的经济政策不确定性对企业债务风险积聚的影响系数的差异就可以发现，高融资约束组的经济政策不确定性对企业的债务风险积聚程度的影响显著性更大，而且其组间的差异呈现 5% 的显著性水平。这进一步说明在经济政策不确定性通过影响企业面临的融资约束来对企业债务风险积聚起作用。进一步地，在经营不确定性较高的组与经营不确定较低的组对比，经济政策不确定性对企业的债务风险影响的系数显著性更大一些，并且进一步对其系数差进行显著性检验，发现在 1% 的水平上显著。这也证明了经济政策不确定性对企业债务风险积聚影响的作用渠道之一就是通过企业的经营不确定性来传递。这也进一步验证了本章提出的假设 2 和假设 3，即企业面临的融资约束程度越高，经济政策不确定性提高对企业债务风险积聚增大的作用越高。企业的经营不确定性程度越大，经济政策不确定性提高对企业债务风险积聚增大的作用越强。

表 6 - 6　经济政策不确定性、融资约束与企业债务风险积聚的影响

变量名称	融资约束程度 KZ		经营不确定性（Imu）	
	（1）较高组	（2）较低组	（4）较高组	（5）较低组
$DRE_{i,t-1}$	0.675 *** (3.14)	0.541 ** (2.01)	0.754 *** (2.21)	0.548 * (1.21)

变量名称	融资约束程度 KZ		经营不确定性（Imu）	
	（1）较高组	（2）较低组	（4）较高组	（5）较低组
$EPU_{i,t}$	0.147 *** (4.57)	0.073 ** (2.02)	0.137 *** (7.26)	0.066 * (1.97)
$Bank_{i,t}$	0.421 *** (3.45)	0.224 *** (2.71)	0.441 *** (4.02)	0.257 *** (3.27)
$ROA_{i,t}$	− 0.376 *** (4.09)	− 0.276 ** (2.42)	− 0.410 *** (5.79)	− 0.245 ** (2.12)
$Grow_{i,t}$	− 0.601 (1.57)	− 0.414 ** (2.03)	− 0.555 *** (7.63)	− 0.326 *** (3.41)
$liqu_{i,t}$	− 0.545 *** (5.21)	− 0.472 (1.47)	− 0.506 *** (3.35)	− 0.232 ** (2.07)
$Size_{i,t}$	0.557 (1.11)	0.422 ** (2.01)	0.524 (0.79)	0.547 * (1.84)
C	0.516 (1.45)	0.382 (1.07)	0.532 (1.71)	0.475 ** (2.12)
Quarter	控制	控制	控制	控制
Ind	控制	控制	控制	控制
N	341	727	625	443
$EPU_{i,t}$组间差 F 检验	173.34		74.26	

注：*** 表示在 1% 水平上显著；** 表示在 5% 水平上显著；* 表示在 10% 水平上显著，括号内为 t 值。

6.3.2 宏观经济波动与企业债务风险积聚

1. 样本与数据来源

本书样本选取 2009 ~ 2017 年在沪、深上市的 A 股企业，宏观经济波动指数来自 Wind 数据库，公司财务指标数据来自国泰安（CSMAR）

数据库。并对样本数据按步骤做如下处理：

（1）选取我国沪、深 A 股上市公司 2009 ~ 2017 年季度数据，考虑到金融保险行业具有很强的特殊性，剔除了金融保险行业类的企业。

（2）因为选取的季度数据，有一些企业发布的财务信息存在一定的缺失，并且有一些企业在相应的期间没有发布社会责任报告，将这部分企业进行剔除。

（3）本部分是选取企业发生债务风险积聚作为研究对象，将经过剔除的样本计算出每个企业的债务风险积聚程度年均增长率，增长率大于 0 企业为发生债务风险积聚，作为实验组。

（4）为了控制内生性，本章采取 PSM 方法选取与实验组上市企业资产规模、存货周转率、销售增长率等指标相近的企业作为对照组，经过处理，实验组和对照组的上市公司容量均为 1068 家。

（5）因为数据取值区间为季度，为了降低异常值对模型结果的干扰，对取得的连续数据均进行 1% 的 Winsorize 缩尾处理。相关数据的处理均使用 Excel 2010 与 Stata 14.0 软件。

2. 描述性统计

183

表 6 - 7 报告了总体样本、发生债务风险积聚的样本和其对照组样本的描述性统计结果，包含了各个变量的最大值、最小值、标准差、分位数等。根据表 6 - 7 可以看出在总体样本中，债务风险积聚程度均值为 0.0864 在债务风险积聚样本中，债务风险积聚均值为 0.104，明显高于未发生债务风险积聚的样本宏观经济波动变量 GAP 是二元虚拟变量，其均值为 0.674，说明宏观经济波动处于较高的水平，标准差较大，说明宏观经济波动程度本身具有不稳定性。也为我们研究宏观经济波动对企业债务风险积聚提供了宏观环境基础。对比分析 Bank 值可以发现，企业债务风险积聚较高时，其银行借款占比明显高于未发生债务风险积聚的企业。最后，可以看出企业的流动性在不同的样本中也存在明显的差异。在债务风险积聚样本中，企业的流动性均值为 0.402，小于未发生债务风险积聚的样本均值 0.536。说明当企业的债务风险积聚程度较高时，企业内部的流动资产会缩减，可以实现变现的流动资产更偏向于偿还企业较高的债务，所以，企业内部的流动资产量较高。

表 6-7　　　　　　　　　　样本描述性统计

类型	变量	均值	标准差	1%分位数	中位数	99%分位数
总体	DRE	0.086	0.356	0.001	0.0743	0.134
	GAP	0.674	0.423	0.000	1.000	1.000
	Bank	0.199	0.164	0.000	0.182	0.676
	ROA	0.011	0.022	−0.065	0.009	0.082
	Grow	0.175	0.884	−0.843	0.042	4.879
	liqu	0.548	0.234	0.077	0.572	0.946
	Size	21.754	1.315	19.134	21.369	26.421
实验组	DRE	0.104	0.0578	0.005	0.0974	0.142
	GAP	0.674	0.423	0.000	1.000	1.000
	Bank	0.334	0.242	0.000	0.345	1.000
	ROA	0.005	0.035	−0.099	0.007	0.064
	Grow	0.014	0.897	−1.246	0.006	2.454
	liqu	0.402	0.229	0.051	0.416	0.754
	Size	21.442	1.225	19.779	20.654	25.331
对照组	DRE	0.034	0.0961	0.001	0.0451	0.0784
	GAP	0.674	0.423	0.000	1.000	1.000
	Bank	0.154	0.132	0.000	0.142	1.000
	ROA	0.012	0.024	−0.031	0.010	0.086
	Grow	0.243	0.778	−0.813	0.058	4.652
	liqu	0.536	0.241	0.079	0.549	0.931
	Size	21.668	1.240	19.941	22.112	26.354

3. 实证分析

表 6-8 报告了宏观经济波动对公司债务风险积聚程度的影响。宏观经济指标利用 H-P 滤波法进行处理，得到短期经济波动情况。将得到的 GDP 波动情况平均，大于均值的取值为 1；反之为 0。表 6-8 实证分析并通过 PSM 方法得到的实验组，即发生债务风险积聚的企业作为研究样本，主要研究了宏观经济波动对企业债务风险积聚的影响。为了

使研究结果更加稳健，也是先采取了将控制变量进行逐步回归的方式来更仔细地观察宏观经济变量对企业债务风险积聚的影响。表 6 – 8 中列（1）至列（4）递增加入控制变量得到回归结果。其中，DRE（–1）在模型中均表现为 1% 的显著性并且符号取正，这说明企业债务风险积聚在时间上有一定的惯性，另一方面也说明了在债务风险积聚样本中，企业的债务风险随着时间推移呈不断的积聚状态。企业上期的债务风险积聚程度与企业下期的债务风险积聚程度有相关关系。

表 6 – 8　　　　宏观经济波动对公司债务风险积聚的影响研究

变量名称	动态面板 GMM 模型			
	债务风险积聚样本组			
	（1）	（2）	（3）	（4）
$DRE_{i,t-1}$	0. 574 *** （12. 341）	0. 602 *** （24. 457）	0. 541 *** （14. 002）	0. 624 *** （11. 471）
$GAP_{i,t}$	0. 047 *** （3. 774）	0. 029 *** （4. 078）	0. 035 *** （3. 785）	0. 047 *** （4. 217）
$Bank_{i,t}$	0. 379 *** （2. 781）	0. 406 *** （5. 247）	0. 589 *** （6. 247）	0. 502 *** （5. 956）
$ROA_{i,t}$		– 0. 053 * （1. 87）	– 0. 147 * （1. 83）	– 0. 122 ** （2. 10）
$Grow_{i,t}$			– 0. 542 *** （7. 09）	– 0. 364 *** （2. 64）
$liqu_{i,t}$				– 0. 278 *** （6. 41）
$Size_{i,t}$	0. 754 * （1. 74）	0. 421 （1. 59）	0. 621 （1. 34）	0. 547 （1. 24）
C	0. 321 *** （7. 302）	0. 341 *** （4. 253）	0. 215 *** （6. 541）	0. 225 ** （4. 57）
Quarter	控制	控制	控制	控制
Ind	控制	控制	控制	控制
N	1068	1068	1068	1068

注：*** 表示在 1% 水平上显著；** 表示在 5% 水平上显著；* 表示在 10% 水平上显著，括号内为 t 值。

185

GAP 系数均在1%的水平上显著为正，说明宏观经济波动会促使企业的债务风险积聚程度加大。验证了本章提出的假设4，即宏观经济波动增加提高了企业的债务风险积聚程度。说明宏观经济波动使得企业外部环境的不确定性，增加了利益相关者与企业内部的信息不对称程度，使得企业做出经济决策的风险增加，企业的债务风险积聚程度加大。在控制变量中，Bank 系数和 Size 系数均为正，Bank 系数在1%的水平上显著，Size 系数没有通过显著性检验。说明企业的银行借款占比会显著影响企业的债务风险积聚程度，且银行借款占比越高，企业的债务风险积聚程度越高。而企业的规模与企业的债务风险积聚程度没有直接关系，说明无论大企业还是小企业，均有出现债务风险积聚的可能。ROA、Grow 和 liqu 的系数都为负，且 ROA 系数在5%的水平上显著，Grow 系数和 liqu 系数在10%的水平上显著。说明企业的资产收益率越高、收益增长率越高、流动资产占比越高企，企业债务风险积聚程度越低。企业的盈利能力以及流动能力的提高会显著降低企业债务风险积聚程度。以上结果均建立在控制企业的季度和行业固定效应的基础上，并且通过控制变量的递增，模型的结果稳健性更强。

上文通过倾向匹配得分法（PSM）将上市公司债务风险积聚组与未发生债务风险积聚的企业进行一对一配对。在进行配对时，选取的混杂因子为企业资产规模、存货周转率、销售增长率等指标。为了更好地控制模型的内生性问题，表6-9将企业分为总体样本以及实验组和对照组分别进行实证分析。为了对比研究动态模型结果，还进一步报告了静态面板的回归分析结果。表6-9中列（1）至列（3）即采用静态面板研究三个样本组宏观经济波动对企业债务风险积聚的影响。列（4）至列（6）分别报告了用动态面板模型研究三个样本组宏观经济波动对企业债务风险积聚的影响。对比分析后发现，以总体作为研究样本时，宏观经济波动与企业债务风险积聚之间不存在显著的关系。这说明从全部上市 A 股企业来分析，宏观经济波动是作为一个外生变量的，对企业债务风险水平的影响较小。而且因为在总体样本中，有一部分企业的债务风险并没有呈现积聚状态，对比分析列（2）、列（5），即以未发生企业债务风险积聚的企业为样本组，发现宏观经济波动对企业债务风险积聚程度的关系并不显著。说明在未发生债务风险积聚的企业内，宏观经济波动水平对企业债务风险水平并没有直接关系。宏观经济波动水平只有在企业本身存在较高的债务风险积聚程度的基础上才会体现出显著的作用。列（3）、列（6）样本为发生债务风险积聚的企业。在进行配对时，选取的混杂因子为企业资产规模、存货周转率、销售增长率等指标。根据表6-9可知，发生债务风险积聚的样本中，无论是用静态面板还是动态面板，经济政策不确定性对企业债务风险积聚都有显著的负相关性。这进一步验证了本章提出的假设4。这说明当企业内部的债务风险发生积聚时，其对外部环境的敏感性提高。在内外部双重影响下，企业的债务风险积聚会显著提升。

表6-9　　宏观经济波动对公司债务风险积聚的影响研究（1）

变量名称	静态面板模型			动态面板模型		
	是否发生风险积聚			是否发生风险积聚		
	（1）	（2）	（3）	（4）	（5）	（6）
$DRE_{i,t-1}$				0.742 (1.472)	0.685 (0.364)	0.697 *** (9.961)
$GAP_{i,t}$	0.048 (0.52)	0.024 (1.321)	0.078 ** (2.073)	0.064 (1.26)	0.046 (0.279)	0.069 *** (2.899)
$Bank_{i,t}$	0.475 *** (7.21)	0.398 *** (3.16)	0.445 *** (5.21)	0.402 *** (9.97)	0.372 *** (4.29)	0.467 *** (7.95)
$ROA_{i,t}$	−0.387 *** (2.79)	−0.547 ** (2.31)	−0.532 ** (2.04)	−0.275 *** (4.79)	−0.264 ** (2.59)	−0.367 ** (2.10)
$Grow_{i,t}$	−0.421 (1.42)	−0.521 ** (2.03)	−0.574 (1.07)	−0.447 *** (7.63)	−0.474 *** (3.41)	−0.434 *** (15.64)
$liqu_{i,t}$	−0.621 *** (7.21)	−0.432 (1.47)	−0.307 *** (2.67)	−0.146 *** (3.35)	−0.032 ** (2.07)	−0.278 *** (6.41)
$Size_{i,t}$	0.404 (1.03)	0.562 ** (2.11)	0.342 (1.36)	0.469 (0.68)	0.561 * (1.94)	0.404 (1.04)
C	0.375 (2.07)	0.396 (1.34)	0.401 (1.07)	0.387 (1.35)	0.402 ** (2.04)	0.334 ** (2.65)
Quarter	控制	控制	控制	控制	控制	控制
Ind	控制	控制	控制	控制	控制	控制
N	2568	1068	1068	2568	1068	1068

注：*** 表示在1%水平上显著；** 表示在5%水平上显著；* 表示在10%水平上显著，括号内为 t 值。

187

另外，在实验组中，DRE（-1）的系数显著为正，说明在风险积聚样本组，企业债务风险积聚随着时间的推移存在很强的惯性。

无论在控制组还是在实验组，控制变量 Bank 系数和 Size 系数均为正，Bank 系数在 1% 的水平上显著，Size 系数没有通过显著性检验。说明企业的银行借款占比会显著影响企业的债务风险积聚程度，且银行借款占比越高，企业的债务风险积聚程度越高。而企业的规模与企业的债务风险积聚程度没有直接关系，说明无论大企业还是小企业，均有出现债务风险积聚的可能。ROA、Grow 和 liqu 的系数都为负，且 ROA 系数在 1% 的水平上显著，Grow 系数和 liqu 系数在 1%、5% 的水平上显著。说明企业的资产收益率越高、收益增长率越高、流动资产占比越高企，企业债务风险积聚程度越低。企业的盈利能力以及流动能力的提高会显著降低企业债务风险积聚程度。

为了更深入地研究宏观经济波动对发生债务风险积聚的上市公司的影响，我们进一步将实验组（发生债务风险积聚）的企业根据产权性质进一步分类，分为国有上市企业和民营上市企业。研究在不同产权性质下，宏观经济波动对债务风险积聚的影响。具体的结果如表 6-10 所示。国有企业和民营企业的回归系数分别为 0.042 和 0.081，并且都在 1% 的水平上显著，这说明无论是国有企业还是民营企业，宏观经济波动的增加都显著促进了企业债务风险积聚的程度，这也验证了本章假设 4，即宏观经济波动与企业债务风险积聚呈显著正相关关系。具体分析国有企业和民营企业回归系数的值可以发现，民营企业的系数值明显大于国有企业的系数，是国有企业的两倍以上。这进一步说明，宏观经济波动对民营企业债务风险积聚程度的影响更深远。当宏观经济发生波动时，相对于国有企业，民营企业的债务风险积聚程度上升得更快，即民营企业对外部宏观环境的变动更加敏感。为了验证两者系数之间差别是否存在显著性，继续对两者系数做 Chow 检验，研究发现系数差异在 5% 的水平上显著，说明不同企业的性质确实存在结构性差异。即宏观经济不确定性越大，民营企业债务风险积聚程度增加得更显著。

表 6 – 10　　宏观经济波动对公司债务风险积聚的影响研究（2）

变量名称	动态面板 GMM 模型（风险积聚样本组）		
	All	State	Private
$DRE_{i,t-1}$	0. 697 *** (8. 961)	0. 684 *** (9. 388)	0. 726 *** (6. 471)
$GAP_{i,t}$	0. 297 *** (2. 899)	0. 183 *** (2. 455)	0. 081 *** (4. 961)
$Bank_{i,t}$	0. 467 *** (7. 95)	0. 367 *** (6. 584)	0. 235 *** (4. 982)
$ROA_{i,t}$	– 0. 367 ** (2. 10)	– 0. 053 * (1. 871)	(3. 128) (2. 899)
$Grow_{i,t}$	– 0. 434 *** (15. 64)	0. 378 *** (4. 322)	0. 389 *** (6. 343)
$liqu_{i,t}$	– 0. 278 *** (6. 41)	– 0. 247 *** (6. 342)	– 0. 374 *** (7. 956)
$Size_{i,t}$	0. 404 (1. 04)	0. 378 (1. 14)	0. 147 * (1. 83)
C	0. 334 ** (2. 65)	0. 263 *** (5. 78)	0. 122 ** (2. 10)
Quarter	控制	控制	控制
Ind	控制	控制	控制

注：*** 表示在 1% 水平上显著；** 表示在 5% 水平上显著；* 表示在 10% 水平上显著，括号内为 t 值。

6.3.3　内生性问题与稳健性检验

1. 内生性问题

上文进行实证研究时使用动态面板 GMM 模型，引入了被解释变量的滞后一期。并进一步采用 PSM 方法对发生企业债务风险积聚的企业进行配对，找到对照组进行回归。在很大程度上控制了可能存在的内生性问题，但是这些方法解决得都不彻底。为了更好地解决内生性问题，本书参考许罡和伍文中（2018）在研究经济政策对企业金融投资的研究中的方法，选用美国经济政策不确定性（UEPU）作为工具变量，并运用固定效应进行回归，使模型回归结果的内生性问题得到缓解。选用工具变量 UEPU 即美国经济政策不确定性的是因为该指标具备工具变量的条件，美国经济政策不确定性会影响中国经济政策不确定性，满足了工具变量相关性条件，而美国经济政策不确定性并不会直接影响我国企业债务风险积聚，满足了工具变量的外生性要求。从表 6 – 11 可以看出，经济政策不确定性的增加会显著使得上市公司债务风险积聚程度增加。在控制变量逐渐递增的同时，该结果保持不变。研究结果和上文一致，也从另一层面说明了研究结果的稳健性。

表 6 – 11　　　　　　经济政策不确定性工具变量回归结果

变量名称	动态面板 GMM 模型			
	债务风险积聚样本组			
$EPU_{i,t}$	0.654 *** (5.778)	0.642 *** (6.335)	0.547 *** (3.225)	0.612 *** (4.961)
$Bank_{i,t}$	0.306 *** (3.753)	0.412 *** (4.257)	0.432 *** (6.335)	0.358 *** (5.247)
$ROA_{i,t}$		− 0.035 * (1.87)	− 0.077 * (1.83)	− 0.045 ** (2.10)
$Grow_{i,t}$			− 0.474 *** (6.57)	− 0.444 *** (3.57)
$liqu_{i,t}$				− 0.378 *** (3.21)
$Size_{i,t}$	0.237 * (1.84)	0.742 (1.14)	0.457 (1.36)	0.368 (1.04)
C	0.387 *** (19.177)	0.577 *** (5.78)	0.368 *** (19.332)	0.367 ** (2.57)
Quarter	控制	控制	控制	控制
Ind	控制	控制	控制	控制
N	1068	1068	1068	1068

注：*** 表示在1% 水平上显著；** 表示在5% 水平上显著；* 表示在10% 水平上显著，括号内为 t 值。

2. 稳健性检验

为了使上文得出的实证结果更具有稳健性，本部分主要进行稳健性检验。通过改变控制变量，在上文研究中，在模型中添加的控制变量大多是局限于企业的内部的财务指标，因为经济政策不确定性是属于外部环境影响，所以进一步加入货币发行增速 M2 以及将宏观经济波动变量也加入模型进行实证研究。通过表 6 - 12 可以发现，在同时加入经济政策不确定性、宏观经济波动以及货币发行增速变量后，其结果和上述研究一致。即经济政策不确定性增加会促使企业债务风险积聚程度增加，宏观经济波动增大会显著增加企业债务风险积聚程度。该结论进一步证实上文研究结论具有稳健性。

表 6 - 12　经济政策不确定性、宏观经济波动与公司债务风险积聚

变量名称	静态面板模型			动态面板模型		
	是否发生风险积聚			是否发生风险积聚		
	（1）	（2）	（3）	（4）	（5）	（6）
$DRE_{i,t-1}$				0.567 （1.61）	0.654 （1.32）	0.687 *** （7.65）
$EPU_{i,t}$	0.231 （0.52）	0.247 （1.321）	0.321 ** （2.073）	0.120 （1.26）	0.247 （0.279）	0.324 *** （2.899）
$GAP_{i,t}$	0.014 （0.52）	0.027 （1.321）	0.021 ** （2.073）	0.048 （1.26）	0.066 （0.279）	0.177 *** （2.899）
$Bank_{i,t}$	0.302 *** （3.21）	0.314 *** （5.24）	0.247 *** （4.36）	0.257 *** （5.27）	0.378 *** （5.36）	0.378 *** （6.34）
$ROA_{i,t}$	- 0.432 *** （2.79）	- 0.357 ** （2.31）	- 0.347 ** （2.04）	- 0.247 *** （4.79）	- 0.417 ** （2.59）	- 0.322 ** （2.10）
$Grow_{i,t}$	- 0.537 （1.42）	- 0.325 ** （2.03）	- 0.436 （1.07）	- 0.365 *** （7.63）	- 0.475 *** （3.41）	- 0.368 *** （9.35）
$liqu_{i,t}$	- 0.672 *** （7.21）	- 0.475 （1.47）	- 0.475 *** （2.67）	- 0.336 *** （3.35）	- 0.351 ** （2.07）	- 0.278 *** （6.41）
$Size_{i,t}$	0.275 （1.03）	0.365 ** （2.11）	0.365 （1.36）	0.713 （0.68）	0.548 * （1.94）	0.632 （1.04）

变量名称	静态面板模型			动态面板模型		
	是否发生风险积聚			是否发生风险积聚		
	(1)	(2)	(3)	(4)	(5)	(6)
$M2_{i,t}$	0.148 (0.52)	0.273 (1.321)	0.213** (2.073)	0.048 (1.26)	0.066 (0.279)	0.177*** (2.899)
C	0.616 (1.28)	0.582 (1.35)	0.483 (1.37)	0.632 (1.06)	0.475** (2.01)	0.325** (2.57)
Quarter	控制	控制	控制	控制	控制	控制
Ind	控制	控制	控制	控制	控制	控制
N	2568	1068	1068	2568	1068	1068

注：***表示在1%水平上显著；**表示在5%水平上显著；*表示在10%水平上显著，括号内为 t 值。

另外，宏观经济波动变量指数除了用 H－P 滤波法处理得到 GDP 波动指标以外，还可以采用通货膨胀等来表示。通货膨胀指数可以从另一个方面体现出宏观经济变动的趋势。通常情况下，当经济景气时，通货膨胀指数会增加，当经济衰退时，经济指数会偏低。因此，宏观经济波动变量可以选用 CPI 指数作为替代变量进行稳健性检验。表 6－13 报告了稳健性检验下，宏观经济波动对企业债务风险积聚程度影响的实证结果。通过对结果分析可以发现，当采用 CPI 指数时，宏观经济波动增加会显著增大企业债务风险积聚程度。其他控制变量对企业债务风险积聚程度的影响和上述研究结论也具有一致性。该部分研究进一步证实了本章提出的假设 4，也进一步说明上文研究结论的稳健性。

表 6－13　　宏观经济波动对公司债务风险积聚的影响研究

变量名称	静态面板模型			动态面板模型		
	是否发生风险积聚			是否发生风险积聚		
	(1)	(2)	(3)	(4)	(5)	(6)
$DRE_{i,t-1}$				0.654 (1.21)	0.548 (0.21)	0.748*** (14.961)

变量名称	静态面板模型			动态面板模型		
	是否发生风险积聚			是否发生风险积聚		
	（1）	（2）	（3）	（4）	（5）	（6）
$CPI_{i,t}$	0.045 （0.65）	0.035 （1.41）	0.036 ** （2.04）	0.034 （1.45）	0.045 （0.36）	0.074 *** （2.79）
$Bank_{i,t}$	0.354 *** （7.21）	0.364 *** （3.16）	0.324 *** （5.21）	0.375 *** （9.97）	0.214 *** （4.29）	0.365 *** （7.95）
$ROA_{i,t}$	− 0.398 *** （2.79）	− 0.476 ** （2.31）	− 0.212 ** （2.04）	− 0.110 *** （4.79）	− 0.315 ** （2.59）	− 0.122 ** （2.10）
$Grow_{i,t}$	− 0.501 （1.42）	− 0.614 ** （2.03）	− 0.673 （1.07）	− 0.157 *** （7.63）	− 0.376 *** （3.41）	− 0.445 *** （15.64）
$liqu_{i,t}$	− 0.806 *** （7.21）	− 0.432 （1.47）	− 0.307 *** （2.67）	− 0.146 *** （3.35）	− 0.032 ** （2.07）	− 0.278 *** （6.41）
$Size_{i,t}$	0.544 （1.03）	0.422 ** （2.11）	0.642 （1.36）	0.813 （0.68）	0.771 * （1.94）	0.839 （1.04）
C	0.616 （1.28）	0.582 （1.35）	0.483 （1.37）	0.632 （1.06）	0.475 ** （2.01）	0.325 ** （2.57）
Quarter	控制	控制	控制	控制	控制	控制
Ind	控制	控制	控制	控制	控制	控制
N	2568	1068	1068	2568	1068	1068

注：*** 表示在 1% 水平上显著；** 表示在 5% 水平上显著；* 表示在 10% 水平上显著，括号内为 t 值。

　　根据上文对发生债务风险积聚的行业分析可以得知，其中制造业行业是企业债务风险积聚行业。为了进一步细化研究样本以及使研究结论稳健性更强，本部分选取制造业行业企业作为研究样本。研究经济政策不确定性对企业债务风险积聚以及宏观经济波动对企业债务风险积聚的影响。具体结果如表 6 - 14 所示，根据下表可以得知，当选取制造业为研究样本时，经济政策不确定性增加对企业债务风险积聚有显著促进作用。宏观经济不确定性与企业债务风险积聚程度显著正相关。这和上文的研究结论依然是一致的，也进一步证实了本章提出的假设 1 和假设 4，以及上文研究结论的稳健性。

表6-14 经济政策不确定性、宏观经济波动与公司债务风险积聚

变量名称	静态面板模型			动态面板模型		
	是否发生风险积聚			是否发生风险积聚		
	(1)	(2)	(3)	(4)	(5)	(6)
$DRE_{i,t-1}$				0.784 *** (2.645)	0.645 *** (3.47)	0.698 *** (6.37)
$EPU_{i,t}$	0.329 (1.30)	0.248 (1.47)	0.418 ** (2.07)	0.572 (1.65)	0.341 (0.347)	0.671 *** (2.67)
$GAP_{i,t}$	0.018 (0.78)	0.023 (0.39)	0.021 ** (1.98)	0.057 (0.78)	0.054 (0.36)	0.057 *** (5.27)
$Bank_{i,t}$	0.373 *** (7.21)	0.209 *** (3.16)	0.357 *** (5.21)	0.466 *** (9.97)	0.547 *** (4.29)	0.402 *** (7.95)
$ROA_{i,t}$	-0.398 *** (2.79)	-0.476 ** (2.31)	-0.212 ** (2.04)	-0.110 *** (4.79)	-0.315 ** (2.59)	-0.122 ** (2.10)
$Grow_{i,t}$	-0.501 (1.42)	-0.614 ** (2.03)	-0.673 (1.07)	-0.157 *** (7.63)	-0.376 *** (3.41)	-0.445 *** (15.64)
$liqu_{i,t}$	-0.806 *** (7.21)	-0.432 (1.47)	-0.307 *** (2.67)	-0.146 *** (3.35)	-0.032 ** (2.07)	-0.278 *** (6.41)
$Size_{i,t}$	0.675 (1.03)	0.668 ** (2.11)	0.457 (1.36)	0.368 (0.68)	0.214 * (1.94)	0.221 (1.04)
$M2_{i,t}$	0.148 (0.52)	0.273 (1.321)	0.213 ** (2.073)	0.048 (1.26)	0.066 (0.279)	0.177 *** (2.899)
C	0.521 (0.36)	0.324 (0.75)	0.385 (0.45)	0.751 (0.36)	0.367 ** (2.11)	0.247 ** (2.01)
Quarter	控制	控制	控制	控制	控制	控制
Ind	控制	控制	控制	控制	控制	控制

注：*** 表示在1%水平上显著；** 表示在5%水平上显著；* 表示在10%水平上显著，括号内为t值。

6.4　本　章　小　结

本章运用 2009～2017 年的我国沪、深 A 股上市公司中发生债务风险积聚的上市公司作为研究样本，研究了宏观层面企业债务风险发生积聚的影响因素。本章主要从经济政策不确定性与宏观经济波动两个方面研究了宏观层面对上市公司债务风险积聚的关系进行了研究。本章的研究结论主要有以下三点：第一，在经济政策不确定性方面，企业债务风险积聚显著受到宏观政策颁布频率的影响。国家通过制定经济政策对企业进行治理和宏观调控的同时，其政策变动的频率也会影响企业的债务风险积聚程度。而且经济政策不确定性越强，企业债务风险积聚程度越大。第二，经济政策不确定性对企业债务风险积聚程度通过以下两个渠道发生作用：融资约束程度与经营不确定性。经济政策不确定性程度增加会从内外两个方面对企业债务风险积聚产生双重作用。经济政策不确定性增加，企业面临的外部融资约束程度增加、企业内部的经营不确定性增加。这两个方面的作用进一步影响到企业未来可以产生的现金流量以及企业面临的债务风险，最终会引起企业债务风险积聚程度增大。本章通过将样本组企业进一步分类，分为高融资约束组、低融资约束组；高经营不确定性组、低经营不确定性组，通过对两组分组差值进行 F 检验，说明了组别之间存在显著性差异，证明经济政策不确定性对企业的债务风险积聚程度的作用机制即融资约束程度和经营不确定性。第三，在宏观经济波动程度上，宏观经济波动对企业风险积聚有显著的正向影响，宏观经济波动可以促进企业债务风险积聚程度的增加。对样本企业进一步根据产权性质进行分组后发现，相对于国有企业，民营上市公司债务风险积聚程度对宏观经济波动表现出更强的敏感性。即民营企业债务风险积聚程度受到的宏观经济波动的影响更大。以上结论在控制内生性问题以及进行稳健性检验后仍然保持一致，证明了回归结论的稳健性。

第7章 中国上市公司债务风险溢出效应研究

7.1 理论分析与假设提出

为了更好地治理上市公司，有必要对上市公司债务风险的溢出效应进行有效的评估。研究上市公司债务风险溢出效应，可以更加准确地衡量上市公司债务风险对其外部企业的影响。当一家上市公司处于债务危机中时，同行业或者同类企业内部的债务风险是否也会因此受到影响？其影响表现为传染效应还是表现为竞争效应？以往学者更多关注的是金融风险的溢出效应，而对上市公司的债务风险溢出效应研究鲜少涉及。而企业面临的金融风险从本质上是从企业内部产生的债务风险与资本市场互相作用、交叉影响所导致的。

理论上，在市场环境中，如果一个上市公司发生了债务风险，甚至陷入了债务危机中，会对行业内或者其他相似的上市公司产生一定的影响，可能具体表现为竞争效应或者传染效应。其中，造成传染效应的原因是：第一，一家上市公司陷入债务危机，处于同一个产业链上的上游或者下游的其他企业对发生债务风险的企业所在行业会存在一定的歧视，如果可以寻找到其他替代品达到同样的效益，会放弃继续与该行业内的其他上市公司进行合作。第二，根据信号传递理论，某行业中的一家上市公司发生债务风险时，行业外的企业会接收到该行业的企业整体都存在经营不善的情况。为了避免花费过多的搜寻成本，行业外的其他上市公司会倾向于选择整体行业发展较好，没有发生债务风险历史的企业进行合作。这种信号传递对该上市公司产生了很大影响。一旦上市公司的合作者减少，企业未来的发展受到限制，无法获得预期的收益，同行业或者相似的企业都会因此受到债务风险的影响。伯南克（Bernanke，1983）通过实证研究均得出上市公司的债务风险溢出效应更多地表现为传染效应。其中，朗（1992）通过实证分析得出，上市公司债务风险在行业内存在一定的传染效应。而且，上市公司的债务危机越严重，其传染效应越大。这说明行业的整体风险对行业内企业的债务风险存在显著影响，所在行业的风险高，上市公司的债务风险倾向于增大。相反，也有学者研究发现上市公司债务风险溢出呈现出完全相反的表现，具体表现为竞争效应。当行业内或者相似的企业陷入债务危机时，该企业的竞争对手会迅速抓住这个机会，抢夺该企业的市场，争取更多的市场占有率。因为当上市公司陷入债务危机时，企业没有足够的资金用于投资有发展的项目，会导致上市公司的投资回报率进一步降低。而且，陷入债务危机的企业的管理和生产效率都会受到影响，使得竞争对手有机会得以占领更多的市场，提高自身发展，获取更高的收益率，从而降低了竞争对手的债务风险。朗（1992）研究得出，上市公司债务风险竞争效应程度与外部市场的竞争激烈程度有关，其市场竞争越激烈，上市公司的债务风险表现出的竞争效应也越强烈。我国学者以我国制度背景出发，选取被 ST 处理的上市公司作为研究样本，通过实证分析上市公司被 ST 后对外部市场的影响，发现被 ST 后的上市公司对市场产生显著的负向影响，即上市公司债务风险溢出效应主要表现为传染效应。银莉（2009）、陈收（2010）以集团上市公司作为样本，研究了一家子公司发生债务风险是否会对其他上市公司产生传染效应。

　　基于以上分析，本章提出假设 1：

　　H1：在发生债务风险积聚行业内，上市公司债务风险溢出效应呈现显著的传染效应。

7.2　研究设计

7.2.1　主要变量与说明

1. 上市公司债务风险（1/DR）

参考相关文献，Alexander Bathory 模型是用来表示企业抵御债务风险的能力（Debt Risk）。该值越小，企业状况越差。所以，本书选取 1/DR 作为企业债务风险的指标，Alexander Bathory 模型具体计算公式如式（7.1）所示：

$$DR = SZL + SY + GL + YF + YZ \qquad (7.1)$$

式（7.1）中，SZL 为（税前利润 + 折旧 + 递延税款）/流动负债；SY 为税前利润/营运资本；GL 为股东利益/流动负债；YF 为有形资产净值/负债总额；YZ 为营运资本/总资产。

2. 上市公司偿债能力（Debser）

单一的债务指标对难以全面衡量上市公司的偿债能力，为了对企业偿债能力有一个准确全面的衡量，本书参考孙克（2014）的做法，选取资产负债率、流动比率、速动比率三个指标进行综合。参考施丹（2013）的处理方法，选用 Z – Score 方法，将每个指标进行表转化处理后的得分进行加总用来衡量上市公司偿债能力。

3. 上市公司营运能力（Operate）

上市公司营运能力涉及企业多个环节的管理，同样需要选用综合指标对其进行衡量，参考孙克（2014）的做法，本书选取总资产周转率、存货周转率、应收账款周转率三个指标，借鉴施丹（2013）的方法，采用 Z – Score 方法将以上三个指标标准化处理后的值加总用来表示上市公司营运能力。

4. 上市公司盈利能力（Profit）

上市公司盈利能力对企业内部融资能力、企业现金流生成能力都有重要影响，进一步对企业债务风险积聚产生影响。而企业的总资产回报率等单一指标仅能代表上市公司当期的盈利能力，无法对上市公司未来盈利能力以及上市公司盈利能力的持久性进行反映。本书为了对上市公司的当期盈利能力以及上市公司未来盈利能力及其持久性做一个系统考察，同时为了保证实证结论的稳健性，本书采用综合指标对上市公司的盈利能力进行度量。

为了更准确地衡量企业盈利能力，借鉴孙克（2014）的处理方法，将企业的总资产报酬率、净资产报酬率、主营业务收益率这三个指标进行综合来衡量上市公司的盈利能力。借鉴施丹（2013）等的方法，使用 Z-Score 方法分别标准化处理上述三个指标，并将三个指标得分取总和作为衡量上市公司盈利能力的变量。

5. 企业生命周期（Cycle）

参考迪金森（Dickinson，2011）提出的现金流组合方法，根据企业三个活动现金流的大小和方向两方面指标，将企业生命周期划分为初创期、成长期、成熟期和衰退期。该方法可以在一定程度上避免由于财务数据不真实而导致的分期不准确问题。因为选取的样本是 A 股上市公司，这类企业的发展阶段已经不属于初创期，所以将样本企业生命周期定义为成长期、成熟期和衰退期。在成长期，企业经营活动现金流量为正、投资活动现金流量为负、筹资活动现金流量为正。在成熟期，企业经营活动现金流量为正，企业投资活动现金流量为负，企业筹资活动现金流量为负。在衰退期，企业经营活动现金流量为负，企业投资活动现金流量为正，企业筹资活动现金流量为正或负。根据这三类活动现金流量的大小和符号来划分企业生命周期的阶段。

6. 产品市场竞争（PMC1）

由于企业定价资料等难以直接获得，不能直接用企业交叉价格弹性来衡量产品市场竞争程度。赫芬达尔指数（HHI 指数）代表了行业内企业的集中度，该指数是相对值指标，该值的大小不会随着行业内企业数量的增多而发生变化。具体的计算公式为：$HHI = \sum_{i=1}^{n}(X_i/X)^2$，其中，n 为行业内企业数量，$X_i$ 第 i 个企业的规模，X 为市场总体规模。为了衡量企业产品市场竞争程度，取赫芬达尔指数的倒数（1/HHI）来表示产品市场竞争程度，当赫芬达尔指数越大时，企业所在行业的集中度越强，市场的垄断性也更强，产品市场竞争激烈程度越弱。即 1/HHI 的值越大，产品市场竞争程度越大；反之，1/HHI 的值越小，产品市场竞争程度越小。该指标产品市场竞争程度指标用 PMC1 来表示。

7. 行业景气度（MROA）

借鉴陈武朝（2013）、薛爽（2008）等学者的指标选取，本章根据证券监督委员会对行业分类的划分，将行业分为十九个不同类别，并以此确定行业景气度的大小。本章选取行业总资产收益率（MROA）用来衡量每个行业的景气程度。针对每个行业总资产收益率每个季度的均值作为行业景气度。

8. 经济政策不确定性（EPU_t）

研究经济政策不确定性面临的最大困难在于构建出合适的经济政策不确定性的替代变量。贝克等（Baker et al., 2016）采取文本分析方法，将新闻媒体对经济政策包括货币政策、财政税收政策等的评价进行分析，构建出月度经济政策不确定性指数。该指数在一定程度上可以全面地衡量出国家整体各方面的宏观经济政策的不确定性程度，弥补了之前在衡量经济政策不确定性时指数构建上的不足。本书也采用贝克等（2016）发布的关于中国的经济政策不确定性月度指数作为经济政策不确定性的替代变量。鉴于本书数据的时间跨度均为季度，需要首先将月度数据计算成季度数据，根据下列计算方式来转化：

$$EPU_t = (3EPU_m + 2EPU_{m-1} + EPU_{m-2})/6 \tag{7.2}$$

式（7.2）中，m 分别取值 3、6、9、12。

9. 宏观经济波动（$GAP_{t,i}$）

本章使用 H – P 滤波法对宏观经济波动数据进行处理，$GAP_{t,i}$ 用来衡量我国在第 t 期的经济产出缺口，即代表宏观经济波动程度。根据潘敏（2012）中对数据的处理方法，将宏观经济周期中的长期因素利用 H – P 滤波法剔除，当计算出的产出缺口为正时，宏观经济波动指标取值为 1；当计算出的产出缺口为负时，宏观经济波动指标取值为 0。

本章变量定义如表 7 – 1 所示。

表 7 –1　　　　　　　　　　　　本章变量定义

变量名称	变量定义及说明
1/DR	公司债务风险，1/DR 表示企业债务风险
Debser	表示上市公司偿债能力，Debser = $[x_1 - mean(x_1)]/std(x_1) + [x_2 - mean(x_2)]/std(x_2) + [x_3 - mean(x_3)]/std(x_3)$，其中 x_1、x_2、x_3 分别为上市公司资产负债率、流动比率、速度比率值

变量名称	变量定义及说明
Operate	表示上市公司营运能力，$Operate = [v_1 - mean(v_1)]./std(v_1) + [v_2 - mean(v_2)]./std(v_2) + [v_3 - mean(v_3)]./std(v_3)$，其中，$v_1$，$v_2$，$v_3$ 分别为上市公司总资产周转率、存货周转率、应收账款周转率
Profit	表示上市公司盈利能力，$Profit = [w_1 - mean(w_1)]./std(w_1) + [w_2 - mean(w_2)]./std(w_2) + [w_3 - mean(w_3)]./std(w_3)$，其中，$w_1$，$w_2$，$w_3$ 分别总资产报酬率、净资产报酬率、主营业务收益率
Cycle	表示企业生命周期，Cycle1 表示成长期二元变量、Cycle2 表示成熟期二元变量、Cycle3 表示衰退期二元变量
PCM1	表示产品市场竞争程度，选取 1/HHI 表示。$HHI = \sum_{i=1}^{n}(X_i/X)^2$ n 为行业内企业数量，X_i 第 i 个企业的规模，X 为市场总体规模
MRA	表示管理层风险偏好，$MRA_i = LongEx_i/Asset_{i-1}$，$LongEx_i$ 指企业在当期投资的固定资产、无形资产和其他长期资产支出，$Asset_{i-1}$ 指企业期初的资产总额
MROA	表示企业所处的行业景气度，选取行业资产收益率衡量每个行业的景气程度
EPU	贝克等（Baker et al.，2016）建立的中国经济政策不确定性指数月度数据并依公式 $EPU_t = (3EPU_m + 2EPU_{m-1} + EPU_{m-2})/6$，m 分别取值 3、6、9、12，转化为季度数据
GAP	表示宏观经济产出缺口，产出缺口为正，取值为 1；反之，为 0

7.2.2　模型与估计方法

1. 空间相关性分析 Moran's I 指数

　　一般情况下，空间相关性关注的是经济问题在区域上的空间相关性，重点研究经济行为在空间上的联系。这里所指的区域更加强调了地理位置的顺序性，例如，将空间按国家、省份或者城市等划分为不同的区域。在本部分研究中，突破了以往对区域研究的局限性，将地理区域扩展到了经济区域的范围研究经济区域的空间相关性。以往进行区域空间研究时都是以地理划分为主要的方法，但是，该研究方法存在很大的局限性，为了能够研究更广泛意义的联系，将地理空间扩展到经济空间。并且，进一步拓展思路，只要是有联系的个体都可以应用区域的理念，而不是将区域的范围限制在地理位置上。艾尔霍斯特和斯高威（Elhorst and Zigova，2011）通过建立空间计量模型研究了相联系的经济部门之间的经济空间相关性，得到了符合预期的实证结果。本章将区域扩展为发生债务风险积聚的行业的每一个上市公司，将每一个上市公司作为空间计量模型中的一个空间单元，通过建立空间模型实证分析上市企业之间存在的债务风险溢出效应。为了更准确地研究各个上市公司债务风险之间的溢出效应，我们选取关于上市公司规模的变量即上市公司的总资产以及总规模作为空间相关性的指标，来判定该类企业债务风险之间的溢出效应。并选取企业的偿债能力、营运能力、盈利能力、企业所处的生命周期、管理层风险偏好、产品市场竞争、行业景气程度、宏观经济波动以及经济政策不确定性等因素作为控制变量。选取的控制变量涵盖了影响上市公司债务风险的内部因素、市场外部因素以及宏观经济因素等三类。

$$I = \frac{n}{W_0} \frac{e'We}{e'e}$$

$$W_0 = \sum_{i=1}^{n} \sum_{j \neq 1}^{n} W_{ij} \tag{7.3}$$

式（7.3）中各指标值：I 代表了 Moran's I 指数，n 为上市公司的数量，e 则为用最小二乘估计的残差矩阵，e' 为对矩阵 e 求逆得到的矩阵，e'e 为残差平方和，W 表示空间权重矩阵。Moran's I 指数最大值为 1，最小值为 −1。绝对值越小，说明空间相关性越低。负值代表了负的空间相关性，正值代表了正的空间相关性。

选取第 2 章中发生债务风险积聚行业的企业作为研究对象，选取上市公司的规模作为经济空间相关性的指标，衡量规模的指标用上市公司的总资产或者总收入表示。具体的公式如式（7.4）所示。

$$W_{ij} = 1 / |Z_i - Z_j| S_i \tag{7.4}$$

其中，$S_i = \sum_j 1 / |Z_i - Z_j|$，$Z_i$ 表示公司 i 的两项临近性指标。

2. 空间计量模型

为了考察中国发生债务风险积聚行业的上市企业债务风险在空间上的外部溢出效应，建立以下空间计量模型即 SEM 模型和 SLM 模型分别进行分析：

$$\frac{1}{DR_{i,t}} = \alpha_1 Debser_{i,t} \alpha_2 Operate_{i,t} + \alpha_3 Profi_{i,t} + \alpha_4 Cycle_{i,t} + \alpha_5 PCM1_{i,t}$$
$$+ \alpha_6 MRA_{i,t} + \alpha_7 MROA_{i,t} + \alpha_8 EPU_{i,t} + \alpha_9 GAP_{i,t}$$
$$+ \gamma (I_T \otimes W_j) \varepsilon_i + \mu_i \tag{7.5}$$

$$\frac{1}{DR_{i,t}} = \beta_1 Debser_{i,t} + \beta_2 Operate_{i,t} + \beta_3 Profit_{i,t} + \beta_4 Cycle_{i,t} + \beta_5 PCM1_{i,t}$$
$$+ \beta_6 MRA_{i,t} + \beta_7 MROA_{i,t} + \beta_8 EPU_{i,t} + \beta_9 GAP_{i,t}$$
$$+ \rho (I_T \otimes W_j) \frac{1}{DR_{i,t}} \tag{7.6}$$

式（7.5）和式（7.6）中，W 代表了每个经济个体之间的空间相关权重；参数 ρ 代表了在空间上的回归滞后系数，具体度量了经济个体之间的溢出效应值。γ 为空间上的回归误差系数，既表示了经济个体之间的溢出值，也将空间存在的异质性表示出来。

具体选用哪个模型，用 LMerr 和 LMlag 统计量的大小来判断。安瑟兰（Anselin，1995）提出了应用广泛的方法：当 LMerr 比 LMlag 统计量的显著性更强时，选用空间误差模型更加恰当，否则，空间滞后模型更合适。

203

7.3 实 证 分 析

7.3.1 总体债务风险积聚企业债务风险溢出效应实证检验

1. 样本与数据来源

本节样本选取 2009～2017 年在沪、深上市的 A 股企业，上市公司财务指标数据来自国泰安（CSMAR）数据库，行业以及宏观指标来自 Wind 数据库。并对样本数据按步骤做如下处理：

（1）选取我国沪、深 A 股上市公司 2009～2017 年数据，考虑到金融保险行业具有很强的特殊性，剔除了金融保险行业类的企业。

（2）因为有一些企业发布的财务信息存在一定的缺失，并且有一些企业在相应的期间没有发布社会责任报告，将这部分企业进行剔除。

（3）本部分是选取发生债务风险积聚行业的企业作为研究对象，第2章通过分行业对上市公司债务风险积聚情况进行分析，其中，发生债务风险积聚行业有制造业、房地产业、建筑业、农林牧渔业以及交通运输业，将这几个行业上市公司作为本章研究总体。研究发生债务风险积聚的上市公司之间是否存在经济外部性。

2. 描述性统计

表7-2报告了以发生债务风险积聚的行业的总体上市公司为研究样本时，各变量的描述性统计结果。表7-2包含了各个变量的最大值、最小值、标准差、分位数等。根据表7-2可以看出，在总体样本中，企业的债务风险水平在0.043水平上，标准差为0.069。相比其均值而言较大，说明在总体样本中，企业的债务风险在企业间呈较大差异。企业的盈利能力在9%左右，波动性较小，说明企业的盈利水平尚佳。企业的营运能力大多在4~6，周转能力较强，但是其标准差较大，说明企业的营运能力存在一定的差别。企业在成长期的企业占比在31%左右，处于成熟期的企业占比能达到36%左右，处于衰退期的企业占比在17%左右。管理层风险偏好波动性较大，说明不同企业之间的管理层的风险偏好呈较大差别。产品市场竞争均值在13.253左右，标准差相对于其均值较大，说明企业所处的行业不同，面临的竞争程度差异较大。经济政策不确定性均值为1.833，标准差较大，说明我国经济政策变动略大。宏观经济波动变量GAP均值为0.645，说明宏观经济波动处于较高的水平，标准差较大，说明宏观经济波动程度本身具有不稳定性。

表7-2   样本描述性统计

变量	均值	标准差	1%分位数	中位数	99%分位数
1/DR	0.043	0.069	0.001	0.044	0.087
Debser	48.974	22.312	0.016	52.318	83.269
Operate	6.897	11.345	0.168	3.364	65.975
Profit	13.245	14.258	-14.329	9.487	37.894
Cycle1	0.311	0.473	0.000	0.000	1.000

变量	均值	标准差	1% 分位数	中位数	99% 分位数
Cycle2	0.366	0.462	0.000	0.000	1.000
Cycle3	0.173	0.374	0.000	0.000	1.000
MRA	0.067	0.052	0.002	0.075	0.341
PCM1	13.253	11.336	1.658	12.326	29.631
MROA	8.462	2.335	− 1.854	9.375	15.226
EPU	1.833	0.821	0.073	1.178	3.355
GAP	0.645	0.423	0.000	1.000	1.000

3. 实证分析

在进行建立模型进行分析之前，需要确定发生债务风险积聚行业企业的债务风险是否存在显著的空间溢出效应。根据前文描述，参考莫兰（Moran，1950）的处理方法，选用 Moran 指数来判断是否存在空间相关性。选择指标总资产临近性（W_1）和总收入临近性（W_2）表示上市公司空间权重。

从表 7 − 3 检验结果可以看出，对我国发生债务风险积聚行业的上市公司来说，Moran 指数用总收入临近性表示时为显著的，说明选取的我国上市公司债务风险积聚行业的企业之间存在显著的空间规模相关性。在发生债务风险积聚的行业，我国上市公司之间，债务风险确实存在显著的溢出效应。Moran's I 指数用总资产表示时不显著，说明上市公司债务风险溢出效应只有在总收入相似时才显著。

表 7 − 3　　上市公司债务风险的 Moran's I 指数以及 Moran 检验

空间权重	项目	2009 年	2010 年	2011 年	2012 年	2013 年	2014 年	2015 年	2016 年	2017 年
总资产临近性（W_1）	Moran's I 指数	0.017	0.011	0.018	0.021	0.019	0.022	0.024	0.022	0.026
	p 值	0.144	0.153	0.164	0.175	0.210	0.244	0.217	0.198	0.231

空间权重	项目	2009年	2010年	2011年	2012年	2013年	2014年	2015年	2016年	2017年
总收入临近性（W_2）	Moran's I 指数	0.052	0.059	0.073	0.042	0.056	0.067	0.065	0.063	0.044
	p 值	0.000	0.005	0.004	0.000	0.002	0.000	0.001	0.000	0.000

根据上面计算的 Moran's I 指数，发现以债务风险积聚上市公司总体作为研究样本时，以收入相似作为空间顺序时有显著的相关性。接下来具体计算在总收入邻近性下，上市企业债务风险溢出效应的具体值以及方向。在计算之前在空间滞后模型或者空间误差模型中根据统计量 LMerr 和 LMlag 进行选择。安瑟兰（Anselin，1995）提出了应用广泛的方法：当 LMerr 比 LMlag 统计量的显著性更强时，选用空间误差模型更加恰当，否则，空间滞后模型更合适。从以下研究发现以全体作为样本，在总收入临近性下 SEM 或者 SLM 模型都适用。

从表 7 - 4 结果分析可以得出，在收入相似下，以发生债务风险行业的所有上市公司为样本，上市公司债务风险存在显著为正的溢出效应，并在 1% 的水平上显著。上市公司债务风险的溢出效应表现为传染效应，即一家上市公司债务风险增加会导致另一家上市公司的债务风险也增大，发现上市公司债务风险溢出具体表现为一家上市公司债务风险增加 1% 时，与其收入相似的上市公司的债务风险会升高 0.252% ~ 0.267%。

表 7 - 4　　我国上市公司债务风险溢出效应研究（总样本）

变量名称	(1)	(2)	(3)	(4)
$Debser_{i,t}$	0.610 *** (4.242)	0.609 *** (4.241)	0.616 *** (4.252)	0.615 *** (4.252)
$Operate_{i,t}$	-0.013 * (1.821)	-0.017 ** (2.102)	-0.009 * (1.847)	-0.008 ** (2.065)
$Profit_{i,t}$	-0.044 ** (2.166)	-0.036 ** (2.014)	-0.025 * (1.769)	-0.032 ** (2.142)

续表

变量名称	(1)	(2)	(3)	(4)
$Cycle1_{i,t}$	- 0.016 * (1.936)	- 0.008 * (1.878)	- 0.007 * (1.856)	- 0.008 * (1.923)
$Cycle2_{i,t}$	- 0.006 * (1.842)	- 0.003 ** (2.131)	- 0.004 * (1.738)	- 0.002 * (1.877)
$Cycle3_{i,t}$	0.011 * (1.764)	0.012 * (1.837)	0.011 * (1.914)	0.014 ** (2.277)
$MRA_{i,t}$	0.021 * (1.853)	0.023 (0.973)	0.032 * (1.775)	0.019 * (1.872)
$PCM1_{i,t}$		0.017 * (1.742)	0.014 ** (2.234)	0.016 ** (2.057)
$MROA_{i,t}$			- 0.032 ** (2.121)	- 0.047 * (1.868)
$EPU_{i,t}$				0.234 ** (2.069)
$GAP_{i,t}$				0.065 *** (2.768)
γ	0.2520 *** (6.1032)	0.2570 *** (6.2398)	0.2670 *** (6.5175)	0.2610 *** (6.3513)
N	2538	2538	2538	2538

注： *** 表示在 1% 水平上显著；** 表示在 5% 水平上显著；* 表示在 10% 水平上显著，括号内为 t 值。

一般情况下，上市公司债务风险溢出效应会表现为传染效应或者竞争效应。在本节的分析中，具体表现为传染效应。产生这种结果的原因在于，行业内一家上市公司陷入债务危机后，根据信号传递理论，会向其他上市公司传递该行业内或者与之相似的企业经营中均存在风险过高的现象。产业链上的其他企业更加谨慎地选择是否与其进行合作，如果有其他可以替代的企业可以选择，可能会终止与该类企业的进一步合作。导致外界对该行业或与之类似的企业普遍较差的评价，行业整体的盈利性降低，进而加大了其他上市公司的债务风险。

以发生债务风险积聚的行业的上市公司整体作为研究样本进行空间计量分析发现上市公司存在显著为正的溢出效应，即表现为传染效应，说明上市公司在经营管理上存在一定的相同之处，所以才会导致企业之间债务风险相互影响。从表 7-4 中可以看出，上市公司的债务风险与上市公司的资产负债率显著正相关，与上市公司盈利能力与营运能力显著负相关。这说明有着良好的盈利能力以及营运能力的上市公司可以通过自身经营获取足够的发展资金，而不需要依赖外部融资。有着健康的现金流特征的上市公司陷入债务风险的可能性较低（肖作平，2005；袁康来，2009 等）。即使受到同行业内其他上市公司债务风险溢出效应的正向影响，也能够利用自我资金使企业得到发展。

7.3.2　分行业债务风险积聚企业债务风险溢出效应实证检验

1. 样本与数据来源

本节样本选取 2009～2017 年在沪、深上市的 A 股企业，上市公司财务指标数据来自国泰安（CSMAR）数据库，行业以及宏观指标来自 Wind 数据库。并对样本数据按步骤做如下处理：

（1）选取我国沪、深 A 股上市公司 2009～2017 年数据，考虑到金融保险行业具有很强的特殊性，剔除了金融保险行业类的企业。

（2）因为有一些企业发布的财务信息存在一定的缺失，并且有一些企业在相应的期间没有发布社会责任报告，将这部分企业进行剔除。

（3）本部分是选取发生债务风险积聚行业的企业作为研究对象，上文第 2 章通过分行业对上市公司债务风险积聚情况进行分析，其中，发生债务风险积聚行业有制造业、房地产业、建筑业、农林牧渔业以及交通运输业，为了研究每个行业内部企业债务风险溢出效应情况，分行业对上市公司债务风险的外部性进行研究。

2. 描述性统计

为了更好地对每个行业内部上市公司之间是否发生债务风险溢出效应进行研究，本节将分行业对相关变量进行描述性统计。根据表 7-5

可以看出，在制造业样本中，企业的债务风险水平在 0.024 左右，标准差为 0.045。相比其均值而言较大，说明在制造业行业中，企业的债务风险在企业间呈较大差异。企业的盈利能力在 10% 左右，波动性较小，说明企业的盈利水平尚佳。企业的营运能力大多在 4~5，周转能力较强，但是其标准差较大，说明企业的营运能力存在一定的差别。企业在成长期的占比在 31% 左右，处于成熟期的企业占比能达到 37% 左右，处于衰退期的企业占比在 16% 左右。管理层风险偏好波动性较大，说明不同企业之间的管理层的风险偏好呈较大差别。产品市场竞争均值在 11.469 左右，标准差相对于其均值较大，说明企业所处的行业不同，面临的竞争程度差异较大。经济政策不确定性均值为 1.764，标准差较大，说明我国经济政策变动略大。宏观经济波动变量 GAP 均值为 0.536，说明宏观经济波动处于较高的水平，标准差较大，说明宏观经济波动程度本身具有不稳定性。

表 7-5　　　　　　　　　分行业样本描述性统计（制造业）

变量名称	均值	标准差	1% 分位数	中位数	99% 分位数
1/DR	0.024	0.045	0.001	0.032	0.071
Debser	42.365	18.336	0.013	43.589	74.662
Operate	5.332	8.995	0.236	4.412	43.221
Profit	11.366	15.632	-11.225	11.587	36.458
Cycle1	0.314	0.369	0.000	0.000	1.000
Cycle2	0.378	0.521	0.000	0.000	1.000
Cycle3	0.167	0.472	0.000	0.000	1.000
MRA	0.053	0.048	0.003	0.055	0.327
PCM1	11.469	10.552	1.354	10.247	27.549
MROA	7.568	2.468	-1.354	6.543	14.568
EPU	1.764	0.428	0.058	1.534	3.426
GAP	0.536	0.452	0.000	1.000	1.000

3. 实证分析

和上文所讲到的一致，在建立模型进行分析之前，需要确定发生债务风险积聚行业企业的债务风险是否存在显著的空间溢出效应。根据前文描述，参考莫兰（Moran，1950）的处理方法，选用 Moran 指数来判断是否存在空间相关性。选择指标总资产临近性（W_1）和总收入临近性（W_2）表示上市公司空间权重。本书分别计算出制造业、房地产业、建筑业、农林牧渔业以及交通运输业的 Moran 指数并检验其空间相关性。检验结果如表7-6所示。

表7-6　　上市公司债务风险的 Moran's I 指数以及 Moran 检验

样本	总资产邻近性	总收入邻近性	样本	总资产邻近性	总收入邻近性
制造业	-0.2026 (0.0012)	-0.1120 (0.0732)	农林牧渔	0.0571 (0.0079)	0.0000 (0.8479)
房地产业	0.0751 (0.0005)	0.1270 (0.0000)	交通运输业	0.0436 (0.2500)	0.0596 (0.0789)
建筑业	0.0096 (0.6613)	0.0773 (0.0405)			

注：括号内为 p 值。

　　表7-6检验可以得到，在不同的行业中，上市公司债务风险的空间相关性存在差异，并且显著性也不一样。制造业和房地产业具有强烈的空间相关性，建筑业和农林牧渔业则仅仅在收入相似时具有显著的空间相关性。交通运输业则在总资产相似时才具有空间相关性。

　　为了进一步更具体地计算出各个行业上市公司债务风险溢出效应的大小，需要选择合适的空间计量模型。这里我们通过 LM 统计量来检测选用模型的种类。从表7-7可以看出，无论是用总资产还是用总收入表示规模相似性，在制造业中选用 SLM 模型更恰当。房地产业总资产相似下具有空间相关性，使用 SLM 模型，而在总收入相似下的空间相关性，两个模型均可以。在建筑业中，SEM 模型更加恰当，农林牧渔业和交通运输业中 SEM 模型更恰当。如果两个模型均具有显著性，则根据显著性大小进行选择（王火根和沈利生，2007）。表7-7为模型判断的具体计算结果。

表7-7 我国各行业上市公司债务风险溢出的计量模型选择

行业	总资产邻近性		总收入邻近性	
	LMerr	LMlag	LMerr	LMlag
制造业	12.184 (0.0001)	15.973 (0.0000)	4.119 (0.0424)	7.944 (0.004)
房地产业	10.436 (0.0012)	19.6706 (0.0000)	25.326 (0.0000)	38.652 (0.0000)
建筑业			2.990 (0.0838)	0.321 (0.5715)
农林牧渔业	6.141 (0.0132)	3.547 (0.0596)		
交通运输业			1.953 (0.1622)	0.0301 (0.8623)

注：括号内为 p 值。

第一，对制造业子行业各上市公司的债务风险溢出效应进行实证研究。由上文检验得出，规模相似性可以用总资产或者总收入来表示，进行模型估计后，表7-8为具体的实证结果。根据实证结果可以得出，在我国制造业中，上市公司债务风险溢出效应显著为负，即表现为显著的竞争效应。这说明，在制造业中，上市公司债务风险增加1%会导致其他规模相似的上市公司的债务风险减小0.434%~0.528%。

表7-8 我国上市公司债务风险溢出效应研究（制造业）

变量名称	总资产邻近性		总收入邻近性	
	(1)	(2)	(3)	(4)
$Debser_{i,t}$	0.324 *** (5.365)	0.357 *** (2.896)	0.616 *** (3.463)	0.615 *** (4.639)
$Operate_{i,t}$	-0.034 * (1.798)	-0.029 ** (2.036)	-0.031 * (1.941)	-0.034 ** (2.146)
$profit_{i,t}$	-0.012 ** (2.001)	-0.014 ** (2.062)	-0.015 * (1.871)	-0.013 ** (2.157)

变量名称	总资产邻近性		总收入邻近性	
	（1）	（2）	（3）	（4）
$Cycle1_{i,t}$	-0.006 * （1.822）	-0.005 * （1.843）	-0.006 * （1.824）	-0.007 * （1.847）
$Cycle2_{i,t}$	-0.022 * （1.903）	-0.021 ** （2.047）	-0.024 * （1.824）	-0.025 * （1.901）
$Cycle3_{i,t}$	0.017 * （1.822）	0.018 * （1.831）	0.017 * （1.824）	0.015 ** （2.143）
$MRA_{i,t}$	0.018 * （1.901）	0.024 （1.323）	0.022 * （1.842）	0.017 * （1.809）
$PCM1_{i,t}$	0.024 * （1.863）	0.027 * （1.901）	0.016 ** （2.047）	0.018 ** （2.125）
$MROA_{i,t}$	-0.065 ** （2.036）	-0.078 * （1.927）	-0.068 ** （2.044）	-0.077 * （1.904）
$EPU_{i,t}$		0.361 * （1.769）		0.439 ** （2.175）
$GAP_{i,t}$		0.035 * （1.796）		0.076 *** （2.687）
γ	-0.508 *** （-4.047）	-0.528 *** （-4.217）	-0.434 *** （-3.212）	-0.435 *** （-3.222）
N	2175	2175	2175	2175

注：*** 表示在 1% 水平上显著；** 表示在 5% 水平上显著；* 表示在 10% 水平上显著，括号内为 t 值。

从其他变量显著程度上看，营运水平和盈利能力均与债务风险水平显著负相关，企业资产负债率、管理层风险偏好等与企业债务风险水平显著正相关。这个结论与上文以发生债务风险行业的总体上市公司作为样本的实证结论是一致的。表明盈利能力、营运能力、企业资产负债率、管理层风险偏好等变量均具有较高的稳健性。从表 7 - 8 中，产品市场竞争与企业债务风险呈显著的负相关关系。在制造业行业中，行业的准入门槛比较低，市场不存在高垄断。上市公司竞争激烈程度越高，产品差异化越低，企业的债务风险越低。

第二，对房地产业子行业各上市公司的债务风险溢出效应进行实证研究。由上文检验得出，规模相似性可以用总资产或者总收入来表示，进行 SLM 模型估计后，表 7-9 为具体的实证结果。根据实证结果可以得出，在我国房地产业中，上市公司债务风险溢出效应显著为正，即表现为显著的传染效应。这说明，在房地产业中，上市公司债务风险增加 1% 会导致其他规模相似的上市公司的债务风险变大 0.3029% ~ 0.4460%。

表 7-9　我国上市公司债务风险溢出效应研究（房地产行业）

变量名称	总资产邻近性		总收入邻近性	
	（1）	（2）	（3）	（4）
$Debser_{i,t}$	0.257 *** (3.524)	0.214 *** (3.556)	0.223 *** (4.223)	0.216 *** (4.241)
$Operate_{i,t}$	-0.065 * (1.802)	-0.057 ** (2.102)	-0.062 * (1.869)	-0.059 ** (2.065)
$profit_{i,t}$	-0.033 ** (2.047)	-0.031 ** (2.120)	-0.032 * (1.911)	-0.027 ** (2.122)
$Cycle1_{i,t}$	-0.012 * (1.844)	-0.011 * (2.012)	-0.014 ** (2.102)	-0.016 * (1.913)
$Cycle2_{i,t}$	-0.033 * (1.807)	-0.036 ** (2.121)	-0.029 * (1.823)	-0.027 * (1.798)
$Cycle3_{i,t}$	0.043 * (1.962)	0.047 * (1.845)	0.042 * (1.963)	0.046 ** (2.036)
$MRA_{i,t}$	0.026 * (1.863)	0.034 * (1.769)	0.042 * (1.912)	0.046 * (1.904)
$PCM1_{i,t}$	0.016 * (1.823)	0.012 * (1.857)	0.011 ** (2.142)	0.009 ** (2.039)
$MROA_{i,t}$	-0.053 * (1.923)	-0.054 * (1.877)	-0.051 ** (2.049)	-0.046 * (1.863)

变量名称	总资产邻近性		总收入邻近性	
	(1)	(2)	(3)	(4)
$EPU_{i,t}$		0.089 ** (2.058)		0.097 ** (2.136)
$GAP_{i,t}$		0.037 ** (2.137)		0.035 *** (2.869)
γ	0.307 *** (4.111)	0.303 *** (4.141)	0.444 *** (7.241)	0.435 *** (7.282)
N	129	129	129	129

注：*** 表示在 1% 水平上显著；** 表示在 5% 水平上显著；* 表示在 10% 水平上显著，括号内为 t 值。

从其他变量的回归结果来看，企业盈利能力、营运能力、资产负债率、管理层风险偏好、行业景气度、宏观经济波动等变量依然显著，但对债务风险的影响方向有所不同，具体表现在，盈利能力与债务风险水平显著正相关，这或许是由于盈利能力给企业扩张提供了一定的保障，但行业特征决定的扩张方式必将是不断利用杠杆化程度，因而，其债务风险随之上扬。我们还注意到，竞争只有在总资产邻近性下才表现出显著的特征，但总体来看，其影响力仍是确定的，即竞争越激烈，债务风险越低。

第三，对建筑业子行业各上市公司的债务风险溢出效应进行实证研究。由上文检验得出，规模相似性可以用总资产或者总收入来表示，进行 SEM 模型估计后，表 7 - 10 为具体的实证结果。根据实证结果可以得出，在我国房地产业中，上市公司债务风险溢出效应显著为正，即表现为显著的传染效应。这说明，在房地产业中，上市公司债务风险增加 1% 会导致其他规模相似的上市公司的债务风险变大 0.167% ~ 0.184%。

表 7 - 10　　我国上市公司债务风险溢出效应研究（建筑业）

变量名称	(1)	(2)	(3)	(4)
$Debser_{i,t}$	0.269 *** (2.868)	0.364 *** (3.462)	0.278 *** (3.654)	0.265 *** (4.512)

变量名称	（1）	（2）	（3）	（4）
Operate$_{i,t}$	- 0.024 ** (2.034)	- 0.021 ** (2.075)	- 0.026 * (1.932)	- 0.025 ** (2.147)
profit$_{i,t}$	- 0.017 ** (2.247)	- 0.019 ** (2.036)	- 0.014 * (1.847)	- 0.015 ** (2.134)
Cycle1$_{i,t}$	- 0.031 (1.475)	- 0.032 * (1.905)	- 0.027 * (1.875)	- 0.021 * (1.814)
Cycle2$_{i,t}$	- 0.015 * (1.769)	- 0.019 * (1.874)	- 0.021 ** (2.041)	- 0.023 * (1.934)
Cycle3$_{i,t}$	0.057 * (1.852)	0.053 ** (2.069)	0.043 * (1.874)	0.046 * (1.836)
MRA$_{i,t}$	0.142 * (1.798)	0.123 (1.365)	0.153 ** (2.175)	0.117 * (1.821)
PCM1$_{i,t}$		0.042 * (1.887)	0.041 * (1.852)	0.037 ** (2.124)
MROA$_{i,t}$			- 0.062 ** (2.141)	- 0.064 * (1.902)
EPU$_{i,t}$				0.069 ** (2.022)
GAP$_{i,t}$				0.142 *** (2.665)
γ	0.171 * (1.788)	0.184 * (1.936)	0.167 * (1.742)	0.178 * (1.868)
N	93	93	93	93

注：***表示在1%水平上显著；**表示在5%水平上显著；*表示在10%水平上显著，括号内为t值。

建筑业是我国国民经济重要支柱产业，对我国经济发展有举足轻重的地位。从统计结果看，我国建筑业的债务风险较大，其溢出效应显著，且回归系数为正值。即在建筑业中，企业债务风险溢出为传染效应。这主要是因为建筑业是我国的基础支柱产业，整体受宏观调控的影响比较大，和经济周期有显著的相关性，即行业整体存在明显的周期性。当经济周期处于低潮时，建筑业将进入整体周期性衰退阶段，难以形成显著的行业竞争效应。

第四，对农林牧渔业子行业各上市公司的债务风险溢出效应进行实证研究。由上文检验得出，规模相似性可以用总资产或者总收入来表示，进行 SEM 模型估计后，表 7 – 11 为具体的实证结果。根据实证结果可以得出，在我国农林牧渔业中，上市公司债务风险溢出效应显著为正，即表现为显著的传染效应。这说明，在房地产业中，上市公司债务风险增加 1% 会导致其他规模相似的上市公司的债务风险变大 0.203% ~ 0.209%。

表 7 – 11　我国上市公司债务风险溢出效应研究（农林牧渔业）

变量名称	(1)	(2)	(3)	(4)
$Debser_{i,t}$	0.452 *** (2.656)	0.417 *** (3.162)	0.435 *** (2.988)	0.423 *** (3.966)
$Operate_{i,t}$	− 0.065 * (1.869)	− 0.068 ** (2.042)	− 0.067 * (1.875)	− 0.072 ** (2.028)
$profit_{i,t}$	− 0.042 * (1.833)	− 0.038 ** (2.042)	− 0.037 * (1.844)	− 0.035 ** (2.023)
$Cycle1_{i,t}$	− 0.016 (1.223)	− 0.012 (1.059)	− 0.016 * (1.841)	− 0.018 * (1.807)
$Cycle2_{i,t}$	− 0.041 ** (2.023)	− 0.038 * (1.812)	− 0.037 * (1.833)	− 0.042 * (1.810)
$Cycle3_{i,t}$	0.026 * (1.844)	0.024 * (1.826)	0.021 * (1.811)	0.022 ** (2.014)
$MRA_{i,t}$	0.241 * (1.802)	0.254 (1.241)	0.221 ** (2.033)	0.216 * (1.756)
$PCM1_{i,t}$		0.065 (1.221)	0.053 * (1.874)	0.041 ** (2.016)

续表

变量名称	（1）	（2）	（3）	（4）
$MROA_{i,t}$			－0.145 ** （2.212）	－0.162 * （1.874）
$EPU_{i,t}$				0.146 ** （2.018）
$GAP_{i,t}$				0.217 *** （2.745）
γ	0.209 *** （3.565）	0.209 *** （3.566）	0.203 *** （3.453）	0.205 *** （3.490）
N	41	41	41	41

注：*** 表示在1%水平上显著；** 表示在5%水平上显著；* 表示在10%水平上显著，括号内为 t 值。

从其他变量的实证结果来看，企业盈利能力、营运能力与债务风险显著负相关，资产负债率、管理层风险偏好与债务风险显著正相关。企业生命周期以及市场竞争程度等因素变得不再显著。与前述实证结果不同的是，农林渔牧业的经济政策不确定性变得显著了，且与债务风险间呈正相关关系。即经济政策不确定性增加，企业债务风险也增加。

第五，对交通运输业子行业各上市公司的债务风险溢出效应进行实证研究。由上文检验得出，规模相似性可以用总资产或者总收入来表示，进行 SEM 模型估计后，表 7－12 为具体的实证结果。根据实证结果可以得出，在我国交通运输业中，上市公司债务风险溢出效应显著为正，即表现为显著的传染效应。这说明，在房地产业中，上市公司债务风险增加1%会导致其他规模相似的上市公司的债务风险变大0.466% ~ 0.492%。

表 7－12　　我国上市公司债务风险溢出效应研究（交通运输业）

变量名称	（1）	（2）	（3）	（4）
$Debser_{i,t}$	0.241 *** （2.795）	0.213 *** （2.865）	0.275 *** （3.247）	0.265 *** （2.876）

变量名称	(1)	(2)	(3)	(4)
$Operate_{i,t}$	-0.036^{*} (1.821)	-0.037^{*} (1.842)	-0.034^{*} (1.834)	-0.032^{**} (2.023)
$profit_{i,t}$	-0.042^{*} (1.872)	-0.038^{**} (2.016)	-0.037^{*} (1.869)	-0.035^{**} (2.065)
$Cycle1_{i,t}$	-0.035^{*} (1.823)	-0.037 (1.241)	-0.034^{*} (1.865)	-0.031^{*} (1.821)
$Cycle2_{i,t}$	-0.022^{*} (1.842)	-0.025^{**} (2.063)	-0.027^{*} (1.811)	-0.026^{*} (1.823)
$Cycle3_{i,t}$	0.054^{*} (1.852)	0.052^{*} (1.869)	0.047^{*} (1.832)	0.046^{**} (2.134)
$MRA_{i,t}$	0.152 (1.412)	0.132^{*} (1.824)	0.147^{**} (2.085)	0.126^{*} (1.814)
$PCM1_{i,t}$		0.019 (1.354)	0.024^{*} (1.807)	0.022^{**} (2.053)
$MROA_{i,t}$			-0.087^{**} (2.042)	-0.094^{*} (1.895)
$EPU_{i,t}$				0.052^{**} (2.073)
$GAP_{i,t}$				0.235^{**} (2.056)
γ	0.466^{***} (5.128)	0.470^{***} (5.195)	0.492^{***} (5.623)	0.469^{***} (5.187)
N	100	100	100	100

注：*** 表示在1%水平上显著；** 表示在5%水平上显著；* 表示在10%水平上显著，括号内为 t 值。

根据表7-12的基本统计信息，交通运输行业是我国的垄断行业，其在我国的竞争不充分，垄断性强。从表7-12中可以看出，交通运输行业债务风险溢出效应显著，且回归系数为正，这表明，债务风险的溢出形式主要体现为传染效应。从表7-12其他变量的实证结果可以看出,企业盈利能力、营运能力、资产负债率等均不显著,管理层风险偏好、行业景气程度与债务风险显著正相关。肖作平(2005)也得到了相同的结论。

7.3.3 内生性问题与稳健性检验

1. 内生性问题

在发生债务风险积聚的行业中,无论是以总样本还是以每个行业作为子样本进行检验来看,企业的债务风险的溢出效应表现均比较显著。溢出效应根据正负向的作用不同分为传染效应或者竞争效应。为了进一步验证企业债务风险溢出效应的普遍存在性,需要进一步做内生性检验。为了解决样本自选择问题,将上市公司自身的财务特征进行消除。在本节的内生性检验中,我们选取前面章节中选取的对照组进行重新检验,以消除内生性问题的干扰。

将上文选取的对照组企业作为内生性检验的研究对象。按照前面的步骤,首先判断上市公司的空间相关性。进一步判断适用的空间计量模型。本部分通过检验选用 SLM 模型进行检验。从表7-13中可以发现,对照组的上市公司在经济空间上存在显著的正向的溢出效应,即具体表现为传染效应。这说明上市公司之间普遍存在着债务风险的溢出效应,不会受到自身债务风险具体值的影响而改变。

表7-13 我国上市公司债务风险溢出效应研究:内生性检验

变量名称	(1)	(2)	(3)	(4)
$Debser_{i,t}$	0.332 *** (3.625)	0.314 *** (3.445)	0.362 *** (2.578)	0.317 *** (3.145)
$Operate_{i,t}$	-0.126 * (1.822)	-0.157 * (1.832)	-0.143 * (1.841)	-0.165 ** (2.068)
$profit_{i,t}$	-0.026 ** (2.024)	-0.024 * (1.854)	-0.021 * (1.877)	-0.023 ** (2.062)

变量名称	(1)	(2)	(3)	(4)
$Cycle1_{i,t}$	-0.142 * (1.874)	-0.125 * (1.824)	-0.136 (1.435)	-0.124 * (1.846)
$Cycle2_{i,t}$	-0.014 * (1.855)	-0.012 ** (2.035)	-0.011 * (1.833)	-0.013 * (1.841)
$Cycle3_{i,t}$	0.022 * (1.831)	0.025 * (1.814)	0.026 * (1.822)	0.021 ** (2.075)
$MRA_{i,t}$	0.098 (1.551)	0.087 * (1.786)	0.069 ** (2.035)	0.085 * (1.833)
$PCM1_{i,t}$		0.052 (1.144)	0.024 * (1.842)	0.022 ** (2.011)
$MROA_{i,t}$			-0.124 * (1.865)	-0.118 ** (2.032)
$EPU_{i,t}$				0.142 ** (2.066)
$GAP_{i,t}$				0.114 ** (2.078)
γ	0.135 *** (3.173)	0.135 *** (3.172)	0.131 *** (3.075)	0.131 *** (3.075)
N	2538	2538	2538	2538

注：*** 表示在 1% 水平上显著；** 表示在 5% 水平上显著；* 表示在 10% 水平上显著，括号内为 t 值。

2. 稳健性检验

为了使上文得到的实证结果更具有稳健性，本部分主要进行稳健性检验。通过改变控制变量，在上文研究中，在模型中添加的控制变量是以前面通过实证得出的影响因素作为控制变量的，但是这些影响因素依然存在一定的局限性。为了使检验结果更具稳健性，在控制变量中进一步加入与货币政策有关的 M2 指标进行实证研究。通过表 7 - 14 可以发现，在加入货币政策指标 M2 后，以总体样本作为研究对象时，其研究结果和上述一致。这说明，上市公司债务风险确实有溢出效应并且呈现出显著的传染效应。

表7-14 我国上市公司债务风险溢出效应研究：稳健性检验

变量名称	（1）	（2）	（3）	（4）
Debser$_{i,t}$	0.228 *** （4.121）	0.232 *** （3.668）	0.241 *** （5.274）	0.235 *** （3.654）
Operate$_{i,t}$	-0.085 （1.536）	-0.072 * （1.808）	-0.068 * （1.854）	-0.079 * （1.871）
profit$_{i,t}$	-0.057 * （1.849）	-0.049 * （1.803）	-0.054 * （1.849）	-0.046 * （1.836）
Cycle1$_{i,t}$	-0.041 ** （2.066）	-0.036 * （1.807）	-0.059 （1.213）	-0.053 * （1.816）
Cycle2$_{i,t}$	-0.086 ** （2.076）	-0.074 ** （2.055）	-0.071 * （1.843）	-0.063 * （1.826）
Cycle3$_{i,t}$	0.142 * （1.801）	0.127 ** （2.042）	0.136 * （1.811）	0.132 ** （2.016）
MRA$_{i,t}$	0.032 （0.995）	0.026 * （1.821）	0.029 * （1.804）	0.034 * （1.812）
PCM1$_{i,t}$		0.069 ** （2.036）	0.074 * （1.812）	0.072 ** （2.047）
MROA$_{i,t}$			-0.069 ** （2.026）	-0.074 * （1.885）
EPU$_{i,t}$				0.088 * （1.845）
GAP$_{i,t}$				0.065 * （1.836）
M2				0.223 * （1.869）
γ	0.245 *** （3.558）	0.236 *** （2.665）	0.264 *** * （2.846）	0.224 *** （3.552）
N	2175	2175	2175	2175

注：*** 表示在1%水平上显著；** 表示在5%水平上显著；* 表示在10%水平上显著，括号内为t值。

通过表 7 - 15 可以发现，在加入货币政策指标 M2 后，以制造业作为研究对象时，其研究结果和上述一致。这说明，在制造业中，上市公司债务风险也确实有溢出效应并且呈现出显著的传染效应。这进一步说明了上述检验结果具有稳健性。

表 7 - 15　　我国上市公司债务风险溢出效应研究：稳健性检验

变量名称	(1)	(2)	(3)	(4)
$Debser_{i,t}$	0. 204 *** (4. 536)	0. 236 *** (4. 236)	0. 241 *** (3. 635)	0. 266 *** (2. 689)
$Operate_{i,t}$	- 0. 058 * (1. 803)	- 0. 054 * (1. 832)	- 0. 062 * (1. 807)	- 0. 057 * (1. 836)
$profit_{i,t}$	- 0. 003 * (1. 824)	- 0. 004 * (1. 833)	- 0. 005 * (1. 814)	- 0. 003 ** (2. 014)
$Cycle1_{i,t}$	- 0. 075 * (1. 805)	- 0. 086 * (1. 813)	- 0. 076 (1. 414)	- 0. 069 * (1. 846)
$Cycle2_{i,t}$	- 0. 063 * (1. 806)	- 0. 072 ** (2. 066)	- 0. 071 * (1. 846)	- 0. 073 * (1. 815)
$Cycle3_{i,t}$	0. 092 * (1. 806)	0. 085 * (1. 845)	0. 086 * (1. 806)	0. 081 ** (2. 121)
$MRA_{i,t}$	0. 051 * (1. 821)	0. 047 (1. 076)	0. 042 ** (2. 017)	0. 043 * (1. 806)
$PCM1_{i,t}$		0. 044 * (1. 821)	0. 046 * (1. 866)	0. 042 ** (2. 032)
$MROA_{i,t}$			- 0. 088 ** (2. 083)	- 0. 074 * (2. 041)
$EPU_{i,t}$				0. 231 ** (2. 034)
$GAP_{i,t}$				0. 084 ** (2. 017)

变量名称	（1）	（2）	（3）	（4）
γ	0.356 *** (4.124)	0.342 *** (3.798)	0.322 *** (3.945)	0.314 *** (4.521)
N	2175	2175	2175	2175

注：*** 表示在 1% 水平上显著；** 表示在 5% 水平上显著；* 表示在 10% 水平上显著，括号内为 t 值。

7.4　本章小结

本章以发生债务风险积聚行业的上市公司作为研究样本，建立了空间计量模型实证研究了上市公司债务风险溢出效应的大小及符号。并进一步分行业深入分析不同行业中上市公司债务风险溢出效应大小。发生债务风险积聚的行业分别为制造业、房地产业、建筑业、交通运输业、农林牧渔业等。为了使模型结果更具有可靠性，进一步进行了稳健性检验。总样本以及各行业分样本的结果如表 7 - 16 所示。

表 7 - 16　　中国上市公司以及各行业债务风险溢出总结

样本	溢出效应显著程度	溢出效应符号	传染效应	竞争效应
总样本	***	+	√	
分行业				
制造业	***	−		√
房地产业	***	+	√	
建筑业	*	+	√	
农林牧渔业	***	+	√	
交通运输业	***	+	√	
内生性				
对照组	***	+	√	

注：*** 表示在 1% 水平上显著；* 表示在 10% 水平上显著，√代表溢出效应的主要表现形式。

从表7-16结果来看，我们可以总结为：

第一，以发生债务风险积聚行业的全体上市公司为研究样本进行空间实证模型分析，可以发现上市公司债务风险溢出效应显著为正，即表现为显著的传染效应。进一步的稳健性检验也得出同样的结论，说明了实证结果的可靠性。

第二，在发生债务风险积聚行业的上市公司的债务风险溢出效应存在一定的行业差异。债务风险溢出效应在不同的行业中存在不同的表现。制造业行业内企业表现为显著的竞争效应。而在其他四个子行业中则体现为显著的传染效应。具体的溢出程度也随着行业的不同而不同。

而且，本章还将影响上市公司债务风险积聚的其他因素，分为微观、中观、宏观因素均加入模型中进行考察，具体的结果与前面章节的研究结论具有一致性。

第8章　研究结论与政策建议

8.1　研究结论

本书从公司自身特征、行业发展状况、宏观经济波动三个方面对上市公司债务风险积聚的影响以及其影响路径进行研究，并进一步研究了上市公司债务风险溢出效应。本书通过实证研究发现上市公司债务风险积聚受其自身财务状况、公司治理水平、行业发展状况以及宏观经济波动的影响。进一步研究发现上市公司债务风险存在显著的溢出效应，并且该溢出效应表现为传染效应。

本书综合运用了规范分析与实证分析方法，采用定性分析与定量分析相结合的形式，在理顺国内研究相关文献的基础上，对国外关于上市公司债务风险的研究进行了回顾与分析，然后结合中国上市公司债务风险的样本数据，对上市公司债务风险积聚的影响因素及其路径、上市公司债务风险溢出效应进行了实证研究。具体的研究结论如下：

（1）上市公司债务风险积聚整体呈上升趋势。分行业研究发现，制造业、建筑行业、房地产业、交通运输业、农林牧渔业五个行业债务风险呈不断积聚趋势；分地区研究发现，东北地区的债务风险呈不断积聚趋势。

（2）上市公司的财务特征、企业所处的生命周期以及管理风险偏好对上市公司债务风险积聚有显著影响。上市公司盈利能力、营运能力与其债务风险积聚显著负相关，综合负债率与其债务风险积聚显著正相关；企业在衰退期的债务风险积聚程度最高，不同生命周期企业的竞争战略不同，从成长期到衰退期，企业债务风险积聚程度呈上升趋势；管理层对风险越喜好对上市公司债务风险积聚正相关。

本书运用倾向性得分匹配方法对发生债务风险积聚的企业进行了1:1的配对，将样本分为对照组和实验组。采用2009~2017年A股上市公司作为研究样本，对上市公司自身特征对企业债务风险积聚的影响进行了研究。研究发现公司盈利能力、营运能力对上市公司债务积聚有显著负向影响，企业综合负债率对上市公司债务风险积聚有显著正向影响。管理层风险偏好对上市公司债务风险积聚有显著正向影响，企业处于衰退期的债务风险积聚水平最高。

（3）产品市场竞争程度、行业景气程度对上市公司债务风险积聚有显著影响。产品市场竞争越激烈，上市公司债务风险积聚程度越低；行业景气度对上市公司债务风险积聚负相关。股权集中度高、企业为民营性质，产品市场竞争的负相关性越强。企业为民营性质，行业景气度对债务风险积聚影响越强。

（4）经济政策不确定性、宏观经济波动对上市公司债务风险积聚有显著影响。经济政策不确定性越强烈，上市公司债务风险积聚越大。经济政策不确定性通过影响企业面临的外部融资约束与企业内部经营不确定性影响上市公司债务风险积聚程度。上市公司债务风险积聚存在逆经济周期性。在民营企业中，宏观经济波动对上市公司债务风险积聚的影响更明显。

（5）上市公司债务风险存在明显的正外部性，即上市公司债务风险溢出效应表现为明显的传染效应。在五个风险积聚行业中，只有在制造业中存在负外部性，即竞争效应。在其他四个行业中均表现为正外部性，即传染效应。

本书运用空间计量模型，建立上市公司之间的经济空间联系，研究总体以及各债务风险积聚行业上市公司债务风险溢出效应，研究发现，在总体样本中，当销售收入相似企业的债务风险每增加1%时，本企业的债务风险会增加0.252%~0.267%。在制造业中，当总收入或者总资产相似的企业的债务风险每增加1%时，本企业的债务风险会降低0.434%~0.528%。在房地产业中，当总资产相似或总收入相似企业的债务风险每增加1%时，本企业的债务风险会增加0.3029%~0.4460%。在建筑业中，总收入相似企业的债务风险每增加1%时，本企业的债务风险会增加0.167%~0.184%。在农林牧渔业中，当总资产相似企业的债务风险每增加 1% 时，本企业的债务风险会增加 0. 203% ~ 0. 209%。在交通运输业中，当总资产相似企业的债务风险每增加 1% 时，本企业的债务风险会增加 0. 466% ~ 0. 492%。

8.2 政 策 建 议

结合本书的研究结论，从企业治理的视角出发，本节主要针对中国上市公司存在的治理问题提出以下几点政策建议：

1. 完善独立董事的监督作用

从本书第 3 章的研究中发现，上市公司股权集中度对上市公司债务风险积聚有显著的调节作用。在实务操作中，企业股权不应该过于集中，应该形成相互制衡的局面，防止大股东侵占中小股东的利益，从而导致企业的决策最终无效以及企业发生短视行为，所以应该积极完善公司治理机制，合理利用独立董事的独立性，增强对上市公司大股东的监督作用，以降低上市公司的债务风险积聚水平。

2. 风险投资与企业生命周期阶段相匹配

从本书第 3 章中研究发现企业所处的生命周期与上市公司债务风险积聚有显著相关性。企业从成长期发展到衰退期，债务风险积聚水平不断上升。这和企业在不同阶段采取的竞争战略之间有关系。企业的风险投资政策应当与企业所处的生命周期阶段相匹配。该结论对上市公司的内部战略管理指明了方向。上市公司需要对自身所处的生命周期阶段有一个准确的把握，长远规划企业的发展。把握企业在每个阶段发展的特点，制定适合自身发展的战略，在组织管理上贴合企业所处的发展周期，明确每个阶段的发展重点，制定符合发展战略的管理制度。进而提升企业的市场竞争力与市场占有率，制定与企业发展阶段相符合的投融资策略，将企业的债务风险降到最低值。

具体来说，当上市公司处于成长期时，上市公司应该更关注于寻求更多的发展机会结合自身的资源优势，承担可承受的风险，并积极把握发展机会，以提高市场占有率作为主要目标。当上市公司处于成熟期时，应该更多地专注于企业的创新研发能力，利用充足的资金使企业发生质的飞跃，较大幅度提高企业的投资回报率，争取更多的现金流。当上市公司处于衰退期时，应该突破企业发展的困境，适当条件下进行变革，减少风险项目的投入，使上市公司获得新生，降低企业的债务风险积聚水平。

3. 合理利用产品市场竞争的正向调节效应

从本书第 4 章中研究发现产品市场竞争越激烈，上市公司债务风险积聚水平越低。说明企业应该正视来自产品市场竞争的外部压力，充分发挥产品市场竞争对上市公司债务风险的正向调节效应，充分利用行业的发展规律降低企业自身的债务风险积聚水平，尤其对于多元化发展的企业，积极发展处于行业景气度较高的产业，带动企业整体产业的发展。

4. 加大经济政策的稳定性

从本书第 5 章中经济政策不确定性会显著增加上市公司债务风险积聚水平。目前中国的经济正处于转轨的关键时期，宏观经济形势走低，带动经济增长的三驾马车即消费、出口、投资均表现出下滑趋势。为了稳定经济发展，政府频发出台经济政策。经济政策变动过高也会对上市公司经营产生影响，加大上市公司债务风险积聚。所以政府需要尽量减少对政策的变动性，提高政府公信力。这样有助于在整体宏观经济走势疲软的态势下，降低上市公司的债务风险积聚程度，提振经济的发展。另外，政府需要进一步认识到，虽然宏观调控可以发挥稳定市场，挽救市场危机的作用，但是对经济最有利的方式是减少政策频发变动对市场稳定性造成的影响，加强完善市场本身的调节作用，使市场形成一个良性循环，更有利于增强整体市场对风险的抵抗力。

主要参考文献

[1] 陈武朝:《经济周期、行业景气度与盈余管理——来自中国上市公司的经验证据》,载于《审计研究》2013 年第 5 期。

[2] 柴才、黄世忠、叶钦华:《竞争战略、高管薪酬激励与公司业绩——基于三种薪酬激励视角下的经验研究》,载于《会计研究》2017 年第 6 期。

[3] 陈磊、葛永波:《社会资本与农村家庭金融资产选择:基于金融排斥视角》,人民出版社 2019 年版。

[4] 程虹、胡德状:《"僵尸企业"存在之谜:基于企业微观因素的实证解释——来自 2015 年"中国企业——员工匹配调查"(CEES)的经验证据》,载于《宏观质量研究》2016 年第 3 期。

[5] 段清泉:《经济结构调整企业去杠杆优化路径研究》,载于《现代工业经济和信息化》2015 年第 3 期。

[6] 焦勇、杨蕙馨:《政府干预、两化融合与产业结构变迁——基于2003～2014 年省际面板数据的分析》,载于《经济管理》2017 年第 6 期。

[7] 何帆、朱鹤:《僵尸企业的识别与应对》,载于《中国金融》2016 年第 5 期。

[8] 何威风、刘巍、黄凯莉:《管理者能力与企业风险承担》,载于《中国软科学》2016 年第 5 期。

[9] 李扬:《中国国家资产负债表 2013——理论、方法与风险评估》,中国社会科学出版社 2013 年版。

[10] 李成友、孙涛、王硕:《人口结构红利、财政支出偏向与中国城乡收入差距》,载于《经济学动态》2021 年第 1 期。

[11] 李成友、刘安然、袁洛琪、康传坤:《养老依赖、非农就业与中老年农户耕地租出——基于 CHARLS 三期面板数据分析》,载于《中国软科学》2020 年第 7 期。

［12］李文贵、余明贵：《所有权性质、市场化进程与企业风险承担》，载于《中国工业经济》2012 年第 12 期。

［13］刘一楠：《高杠杆抑制了企业创新吗？——基于营运资本管理视角》，载于《投资研究》2016 年第 4 期。

［14］刘刚、于晓东：《高管类型与企业战略选择的匹配——基于行业生命周期与企业能力生命周期协同的视角》，载于《中国工业经济》2015 年第 10 期。

［15］陆正飞、辛宇：《上市公司资本结构主要影响因素之实证研究》，载于《会计研究》1998 年第 8 期。

［16］闵丹、韩立岩：《市场结构，行业周期与资本结构——基于战略公司财务理论的分析》，载于《管理世界》2008 年第 2 期。

［17］聂文忠：《财政政策、货币政策与企业资本结构动态调整——基于我国上市公司的经验证据》，载于《经济科学》2012 年第 5 期。

［18］苏冬蔚、曾海舰：《宏观经济因素与企业公司资本结构变动》，载于《经济研究》2009 年第 12 期。

［19］施丹、姜国华：《会计信息在公司债信用等级迁移中的预测作用研究》，载于《会计研究》2013 年第 3 期。

［20］余明桂、范蕊、钟慧洁：《中国产业政策与企业技术创新》，载于《中国工业经济》，2016 年第 12 期。

［21］张明、贺军：《中国经济去杠杆化的潜在风险》，载于《金融市场研究》2013 年第 5 期。

［22］张前程：《银行紧缩、财务柔性与企业风险承担》，载于《当代财经》2016 年第 11 期。

［23］朱新蓉、李虹含：《货币政策传导的惬意资产负债表渠道有效吗——基于中国数据的实证检验》，载于《金融研究》2013 年第 10 期。

［24］张明、贺军：《中国经济去杠杆化的潜在风险》，载于《金融市场研究》2013 年第 5 期。

［25］祝继高、陆正飞：《融资需求、产权性质与股权融资歧视——基于企业上市问题的研究》，载于《南开管理评论》2012 年第 4 期。

［26］Affinito, M., Tagliaferri, E., Why Do (or Did?) Banks Securitize Their Loans? Evidence from Italy, *Journal of Financial Stability*, Vol. 6, No. 4, 2010, pp. 189 – 202.

[27] Agostino, M., Mazzuca, M., Empirical Investigation of Securitization Drivers: The Case of Italian Banks, *The European Journal of Finance*, Vol. 17, No. 8, 2011, pp. 632 – 648.

[28] Almazan, A., Martin – Oliver, A., Saurina, J., Securitization and Banks' Capital Structure, *Banco de Espana Working Paper*, 2015.

[29] Aysun, U., Hepp, R., Securitization and The Balance Sheet Channel of Monetary Transmission, *Journal of Banking and Finance*, Vol. 35, No. 8, 2011, pp. 2111 – 2122.

[30] Battaglia, F., Gallo, A., Securitization and Systemic Risk: An Empirical Investigation on Italian Banks over the Financial Crisis, *International Review of Financial Analysis*, Vol. 35, No. 30, 2013, pp. 274 – 286.

[31] Battaglia, F., Gallo, A., Mazzuca, M., Securitized Banking and the Euro Financial Crisis: Evidence from the Italian Banks Risk – Taking, *Journal of Economics and Business*, Vol. 76, No. 8, 2014, pp. 85 – 100.

[32] Bannier, C. E., Hansel, D. N., Determinants of European Banks' Engagement in Loan Securitization, *Deutsche Bundesbank Discussion Paper*, 2008.

[33] Becker, S. O., Ichino, A., Estimation of Average Treatment Effects Based on Propensity Scores, *The Stata Journal*, Vol. 72, No. 4, 2002, pp. 358 – 377.

[34] Bensalah, N., Fedhila, H., Effects of Securitization on Credit Risk and Banking Stability: Empirical Evidence from American Commercial Banks, *International Journal of Economics and Finance*, Vol. 24, No. 5, 2012, pp. 194 – 207.

[35] Bensalah, N., Fedhila, H., The Effect of Securitization on US Bank Lending and Monetary Policy Transmission, *Studies in Economics and Finance*, Vol. 31, No. 2, 2014, pp. 168 – 185.

[36] Bensalah, N., Fedhila, H., What Explains the Recourse of US Commercial Banks to Securitization? *Review of Accounting and Finance*, Vol. 15, No. 3, 2016, pp. 317 – 328.

[37] Caliendo, M., Kopeinig, S., Some Practical Guidance for the Implementation of Propensity Score Matching, *Journal of Economic Surveys*, Vol. 22, No. 1, 2008, pp. 31 – 72.

[38] Cardone – Riportella, C., Samaniego – Medina, R., Trujillo – Ponce, A., What Drives Bank Securitization? The Spanish experience, *Journal of Banking and Finance*, Vol. 34, No. 11, 2010, pp. 2639 – 2651.

[39] Casu, B. et al., Does Securitization Reduce Credit Risk Taking? Empirical Evidence from US Bank Holding Companies, *The European Journal of Finance*, Vol. 17, No. 9, 2011, pp. 769 – 788.

[40] Casu, B. et al., Securitization and Bank Performance, *Journal of Money, Credit and Banking*, Vol. 45, No. 8, 2013, pp. 1617 – 1658.

[41] Chen, Z. et al., Short-term Safety or Long-term Failure? Empirical Evidence of the Impact of Securitization on Bank Risk, *Journal of International Money and Finance*, Vol. 72, No. 9, 2017, pp. 48 – 74.

[42] Farruggio, C., Uhde, A. Determinants of Loan Securitization in European Banking, *Journal of Banking and Finance*, Vol. 56, No. 6, 2015, pp. 12 – 27.

[43] Gorton, G. B., Pennacchi, G. G., Financial Intermediaries and Liquidity Creation, *The Journal of Finance*, Vol. 45, No. 1, 1990, pp. 49 – 71.

[44] Gorton, G. B., Pennacchi, G. G., Banks and Loans Sales: Marketing Non-marketable Assets, *Journal of Monetary Economics*, Vol. 35, No. 3, 1995, pp. 389 – 411.

[45] Hess, A. C., Smith, C. W., Elements of Mortgage Securitization, *The Journal of Real Estate Finance and Economics*, Vol. 31, No. 4, 1998, pp. 331 – 346.

[46] Hirtle, B., Credit Derivatives and Bank Credit Supply, *Journal of Financial Intermediation*, Vol. 18, No. 2, 2009, pp. 125 – 150.

[47] Kara, A., Ozkan, A., Altunbas, Y., Securitization and Banking Risk: What do We Know So Far? *Review of Behavioral Finance*, Vol. 8, No. 1, 2016, pp. 2 – 16.

[48] Kara, A., Marques-Ibanez, D., Ongena, S., Securitization

and Credit Quality, *ECB Working Paper*, 2017.

[49] Loutskina, E., Strahan, P. E., Securitization and the Declining Impact of Bank Finance on Loan Supply: Evidence from Mortgage Originations, *The Journal of Finance*, Vol. 64, No. 2, 2009, pp. 861 – 889.

[50] Loutskina, E., The Role of Securitization in Bank Liquidity and Funding Management, *Journal of Financial Economics*, Vol. 100, No. 3, 2011, pp. 663 – 684.

[51] Maddaloni, A., Peydro, J., Bank Risk-taking, Securitization, Supervision, and Low Interest Rates: Evidence from the Euro-area and the U. S. Lending Standards, *The Review of Financial Studies*, Vol. 24, No. 6, 2011, pp. 2121 – 2165.

[52] Mendonca, H. F., Barcelos, V. I., Securitization and Credit Risk: Empirical Evidence from an Emerging Economy, *North American Journal of Economics and Finance*, Vol. 32, No. 6, 2015, pp. 12 – 28.

[53] May, D. O., Do Managerial Motives Influence Firm Risk Reduction Strategies? *Journal of Finance*, Vol. 50, No. 4, September 1995.

[54] Meliss, A. W., Ramesh, P. R., CEO Stock Options and Equity Risk Incentives, *Journal of Business of Business Finance and Accounting*, Vol. 33, No. 2, 2006, pp. 220 – 243.

[55] Ming – Yuan Leon Li, Shang – En Shine Yu, Do large Firms Overly Use Stock-based Incentive Compensation? *Journal of Applied Statistics*, Vol. 38, No. 8, August 2011.

[56] Morse A., Nanda V., Seru A., Are Incentive Contracts Rigged By Powerful CEOs? *The Journal of Finance*, Vol. LXVI, No. 5, October 2011.

[57] Murphy, K. J., Executive Compensation, in Orley Ashenfelter and David Card, *Handbook of Labor Economics*, Vol. 3, North Holland, 1999.

[58] Michalak, T., Uhde, A., Credit Risk Securitization and Bank Soundness in Europe, *Quarterly Review of Economics and Finance*, Vol. 52, No. 3, 2012, pp. 272 – 285.

[59] Nijskens, R., Wagner, W., Credit Risk Transfer Activities

and Systemic Risk: How Banks Became Less Risky Individually but Posed Greater Risks to the Financial System at the Same Time, *Journal of Banking and Finance*, Vol. 35, No. 6, 2011, pp. 1391 – 1398.

[60] Nash, R. C. , Sinkey, J. F. On Competition, Risk and Hidden Assets in the Markets for Bank Credit Cards, *Journal of Banking and Finance*, Vol. 21, No. 2, 1997, pp. 131 – 148.

[61] Patti, E. B. , Sette, E. , Did the Securitization Market Freeze Affect Bank Lending during the Financial Crisis? Evidence from a Credit Register, *Journal of Financial Intermediation*, Vol. 25, No. 2, 2016, pp. 54 – 76.

[62] Pennacchi, G. G. , Loan Sales and the Cost of Bank Capital, *The Journal of Finance*, Vol. 43, No. 2, 1988, pp. 375 – 396.

[63] Rosenbaum, P. R. , Rubin, D. B. , The Central Role of the Propensity Score in Observational Studies for Causal Effects, *Biometrika*, Vol. 70, No. 1, 1983, pp. 41 – 55.

[64] Rosenbaum, P. R. , Rubin, D. B. , Constructing a Control Group Using Multivariate Matched Sampling Methods that Incorporate the Propensity Score, *American Statistician*, Vol. 39, No. 1, 1985, pp. 33 – 38.

[65] Robert DeYoung, Emma Y. Peng, and Meng Yan, Executive Compensation and Business Policy Choices at U. S. Commercial Banks, *Journal of Financial and Quantitative Analysis*, Vol. 48, No. 1, Feb 2013, pp. 165 – 196.

[66] Shin, H. S. , Securitization and Financial Stability, *The Economic Journal*, Vol. 119, No. 3, 2009, pp. 309 – 332.

[67] Shleifer, A. , Vishny, R. W. , Unstable Banking, *Journal of Financial Economics*, Vol. 97, No. 3, 2010, pp. 306 – 318.

[68] Smith, J. A. , Todd, P. E. , Does Matching Overcome Lalonde's Critique of Nonexperimental Estimators? *Journal of Econometrics*, Vol. 125, No. 1 – 2, 2005, pp. 305 – 353.

[69] Stanton S. W. , The Underinvestment Problem and Patterns in Bank Lending, *Journal of Financial Intermediation*, Vol. 7, No. 3, 1998, pp. 293 – 326.

［70］Thomas，H.，A Preliminary Look at Gains from Asset Securitization，*Journal of International Financial Markets，Institutions and Money*，Vol. 9，No. 3，1999，pp. 321 – 333.

［71］Uhde，A.，Michalak，T.，Securitization and Systematic Risk in European Banking：Empirical Evidence，*Journal of Banking and Finance*，Vol. 34，No. 12，2010，pp. 3061 – 3077.

［72］Uzun，H.，Webb，E.，Securitization and Risk：Empirical Evidence on US Banks，*The Journal of Risk Finance*，Vol. 8，No. 1，2007，pp. 11 – 23.

［73］Volker Laux，Brian Mittendorf，Board Impendence，Executive Pay，and the Adoption of Pet Projects. *Contemporary Accounting Research*，Vol. 28，No. 5，winter 2011，pp. 1467 – 1483.

［74］Werner，S.，Tosi，H. L.，Other People's Money：The Effects of Ownership on Compensation Strategy and Managerial Pay，*Academy of Management Review*，Vol. 38，1995.

［75］Wagner，W.，Marsh I. W.，Credit Risk Transfer and Financial Sector Stability，*Journal of Financial Stability*，Vol. 2，No. 2，2006，pp. 173 – 193.

［76］Wagner，W.，The Liquidity of Bank Assets and Banking Stability，*Journal of Banking and Finance*，Vol. 31，No. 1，2007，pp. 121 – 139.

［77］Yermack，D.，Flights of Fancy：Corporate Jets，CEO Perquisites，and Inferior Shareholder Returns，*Journal of Financial Economics*，Vol. 80，No. 1，2006，pp. 14 – 31.

［78］Yermack，D.，Do Corporations Award CEO Stock Options Effectively? *Journal of Financial Economics*，Vol. 39，No. 1，1995，pp. 34 – 52.

［79］Yermack，D.，Board Members and Company Value，*Financial Markets and Portfolio Management*，Vol. 20，No. 20，2006，pp. 46 – 87.

235